Junger Pirahá spielt auf einer Panpfeife, Siedlung Totó am Rio Maici, Zentralbrasilien. Foto: Klaus-Peter Kästner

Abhandlungen und Berichte
der Staatlichen Ethnographischen Sammlungen Sachsen
Band 55

Abhandlungen und Berichte der Staatlichen Ethnographischen Sammlungen Sachsen

Band 55

VWB – Verlag für Wissenschaft und Bildung

2021

Impressum:
Herausgegeben von
den Staatlichen Kunstsammlungen Dresden, Staatliche Ethnographische Sammlungen Sachsen
Taschenberg 2, 01067 Dresden
Tel: +49 351 49143408, E-Mail: voelkerkunde.dresden@skd.museum, www.skd.museum

Redaktion: SILVIA DOLZ, SIGRUN NÜTZSCHE

Die Autoren sind für den Inhalt ihrer Abhandlungen selbst verantwortlich.

Redaktionsschluss:
18.01.2019

Schutzumschlag vorn und hinten:
Vorn: Sakrale Figur *orebok* oder *iran*, Holz, Bidyogo, Insel Carache, Bissagos-Archipel, Guinea Bissau, Museum für Völkerkunde Dresden Kat. Nr. 59065 (Beitrag DOLZ, „Seelenfiguren").
Hinten: Balu Ladkyadumada, Festvorbereitung und Tanz auf dem Festplatz, Malerei auf Kunststoff, Dorf Ganjarh, Thane Distrikt, Maharasthra, Indien, Museum für Völkerkunde Dresden Kat. Nr. 73675 (Beitrag GÖTTKE).

Bibliografische Information der Deutschen Bibliothek

Die Deutsche Bibliothek verzeichnet diese Publikation in der
Deutschen Nationalbibliografie; detaillierte bibliografische Daten
sind im Internet über <http://dnb.ddb.de> abrufbar.

ISBN 978-3-86135-783-4

ISSN 0070-7295

© Staatliche Ethnographische Sammlungen Sachsen/Staatliche Kunstsammlungen Dresden 2021.

Erschienen im:
VWB – Verlag für Wissenschaft und Bildung,
Amand Aglaster • Postfach 11 03 68 • 10833 Berlin
Tel. 030-251 04 15 • Fax: 030-251 11 36
www.vwb-verlag.com • info@vwb-verlag.com
Printed in Germany

Inhalt

Autorenverzeichnis 6

Eva Göttke, Dresden
Zwischen ritueller und zeitgenössischer Kunst. Die Malereien der Warli 7

Tobias Mörike, Gotha
Magische materielle Kultur aus Ägypten. Die Amulett-Sammlung von
Peter W. Schienerl im Museum für Völkerkunde Dresden 27

Christine Schlott, Leipzig
Über Moa-Jäger und ihre Werkzeuge. Der Austausch zwischen
Adolph Bernhard Meyer (Dresden) und Julius von Haast (Christchurch) 51

Petra Martin, Dresden
Individuum und Typus. Zur „Rassenbüsten"-Sammlung am
Museum für Völkerkunde Dresden 71

Silvia Dolz, Dresden
„Seelenfiguren" vom Bissagos-Archipel als Expeditionsertrag. Vom Sammeln
und vom Ideal der Vollständigkeit in der Forschung Bernhard Strucks 91

Silvia Dolz, Dresden
Bernhard Struck (1888-1971): „Afrika erkennen". Von Konstruktion und
Dekonstruktion eines Weltbildes. Eine wissenschaftskritische Annäherung . . . 107

Rolf Krusche
Ein Prolog 147

Klaus-Peter Kästner, Dresden
Die Pirahá des Rio Maici in Zentralbrasilien (mit einer historisch-
ethnographischen Klassifizierung ihrer Stammeskultur) 151

Farbtafeln . . . . I–LV

Autorenverzeichnis

Silvia Dolz	Staatliche Kunstsammlungen Dresden Staatliche Ethnographische Sammlungen Sachsen Silvia.Dolz@skd.museum
Eva Göttke	Staatliche Kunstsammlungen Dresden Eva.Goettke@skd.museum / eva.goettke@gmx.de
Dr. Klaus-Peter Kästner	Klauspeter.Kaestner@gmail.com
Rolf Krusche	Brockhausstr. 20, 04229 Leipzig
Petra Martin	Staatliche Kunstsammlungen Dresden Staatliche Ethnographische Sammlungen Sachsen Petra.Martin@skd.museum
Tobias Mörike	Moerike.Tobias@gmail.com
Dr. Christine Schlott	Christine.Schlott@gmx.de

Eva Göttke, Dresden

Zwischen ritueller und zeitgenössischer Kunst. Die Malereien der Warli

Mit 3 Abbildungen (Farbtafeln I–II)

Die Frauen der Warli,[1] einer indigenen Gemeinschaft[2] Indiens, malen zu bestimmten Festen reich verzierte Bilder an die Wände ihrer Hütten.[3] Auf diesen sind Männer und Frauen beim Treiben der Tiere zu beobachten, beim Sammeln, Wasserschöpfen und Kochen sowie beim Rauchen der Pfeife, bei Festvorbereitungen, Trommeln und Tänzen [siehe Abb. 1–3]. Auch Gottheiten und allerlei Pflanzen sind darauf zu finden. Die detailreichen Bilder erfüllen einen festgelegten Zweck innerhalb der Gemeinschaft und sind ein wichtiger Ausdruck des religiösen und rituellen Lebens der Menschen. So sichert ihre Anfertigung die Überlieferung Jahrhunderte alter Motive und Symbole.[4]

Die Malereien sind längst nicht mehr nur in den Dörfern der Warli anzufinden. Auf Papier übertragen sind sie in zahlreichen Museen innerhalb und außerhalb des Landes zu sehen. So zeigte das Museum „Kunstpalast" in Düsseldorf 2003 eine Auswahl an Warli Malereien auf Papier in der Ausstellung „Dialog: Richard Long – Jivya Soma Mashe". Dort waren Bilder des Warli-Künstlers Jivya Soma Mashe, der mittlerweile zu den bekanntesten Vertretern der Warli Kunst zählt, Werken des amerikanischen Künstlers Richard Long gegenübergestellt.[5] Auch in den Indien-Sammlungen des Museums für Völkerkunde Dresden befinden sich drei Warli Malereien [Abb. 1–3]. Die Bilder stammen

---

1   Die Warli zählen offiziell zu den sogenannten „scheduled tribes". Sie gehören zu den ursprünglichen Einwohnern des Landes, die auf einer offiziellen, von der Regierung geführten Liste verzeichnet sind und dadurch speziellen Schutz von Seiten der Regierung erhalten.
2   Wie viele indigene Gemeinschaften Indiens bezeichnen sich die Warli selbst als *„adivasi"*. Dieser Hindu-Begriff bedeutet „erste Siedler" oder „ursprüngliche Einwohner". Die Selbstbezeichnung wird von Seiten der indischen Regierung jedoch nicht anerkannt.
3   Dalmia 1988, S. 135.
4   Dalmia 1988, S. 10.
5   Kunstforum International:
    <https://www.kunstforum.de/artikel/dialog-richard-long-jivya-soma-mashe/> (20.09.2019).

aus dem Museumsshop des „National Museum of Mankind"[6] in Bhopal, in dem seit 1977 die verschiedenen Kulturen der indigenen Bevölkerung Indiens präsentiert sind.[7] Dr. Lydia Icke-Schwalbe, ehemalige Kustodin für die Indien-Sammlungen am Museum für Völkerkunde Dresden, erwarb die Bilder dort 1996 und 2006. Außer in europäischen Museen sind die Warli Malereien auch auf dem internationalen Kunstmarkt präsent. 2008 erreichte beispielsweise eines der Werke von Jivya Soma Mashe auf einer New Yorker Kunstauktion den Rekordpreis von USD 16 909.[8]

1. Die Entdeckung der Warli Malereien

Wie kam es dazu, dass sich diese ursprünglich rituelle Kunstform auf dem Kunstmarkt etablierte und seither in europäischen Museen zu finden ist? Das Bekanntwerden der Warli Malereien steht in engem Zusammenhang mit der Entdeckung ephemerer Kunst indischer Gemeinschaften. Denn die Bemalung von Hauswänden gehört zur Kultur vieler *adivasi* Indiens.[9] 1934 reiste der britische Kolonialbeamte William G. Archer nach einem starken Erdbeben, das im Madhubani Distrikt im indischen Bundesstaat Bihar gravierende Schäden ausgelöst hatte, durch die betroffene Region, um die Schäden zu begutachten.[10] Während dieser Reise kam er durch verschiedene Dörfer, in denen er bemalte Hauswände und Böden auffand. Durch seine Fotografien, die er in den Jahren 1948 und 1963 aufnahm, wurden die Malereien aus dieser Region in Großbritannien bekannt.[11]

Landesweit erlangten die Malereien in den 60er Jahren an Bekanntheit. Als eine Hungersnot 1966–67 Bihar heimsuchte, initiierte die indische Regierung ein Hilfspro-

---

6 Das Museum wurde 1977 gegründet. Zunächst war es Teil des „Anthropological Survey of India", einer von Seiten der Regierung geförderten Organisation, die sich mit der Erforschung von Mensch und Kultur befasste. 1978 spaltete sich das Museum ab. Seitdem gehört es als eigenständige Abteilung zum „Department of Culture".

7 Neben den Malereien der Warli verkauft das Museum auch die Malereien der Saora, der Santal und der Rathwa Bhilala.

8 India Art Fair New Delhi 2012, Online Kat. <http://herve-perdriolle-catalogues-archives.blogspot.de/> (14.03.2019).

9 Die Tradition der Bemalung von Hauswänden findet man in Dörfern in Hazaribagh, im indischen Bundesstaat Jharkhand, in Dörfern um die Stadt Bhopal in Madhya Pradesh, im Thane Distrik in Maharashtra, im südlichen Deccan-Gebiet sowie im Cauvery-Tal in Karnataka.

10 SZANTON 2012, S. 222.

11 SZANTON 2012, S. 220. Die Fotografien zeigen eine Auswahl an unterschiedlichen Stilen und dargestellten Themen der Mithila Malerei.

jekt zur Unterstützung der Frauen aus der Region. Das „All India Handicrafts Board"[12] stellte den Frauen Zeichenpapier zur Verfügung, um ihnen neben ihrer landwirtschaftlichen Tätigkeit eine zusätzliche Einnahmequelle zu ermöglichen.[13] Das Board übernahm die Vermarktung der nun entstehenden Bilder, die in Neu-Delhi großen Anklang fanden.[14] Diese neue, gewerbliche Malerei auf Papier wurde unter dem Namen „Mithila-Malerei" bekannt. Namensgebend für diese Kunstform ist die regionalspezifische Bezeichnung „Mithila", die das Gebiet der Terai-Ebene, welches eine Fläche von ungefähr 40 000 Quadratkilometern umfasst und von Janakpur in Südnepal bis nach Patna im nordindischen Bundesstaat Bihar reicht, bezeichnet.[15] In der gesamten Region ist das Bemalen der Wände und Böden weit verbreitet. Anders als bei den Warli, sind hier vorwiegend hinduistische Gottheiten dargestellt.[16]

In den 1970er Jahren beauftragte die indische Regierung die „Handicrafts and Handlooms Export Corporation"[17] auch die Warli mit Papier und Farbe auszustatten.[18] Im Unterschied zur Mithila Region wurde hier kein weißes Zeichenpapier, sondern braunes Papier verteilt, um den Malereien auf den Wänden näher zu kommen. Diese werden traditionell mit weißer Farbe auf die bräunlichen Lehmwände aufgetragen. Interessanterweise begannen die Männer der Warli auf Papier zu malen, wohingegen das Bemalen

---

12   Das „All India Handicrafts Board" wurde 1952 mit dem Ziel gegründet, die Industrie des indischen Kunsthandwerks zu verbessern und zu fördern. Es unterstützt bis heute einheimische KunsthandwerkerInnen und kümmert sich um die Vermarktung ihrer Produkte.

13   Szanton 2012, S. 221. Da in den Dörfern Mithilas ein patriarchales System vorherrschte, war es zunächst schwierig, in Kontakt mit den Frauen zu treten. Einige der höchsten Brahmanen Familien verweigerten den Kontakt. Einige Mahapatra Brahmanen, sowie einige Frauen aus der kayastha-Kaste in den Dörfern Jitwarpur Ranti und Rashidpur folgten jedoch dem Vorschlag und begannen auf Papier zu arbeiten. Der Verkauf ihrer Bilder war für sie eine Möglichkeit Anerkennung zu erhalten.

14   Szanton 2012, S. 221.

15   Historisch war „Mithila" der Name einer Ortschaft, in der zu der Zeit der Einwanderung der Arier um 1500 v. u. Z. der Sitz des sagenumwobenen Königreichs der Videhas lag. Da sich die Ausdehnung dieses Königreiches über lange Zeit mit weiten Teilen der Terai-Ebene deckte, die sich beidseitig der Grenze von Südnepal und Nordindien entlang zieht, hat sich der Terminus „Mithila" als regionalspezifische Bezeichnung für dieses Gebiet etabliert.

16   In den Indien-Sammlungen des Museums für Völkerkunde Dresden sind neben den Warli Malereien auch 13 Malereien aus der Mithila-Region vorhanden. Zwölf von ihnen gingen 1978 als Geschenk des Ministeriums für Kultur der DDR, Berlin in die Sammlungen ein (Kat. 62035-46), eine Arbeit wurde 2002 von Dr. Lydia Icke-Schwalbe in Nord-Bihar erworben (Kat. 77269).

17   Die „Handicrafts & Handlooms Export Corporation of India Limited", so der vollständige Name, wurde im Jahr 1958 von der indischen Regierung gegründet und unterstand dem Ministerium für Textilien. Ziel war die Förderung des Exportes und des Handels von einheimischem Kunst- und Textilhandwerk.

18   Rossi 1998, S. 36.

der Wände weiterhin den Frauen vorbehalten blieb.[19] Jivya Soma Mashe gilt als der erste männliche Warli, der die Kunst für sich entdeckte. In einem Interview soll er mitgeteilt haben, dass viele der Menschen aus seinem Dorf zunächst Angst davor gehabt hätten, auf Papier zu malen.[20] Da Mashe jedoch nach kurzer Zeit große Anerkennung für seine Bilder erfuhr – Ende der 70er Jahre beauftragte ihn beispielsweise die Galerie Chemould aus dem damaligen Bombay (heute Mumbai), Legenden aus seinem Dorf für eine Ausstellung zu illustrieren –[21], eiferten ihm vor allem junge Männer nach, in der Hoffnung, selbst Anerkennung zu erfahren und sich ein zusätzliches Einkommen zu sichern.[22]

Wie die „Mithila-Malereien" wurden so auch die Malereien der Warli national bekannt.[23] Die Bilder fielen in Indien zunächst unter die Kategorie des Kunsthandwerks. So waren die Malereien neben einzelnen Galerien hauptsächlich in Museen wie dem „National Crafts Museum"[24] in Neu-Delhi oder dem „National Museum of Mankind" in Bhopal ausgestellt, deren Fokus bis heute auf einheimischer „folk art" liegt und die so einen wichtigen Beitrag zu deren Erhalt leisten. Erst durch die Präsenz des Warli Künstlers Jivya Soma Mashe auf der Ausstellung „Magiciens de la Terre"[25] im Jahre 1989 in Paris, die als „erste wahre internationale"[26] Ausstellung angepriesenen wurde, erlangten die Arbeiten der Warli auch auf dem globalen Kunstmarkt und in der internationalen Kunstszene an Bekanntheit.[27]

Kuratiert wurde die Exposition, die im „Centre George Pompidou" und in der „Grand Hall des Parc da la Vilette" in Paris stattfand, vom französischen Kurator JEAN-HUBERT MARTIN, zu der Zeit Direktor des „Musée National d'Art Moderne" in Paris.

---

19   Eine der drei Malereien aus dem Museum für Völkerkunde Dresden (Kat. 73674) ist jedoch von einer Frau gemalt und signiert. Dies scheint eine Ausnahme zu sein.
20   DALMIA 1988, S. 227.
21   JAIN 2011, S. 17.
22   ROSSI 1998, S. 47. Die Maltätigkeit der Männer ist vermutlich auch darauf zurückzuführen, dass den Bildern auf Papier – losgelöst von den Hauswänden – keine rituelle Bedeutung beigemessen wird.
23   JAIN 2011, S. 16.
24   Das National Crafts Museum wurde vom indischen Kunst-, und Kulturhistoriker JYOTINDRA JAIN gegründet. Mit seinem Museum, das sich ausschließlich der Kunst aus indischen Dörfern widmet, möchte er zeigen, dass die nach seinen Worten „inoffizielle" Volkskunst Indiens ihre Autonomie trotz Produktionsregulierungen während der Kolonialzeit beibehalten habe. Sein Museum helfe den indigenen Gemeinschaften dabei, den homogenisierenden Kräften der modernen Welt zu widerstehen. Siehe hierzu: National Crafts Museum Neu-Delhi: <http://nationalcraftsmuseum.nic.in> (30.08.2019).
25   MARTIN 1989, S. 7.
26   LEWISON 1989, S. 585. Im Original heißt es hier: "[…] Magiciens de la Terre […] which claims to be the first truly international exhibition."
27   MARTIN 1989. Auch Malereien aus der Mithila Region waren auf der Ausstellung zu sehen. Diese stammten von der Künstlerin Bowa Devi.

Insgesamt 100 zeitgenössische Kunstwerke aus der ganzen Welt waren zu sehen.[28] Ziel des Kurators war es, unbekannte Künstlerinnen und Künstler, die nicht aus dem Westen stammten, auf die gleiche Stufe mit bekannten westlichen Künstlerinnen und Künstlern zu stellen und so einen Dialog zwischen den Kunstschaffenden zu ermöglichen.[29]

Aus westlicher Sicht wurden die Künstlerinnen und Künstler des Globalen Südens zu dieser Zeit in zwei Kategorien eingeteilt. Sie galten entweder als Künstlerinnen und Künstler, die nach einem importierten modernen Kanon arbeiteten,[30] oder als Handwerkerinnen und Handwerker, die außerhalb dieses Kanons arbeiteten und den kollektiven Ausdruck einer Gemeinschaft, einer Region oder eines Landes vertraten.[31] Die der zweiten Kategorie zugehörige Volkskunst wurde im Westen häufig als „Primitive Kunst" bezeichnet, die, eine Tradition repräsentierend, als Gegenüberstellung zur Moderne des Westens gesehen wurde.[32] Am beispielhaftesten für diese Sicht auf ethnische Kunst ist die Ausstellung „Primitivism", die 1984 in New York zu sehen war.[33] Hier waren Objekte nichtwestlicher Kulturen westlichen Werken der Moderne gegenübergestellt. Die Inszenierung bediente sich dem Narrativ, dass die Objekte aus Afrika, Nord-Amerika und Ozeanien als formale Inspirationsquelle der „kultivierten westlichen Kunst" dienten.[34] Durch das Weglassen jeglicher grundlegender Hintergrundinformationen wurden die ethnographischen Objekte als ein Aspekt in der Geschichte der modernen Kunst präsentiert. Bereits die Bezeichnung des „Primitiven" im Titel der Ausstellung suggerierte eine westliche Antwort auf die Kunst nichtwestlicher Gemeinschaften.

Zwar war es die Absicht JEAN-HUBERT MARTINS einer solchen Kategorisierung in seiner Pariser Ausstellung entgegenzuwirken; ihm ging es vorrangig um die individuelle Künstlerin und den individuellen Künstler eines Werkes und nicht um den kollektiven Ausdruck einer Gemeinschaft. Die Werke sollten daher, losgelöst vom Kontext ihrer Herkunft, für sich stehen. Dennoch wählte der Kurator ausschließlich jene Künstlerinnen und Künstler aus dem Globalen Süden, deren Werke in engem Zusammenhang mit Riten und Zeremonien standen und die damit auf eine gewisse übersinnliche religiöse

---

28 MARTIN 1989, S. 7.

29 MARTIN 1989, S. 10.

30 Hier sind beispielsweise Nalini Malani und Vivan Sundaram zu nennen, die in ihrer Kunst neue Medien, Installationen und Performances nutzten.

31 LAFUENTE 2013, S. 14.

32 ERRINGTON 1989, S. 5.

33 Der vollständige Originaltitel der Ausstellung lautete: "Primitivism in 20th Century Art. Affinity of the Tribal and the Modern". Die Präsentation fand im Museum of Modern Art statt und umfasste rund 150 Werke von der Jahrhundertwende bis zum Zeitpunkt der Ausstellung. Es war die erste Ausstellung, in der Objekte nichtwestlicher Kulturen in einer Kunstausstellung westlichen Werken der Moderne gegenübergestellt wurden.

34 BUTLER 2003, S. 14.

Erfahrung verwiesen. Darin zeigt sich, dass der Kurator dem gängigen Klischee von Erdverbundenheit autochthoner Kulturen und deren Kunstformen verhaften blieb. Da die Werke der westlichen Künstlerinnen und Künstler durch die Verwendung moderner Techniken am „coolsten" und modernsten wirkten, grenzte auch JEAN-HUBERT MARTIN die Kunstwerke nichtwestlicher Kulturen klar von den Werken westlicher Künstlerinnen und Künstler ab.[35] Auch durch die Verwendung des Begriffes „Magiciens" im Titel der Ausstellung sprach der Kurator den Kunstschaffenden des Globalen Südens eine ebenbürtige künstlerische Stellung ab.[36] Ergänzende Informationen zu Hintergrund und Entstehung der Kunstwerke sowie deren Einbindung in die alltägliche Kultur der Gemeinschaften fanden in der Ausstellung keine Erwähnung. So blieb die Perspektive, aus der die Arbeiten betrachtet und wahrgenommen wurden, eine rein westliche.

Auch in Indien verlagerte sich in Ausstellungen, die insbesondere in den 1980er und 1990er Jahren vermehrt ihr Augenmerk auf die Ästhetik der indigenen Kunst des Landes richteten, das Interesse an der kollektiven Tradition – aus der Kunstformen wie die Malereien der Warli hervorgegangen sind – hin zu einer künstlerisch individuellen Ausdrucksweise.[37] Die Besucherinnen und Besucher der Museen wurden nicht länger über die rituelle Bedeutung indigener Kunst informiert. Stattdessen sollten sie fortan deren ästhetische Qualitäten wahrnehmen.[38] In den Ausstellungen trat dadurch unter anderem auch die rituelle Funktion der Warli Malereien in den Hintergrund.

Der von der Regierung geförderte Künstlerkomplex Bharat Bhavan[39], dem ein Museum angeschlossen ist, fasst die Kunst der *adivasi* bis heute als zeitgenössische Kunst auf:
"We will [...] try to define contemporaneity as a simultaneous validity of co-existing cultures [...]. We are therefore treating adivasi art as contemporary art, whatever be the motivations behind it."[40]

Der letzte Satz zeigt klar auf, dass der Entstehung und der ursprünglichen Bedeutung der Werke hier keine Bedeutung beigemessen wird. Die Ausstellungshäuser wandten sich

---

35 MARTIN 2013, S. 218.

36 „Magiciens" (frz.) ist mit „Magier" zu übersetzen. Der Begriff verweist laut Kurator auf eine irrationale und spirituelle Funktion der Kunstwerke. Siehe hierzu ausführlicher: Martin 1989, S. 8, 9.

37 Einige der Ausstellungen fanden beispielsweise in der Gallery Chamould in Mumbai, der Lalit Kala Akademi in Delhi oder im Rahmen des Künstlerzusammenschlusses Bharat Bhayan in Bhopal statt. Siehe hierzu JAIN 2010b, S. 21.

38 JAIN 2010a, S. 114.

39 Bharat Bhavan ist ein Zusammenschluss verschiedener zeitgenössischer indischer Künstlerinnen und Künstler. Das zugehörige Museum, von dem hier gesprochen wird, heißt „Roopankar Museum of Fine Arts". Siehe hierzu: HACKER 2014, S. 191.

40 JAGDISH SWAMINATHAN zitiert nach HACKER 2014, S. 191.

damit in den 80er und 90er Jahren bewusst an den Kunstmarkt und scheinen den wirtschaftlichen Wert der Kunst indigener Gemeinschaften erkannt zu haben.[41]

Doch worin liegt diese ursprüngliche Bedeutung der Warli Malereien, die von Seiten des Kunstmarkts sowie der Ausstellungshäuser wenig bis keine Erwähnung fand? An dieser Stelle lohnt ein Blick zurück auf die Herkunft der Bilder und ihre Bedeutung innerhalb der Kultur der Warli.

2. Hintergrund – Die Warli

Die Warli, deren Name von „warla" abgeleitet ist, was so viel bedeutet wie „bearbeitetes Stück Land",[42] leben im Nordwesten des mittelindischen Staates Maharashtra, meist in bewaldeten Gebieten.[43] Ihr Name ist bezeichnend, denn die Warli leben vorwiegend vom Fischfang, der Jagd und den Erträgen der eigenen Felder. Auch Tierzucht und Waldarbeiten gehören zu ihren Wirtschaftsformen.[44] Traditionell leben die Warli autark. Da die Ernteerträge jedoch häufig nicht ausreichen, arbeiten viele der Menschen während der Trockenzeit als Tagelöhner im Straßenbau oder auf Obstplantagen von Großgrundbesitzern.[45]

Offiziell gehören die Warli zu den sogenannten „scheduled tribes" („verzeichnete Stämme").[46] Diese indigenen Gemeinschaften zählen zu den Restgruppen der indischen Urbevölkerung oder früher Einwanderer, die aufgrund einer sich ausbreitenden Urbanisierung in Rückzugsgebiete abgedrängt wurden, in denen sie seither versuchen zu überleben.[47] Wie viele der so verzeichneten „tribes" haben die Warli ihre eigene Kultur, ihren eigenen Glauben und ihre eigenen gesellschaftlichen Werte.[48] Daher stehen sie außerhalb des hinduistischen Kastensystems.

Zu den Warli zählen heute noch etwa 300 000 Menschen.[49] Sie leben im Thane Distrikt im Bundesstaat Maharashtra, nördlich von Mumbai. Sie sprechen einen durch

---

41 Wadley 2014, S. 241.
42 Wegner 1984, S. 3.
43 Satyawadi 2010, S. 2f.
44 Rossi 1998, S. 46; Dalmia 1988, S. 14.
45 Dalmia 1988, S. 14. So wie den Warli ergeht es vielen der indigenen Gemeinschaften Indiens. Einige Gruppierungen mussten ihr Land aus finanzieller und wirtschaftlicher Not gänzlich abtreten und verlassen. Viele der Menschen leben seither in Armut in den Slums der Städte. Siehe hierzu weiterführend: Hörig 1993, S. 36.
46 Siehe hierzu ausführlicher: Pfeffer 1993, S. 30–32.
47 Wegner 1984, S. 3.
48 Pfeffer 1993, S. 31.
49 Hörig 1990, S. 26.

Gujarati gefärbten Dialekt der Landessprache Marathi. Ihre Sprache ist eine rein gesprochene Sprache. Dem geschriebenen Wort wird von den Warli keine große Bedeutung beigemessen. Eine Schriftform ist dementsprechend nicht überliefert. Viele der Menschen sind Analphabeten. Ihre Geschichten und Traditionen geben sie mündlich weiter.[50]

Die Warli leben zurückgezogen und meiden den Kontakt nach außen weitestgehend. Um nicht von externen Einflüssen gestört zu werden, besiedeln sie daher meist bewaldete, bergige Gebiete abseits der Straßen.[51] Da die soziale Zusammengehörigkeit für sie eine zentrale Rolle spielt, leben die Menschen in enger Dorfgemeinschaft. Als Häuser dienen ihnen einfache Lehmhütten, die sie mit ihren Tieren teilen, denn nach Vorstellung der Warli sollen alle, die zur Schöpfung gehören – die Erde, die Natur, die Pflanzen, die Tiere sowie die Menschen – friedlich nebeneinander leben.

Auch die Arbeit auf den Feldern, im Wald oder am Fluss verrichten alle gemeinschaftlich, Männer wie Frauen.[52] Die Frauen gelten hier als gleichberechtigte Partnerinnen. Sie verrichten die gleichen Arbeiten und genießen die gleichen Rechte wie die Männer. Sie können sich frei bewegen und es steht ihnen ebenso zu, Pfeife zu rauchen.[53] Bei der Eheschließung finden sich dagegen auch bei den Warli ungleiche Bräuche. Während die Männer mehrere Ehefrauen haben können, ist es den Frauen nicht gestattet, ein zweites Mal zu heiraten. Findet eine Eheschließung statt, bezahlt der Mann der Familie seiner zukünftigen Braut einen sogenannten „Brautpreis". Die Frau zieht dann ins Haus des Mannes. Zwar kann die Frau nicht erneut heiraten, doch kann sie jederzeit einen neuen Partner wählen, mit dem sie fortan unverheiratet zusammenleben möchte. Ist dies der Fall, muss der neu auserwählte Mann dem Ehemann den Brautpreis ausbezahlen. Kann er dies nicht, lebt er so lange bei der Frau, bis er das Geld erarbeitet hat. Erst dann zieht die Frau zu ihm.[54]

Da die Warli ein stark naturverbundenes Leben führen, glauben sie an Gottheiten, die den verschiedenen Elementen der Natur zugeordnet sind. Die wohl wichtigste Göttin, die die Warli verehren, ist die kopflose Erdgöttin *Palaghata*. Ihr Name bezeichnet die Haltung einer gebärenden Frau, weshalb sie auch als Göttin der Fruchtbarkeit angesehen wird.[55] Sie repräsentiert die gesamte Natur und entscheidet über die landwirtschaftlichen Erträge der Gläubigen. Nach Vorstellung der Warli haben die Menschen in ihren Hand-

---

50 WEGNER 1984, S. 3.
51 WEGNER 1984, S. 3.
52 HÖRIG 1993, S. 37.
53 DALMIA 1988, S. 15.
54 DALMIA 1988, S. 15.
55 DHAVALIKAR 1993, S. 50.

lungen Einfluss auf die Gottheiten. Indem sie den Gottheiten Opfergaben darbringen, können sie beispielsweise gute Erträge für die nächste Ernte erbitten.[56]

Die Naturverbundenheit der Warli und ihre zu großen Teilen autarke Lebensweise kommen auch in den Malereien zum Ausdruck, die die Frauen auf die Wände ihrer Hütten auftragen. Zum Grundvokabular der Motivik zählen einfache geometrische Formen wie der Kreis, das Dreieck und das Quadrat. Die ersten beiden sind aus der Beobachtung der Natur übernommen, der Kreis steht für Sonne und Mond, das Dreieck für die Berge der Umgebung. Das Quadrat hingegen entspringt einer ideellen Schöpfung der Menschen, keiner deskriptiven. Es beschreibt einen heiligen, in sich geschlossenen Platz oder ein Stück Land. Es gilt als zentrales Motiv der Malerei und wird „*chaukat*" genannt. Am bekanntesten ist das sogenannte „*Devachauk*", ein Quadrat, in dessen Mitte *Palaghata*, die Muttergottheit, dargestellt ist. Dieses Motiv fertigen die Frauen anlässlich einer Hochzeit an.[57] Da *Palaghata* als Schutzgöttin über dem Brautpaar stehen soll, ist ihre Präsenz während der Hochzeitszeremonie von Bedeutung. Weitere Motive sind Pflanzen, Bäume, Tiere, die Gestirne, Mann und Frau. Frauen sind aufgrund von Haarknoten von Männern zu unterscheiden. Die Körper der Menschen und die der Tiere sind in Form von Dreiecken dargestellt. Die der Menschen sind aufeinander stehend, wobei sich die beiden Spitzen treffen, die der Tiere hingegen waagerecht nebeneinander gemalt. Das prekäre Gleichgewicht im Körper der Menschen, das durch das Ausbalancieren der jeweiligen Spitzen entsteht, symbolisiert die Balance des Universums und des Paares, die immer wieder von neuem austariert werden muss.[58]

Auch die Geister der Vorfahren spielen im Glauben der Warli eine bedeutende Rolle. Als Nachfahren der ursprünglichen Einwohner Indiens leben die Warli an dem Ort, der von ihren Vorfahren bewohnbar gemacht wurde und an dem die Überreste ihrer Ahnen ruhen. Hier können sie mit den Ahnen kommunizieren.[59] Aus dieser Überzeugung sind vermutlich auch die Malereien hervorgegangen, mit denen die Frauen der Warli ihre Hüttenwände schmücken. Die Motive gehen sehr wahrscheinlich auf alte Höhlenmalereien zurück, die auf die Jahre 3000–2500 v. u. Z. datiert werden.[60] Ein Vergleich der frühen Höhlenmalereien mit der heutigen traditionellen Motivik der Warli Frauen zeigt eine ähnliche Bildsprache, insbesondere in der Ausführung der Körper der Menschen und der der Tiere.

Wie viele *adivasi*-Frauen betrachten auch die Frauen der Warli ihre Tätigkeit als „Schreiben" historischer Überlieferungen. In ihren Bildern verwenden sie feste Formeln

---

56 Dalmia 1988, S. 33.
57 Dhavalikar 1993, S. 53.
58 <http://contemporary-tribal-folk-arts-india.blogspot.com/2006/09/warli-tribe-english.html> (16.09.2019).
59 Hörig 1993, S. 37.
60 Dalmia 1988, S. 21.

und Symbole, die als Botschaft an die Geister der menschlichen Ahnen und Gottheiten dienen. Der Wiedererkennungswert der Motivik von Eingeweihten ist dabei essenziell, denn die Darstellungen gelten als heilige Botschaften, in denen die spirituelle Verbindung der Menschen zu ihren Vorfahren und ihrem Territorium zum Ausdruck kommt.[61] So dienen die Malereien auch als Kennzeichen der eigenen historisch begründeten Identität.[62]

Da der Glaube besteht, dass das Bild durch die Berührung gebärfähiger Frauen selbst fruchtbar gemacht wird, ist das Malen ausschließlich Frauen vorbehalten.[63] Während des Malens gibt es eine strikte Hierarchie: Bereits verheiratete Frauen übernehmen das Zeichnen der Hauptfigur, der Fruchtbarkeitsgöttin *Palaghata*. Kinder und unverheiratete Frauen helfen beim Zeichnen der Umrisse und der verschiedenen Nebenelemente wie Pflanzen und Tiere.[64] Dadurch werden die Motive und Formen von den Müttern an ihre Töchter weitergegeben.

Der gesamte Malprozess ist in zeremonielle Handlungen eingebunden.[65] Diese beginnen mit dem Herstellen der Farben, die aus Reismehl gewonnen werden.[66] Auch die Hüttenwände müssen präpariert werden. Dafür tragen die Frauen eine Schicht aus Kuhdung und Erde auf die Wand auf. Diese erhält dadurch eine rötliche Farbe, von der sich später die mit weiß ausgeführten Zeichnungen gut abheben.[67]

Beim Malen selbst lassen sich die Frauen viel Zeit. Immer wieder unterbrechen sie ihre Tätigkeit um zu tanzen oder Palmwein zu trinken. Damit sie in einem einheitlichen Rhythmus arbeiten, singen die Frauen während des Zeichnens. Dadurch entsteht eine besondere Atmosphäre, die die Frauen in einen Zustand der Erfüllung versetzt.[68] Dieser Zustand ist wichtig, damit auch das Bild zum Leben erweckt werden kann. Haben die Frauen das Bild vollendet, so der Glaube der Warli, enthält dieses fortan magische Kräfte.[69] Im Falle einer Hochzeit verwandelt es dann den alltäglich genutzten Raum in die

---

61 Imam 1999, ohne Seitenangaben.
62 Imam 1999, ohne Seitenangaben.
63 Dalmia 1988, S. 135.
64 Satyawadi 2010, S. 5.
65 Dalmia 1988, S. 10.
66 Die Frauen schäumen das Reismehl dazu mit Wasser auf. So wird es flüssiger und lässt sich mit Grashalmen auf die Wand auftragen. Siehe hierzu Wegner 1984, S. 6.
67 Dalmia 1988, S. 127–128.
68 Dalmia 1998, S. 134–135.
69 Dalmia 1988, S. 143.

Brautkammer.[70] Die magischen Kräfte des Bildes sollen der Braut Fruchtbarkeit bringen. Im Laufe des Jahres verblasst das Bild oder wird vom Monsunregen abgetragen.[71]

3. Einzug in den Kunstmarkt – Auswirkungen auf Kunst und Kultur der Warli

Was passiert, wenn eine rituelle Kunstform wie die Malereien der Warli dem Nutzen der Gemeinschaft entzogen wird? Denn losgelöst von den Wänden der Hütten stehen die Malereien nicht länger in direktem Zusammenhang mit den Zeremonien und Riten, in die sie traditionellerweise eingebunden sind.

Seit Einführung des Zeichenpapiers malen einige Männer der Warli täglich mehrere Bilder, die sie im Anschluss verkaufen. Jedes so entstandene Bild ist nunmehr einem individuellen Künstler zuzuordnen, da nicht mehrere Warli gleichzeitig an einem Bild auf Papier arbeiten. Die Herstellung der Bilder auf Papier dient nicht länger der Gemeinschaft oder der Familie, sondern den Wünschen potenzieller Käuferinnen und Käufer. Um auf dem Kunstmarkt und auf internationaler Ebene Erfolg zu erzielen, müssen die Warli-Künstler Inhalte produzieren, die Abnehmerinnen und Abnehmer finden. Dadurch hat der Kunstmarkt nicht nur Einfluss auf die Ausstellungshäuser, sondern auch auf die *adivasi*-Künstler selbst. Wie sehen diese Anforderungen aus und wie wirken sie sich auf die Kultur der Warli aus?

Der Kunstmarkt besteht aus einem komplexen Geflecht verschiedener Interessen, das insbesondere von den individuellen Neigungen der Kunden und Kundinnen bestimmt wird. Aus diesem Grund sind die Ansprüche, die der Markt – ebenso wie die globale Kunstszene – an die indigenen Künstler stellt, durchaus kontrovers. Diese werden zum einen darin unterstützt, sich individuell auszudrücken; das Arbeiten auf Papier gibt ihnen die Möglichkeit dazu. Denn die Bilder entstehen nicht länger in einem rituellen Kontext und sind somit nicht weiter an die festgelegte Ikonographie und Symbolik gebunden. Die Künstler können so ihren eigenen Malstil entwickeln und persönliche Erfahrungen in ihren Bildern zum Ausdruck bringen.[72] Gleichzeitig werden traditionelle und authentische Themen und Motive, in denen kein westlicher Einfluss zu spüren sein soll, von Seiten des Marktes gefordert, da sich jene Werke auf dem Markt besser verkau-

---

70   DALMIA 1988, S. 135.
71   DALMIA 1988, S. 143.
72   JAIN 2011, S. 15.

fen.⁷³ Aus diesem Grund sind es vorrangig einzelne traditionelle Motive der Warli, die aufgrund der stetigen Nachfrage immer wieder reproduziert werden.⁷⁴

Die Übertragung der Wandmalereien auf Papier hat Veränderungen mit sich gebracht. In den Arbeiten auf Papier tauchen vermehrt neue Elemente auf, die nicht aus der überlieferten Kultur stammen. Viele dieser Elemente entstehen durch Anfragen eben erwähnter potentieller Käuferinnen und Käufer. Die neuen Elemente erfüllen meist einen rein dekorativen Zweck.⁷⁵ Traditionelle statische Formen werden so von dynamischeren Motiven abgelöst und geraten in Vergessenheit.

Dies ist zu Teilen in den Malereien der Warli festzustellen. So hat sich beispielsweise die Kunst Jivya Soma Mashes über die Jahre verändert. Ende der 1960er Jahre malt er ausschließlich narrative Szenen des alltäglichen Lebens der Menschen aus seinem Dorf. Die Menschen jagen, fischen, verrichten Arbeiten auf dem Feld und in den angrenzenden Wäldern oder kochen in ihren Hütten. Ende der 1970er illustriert Jivya Soma Mashe überwiegend Legenden seines Dorfes. Um die zeitliche Dimension der erzählten Geschichten in den Bildern zum Ausdruck zu bringen (eine Problematik, die so in der traditionellen Wandmalerei nicht auftaucht), konstruiert Mashe den bildlichen Raum um, indem er ihn diagonal oder vertikal teilt. So bringt er zeitlich aufeinanderfolgende Handlungen im selben Bild unter. Zeitliche Distanz wird somit in räumlichem Abstand angedeutet.⁷⁶ Weitere zehn Jahre später geht der Künstler schließlich dazu über, sein eigenes Leben in seinen Bildern zu erzählen. Fortan tauchen Eisenbahnen, Autos und Flugzeuge in seinen Arbeiten auf.⁷⁷

Viele der Männer lernen ihr Handwerk mittlerweile zudem in einem regelmäßig stattfindenden Workshop in Mumbai. Hier erhalten sie für jedes gemalte Bild neun Rupien. Unterrichtet wird der Kurs von bereits etablierten Warli-Künstlern. Diese wiederum haben ihre Kunstfertigkeit durch reines Kopieren von bereits vorhandenen Motiven erlernt und nicht durch Assistieren während traditioneller, von Frauen ausgeführter Malzeremonien. Nach der Kunsthistorikern Yashodhara Dalmia hat die Malerei, die so entsteht, nicht mehr viel mit den ursprünglichen Malereien gemein.⁷⁸

In einigen Dörfern wie in Raytali in Ganjad werden die rituellen Malereien für die Dorfgemeinschaft mittlerweile von Männern ausgeführt, die ihr Handwerk in Mumbai erlernt haben, und nicht von den Frauen des Dorfes.⁷⁹ In der Mithila Malerei der

---

73 Dalmia 1988, S. 11. So wurde beispielsweise Jivya Soma Mashe dazu angehalten, ausschließlich traditionelle Motive wie das *chaukat* mit der Göttin *Palaghata* darzustellen.
74 Am beliebtesten ist beispielsweise das Motiv des „devachaukat" mit der Erdgöttin *Palaghata*.
75 Satyawadi 2010, S. 2.
76 Jain 2011, S. 17.
77 Jain 2011, S. 18.
78 Dalmia 1988, S. 233.
79 Dalmia 1988, S. 233.

Madhubani Region ist eine ähnliche Veränderung zu beobachten. Auch hier tauchen vermehrt neue Motive auf den Hüttenwänden der Bevölkerung auf, die nicht zu der seit Jahrhunderten von Mutter an Tochter weitergegebenen Motivik gehören. Dennoch werden diese neuen Motive als rituelle Bilder verstanden und erfahren Verehrung.[80]

Ein Teil des Rückgangs an Vitalität und Aussagekraft der Malereien auf Papier ist somit auf die Verschiebung im Erlernen der Maltradition begründet. Das Handwerk wird nicht länger von den erfahrenen Frauen an neue Generationen weitergegeben, sondern von Männern, die ihre Technik selbst nur durch Kopieren einzelner Motive erlangt haben. Neben dem Verlust des handwerklichen Könnens gerät so auch das Wissen um die Tradition, Riten und Zeremonien, in die die Malereien traditionell eingebunden sind, in Vergessenheit. Die ursprüngliche und eigentliche Bedeutung der Bilder – ein Ausdruck des Glaubens und der Kommunikation der Warli – geht dadurch verloren.

Das Übertragen einzelner, von Fremden in Bestellung gegebener Motive lässt eben unbeachtet, dass die Malereien nicht nur dekorativen Wert haben, sondern wichtiger Ausdruck einer lebendigen Kultur sind, die sich seit Jahrtausenden erhalten hat. So lange die Tradition des Bemalens der Lehmhütten fortbesteht, wird auch die überlieferte Ikonographie an die nächste Generation weitergegeben. Für die Warli selbst ist der Erhalt einzelner Bilder daher nicht von Bedeutung. Je mehr sich die Motive jedoch von den Wänden lösen, desto unbedeutender sind die Entzifferung der Formen und die Weitergabe der überlieferten Tradition.

Mit der Vermarktung der Warli Malereien in Indien und im Ausland hat sich eine kunstgewerbliche Malerei entwickelt, eine gut verkäufliche Massenware, die die traditionelle Malerei zu Teilen abgelöst hat. Für das Fortbestehen der seit Jahrhunderten überlieferten Motivik und Symbolik ist dies eine Gefahr. Die Kunsthistorikerin YASHODHARA DALMIA, die sich intensiv mit der Kunst der Warli beschäftigt hat, fürchtet den Verlust der ursprünglichen Lebendigkeit der Malereien, sollte diese Kunst weiter kommerzialisiert werden.[81]

4. Aktualität

Bereits seit Ende des letzten Jahrhunderts ist nicht nur die Kultur, sondern auch der Lebensraum der Warli – wie der vieler weiterer *adivasi* – gefährdet. Zwei Bedrohungen sind festzuhalten, die Einfluss auf den Fortbestand der Warli Kultur haben.

Erstens: Die zunehmende Kommerzialisierung der Malereien führt zu einer Abkehr von den über Jahrhunderten überlieferten Traditionen. So verlieren viele junge Menschen das Verhältnis zu ihrer eigenen Kultur.

---

80   JAIN 2011, S. 14.
81   DALMIA 1988, S. 11.

Zweitens: Der Bevölkerung wird aufgrund einer sich ausbreitenden Urbanisierung immer mehr Lebensgrundlage genommen. Wie bereits erwähnt, sind auf späteren Arbeiten Jivya Soma Mashes Züge oder gar Flugzeuge zu sehen. Diese technischen Neuerungen, die Einzug in die Malerei des Künstlers erhielten, zeugen davon, dass der Lebensraum der *adivasi* einer wachsenden Urbanisierung weichen muss.[82]

Tatsächlich begann die Regierung bereits 1850 mit ersten Bauarbeiten für Eisenbahnstrecken, die mitten durch das Siedlungsgebiet der Warli verliefen. Großflächige Abholzungen der Wälder führten dazu, dass die Warli das Gebiet verlassen mussten.[83]

Innerhalb Indiens ist diese Thematik durchaus gegenwärtig. Die Regierungsorganisation „Anthropological Survey of India", die Feldforschungen zu Mensch und Kultur der indigenen Bevölkerung ausführt, half in den 60er und 70er Jahren bei der Gründung von Zusammenschlüssen zwischen ethnisch spezialisierten Regionalmuseen, allgemeinen Regionalmuseen und Forschungsinstitutionen, deren gemeinsames Ziel es war, ethnographische Artefakte und Objekte zusammenzuführen und ein ausführliches Dokumentationsprogramm über alle Aspekte der indigenen Gemeinschaften voranzubringen.[84] Hierzu gehört auch das bereits genannte „National Museum of Mankind" in Bhopal, dessen erklärtes Ziel es war und ist, die verschiedenen Kulturen der indigenen Bevölkerung zu bewahren und einem Publikum zugänglich zu machen. Neben originalen Werkzeugen, Küchenutensilien, Körben und Musikinstrumente sind im Museum authentische Nachbildungen ganzer Dorfanlagen zu sehen.[85]

In den 90er Jahren begann das Museum auch die Malereien der Warli auf transportable Materialien wie Papier, Plastik oder Leinwand übertragen zu lassen, die für die Ausstellung und den Verkauf im Museumshop erworben wurden. Der Schwerpunkt lag hier jedoch vorrangig auf einzelnen Motiven und der Ästhetik der Bilder, dies berichtet zumindest der indische Kunst- und Kulturhistoriker JYOTINDRA JAIN, der die Rezeption von Kunst indischer indigener Gemeinschaften in der internationalen Kunstszene untersucht hat.[86] Da zu der Zeit, in der das Museum auch Warli-Arbeiten ankaufte, der Wandel in der Ausstellungspolitik mit Ästhetisierung des Ethnischen bereits stattgefunden hatte, scheint die Beobachtung JYOTINDRA JAINS folgerichtig. Die lebendige Kultur der Gemeinschaften wurde so jedoch nicht erhalten.

Die Regierung hatte mit ihrem Programm, das Kunsthandwerk der indischen indigenen Bevölkerung zu fördern – und sich damit einen neuen Markt zu erschließen – durch-

---

82 Der Mumbay-Ahmadabad-Highway verläuft heutzutage mitten durch das Siedlungsgebiet der Warli.
83 DALMIA 1988, S. 218.
84 JAIN 2011, S. 18.
85 <http://igrms.gov.in/en/aboutus/about-us> (02.09.2019).
86 JAIN 2011, S. 19. Auch JAIN betont in seinem Text die Gefahr, dass ethnisches Kunsthandwerk nicht länger als lebendige Tradition fortgeführt werde, selbst wenn sie als Ware für einen globalen Tourismus erhalten bliebe.

aus Erfolg.[87] Die Künstlerinnen und Künstler der verschiedenen indigenen Gemeinschaften profitierten insofern vom Regierungsprogramm, als sich ihnen dadurch eine neue Einnahmequelle erschloss. Insbesondere den Frauen im Madhubani Distrikt, die im patriarchalischen Kastensystem nur wenige Rechte haben, verhalf der Verkauf ihrer Bilder zu einem unabhängigen Einkommen und einer höheren Stellung innerhalb der Gemeinschaft. Die finanzielle Unabhängigkeit ermöglicht ihnen ein selbstbestimmteres Leben.[88] Aber auch den Männern der Warli, die der Malerei nachgehen, sichert die neue Tätigkeit ein Einkommen, dank dem sie weiterhin ihre Felder betreiben können. Die Veränderungen, die die Kommerzialisierung der Malereien und deren Einzug in die internationale Kunstszene mit sich brachten, stellen für die Warli-Gemeinschaft ein weitgehend isoliertes Phänomen dar und dennoch kennzeichnen sie deren langsame, aber beständige Neuausrichtung innerhalb der indischen Gesellschaft.

5. Schlussbetrachtung – Welche Rolle spielen ethnologische Museen?

Als rituelle Kunst lassen sich die Malereien der Warli nur in Anbetracht des alltäglichen Lebens der Menschen verstehen. Schon die indische Kunsthistorikerin YASHODHARA DALMIA plädierte 1988 dafür, die Lebensform und Kultur der Menschen nachzuvollziehen, damit die Malereien sinnvoll eingeordnet werden können. Sonst bestünde die Gefahr, dass die Kunstform exotisiert würde und sich die Malereien von ihrem traditionellen Ursprung entfremden würden.[89]

Die Einbeziehung der soziokulturellen Aspekte sollten auch im Rahmen einer Präsentation von indigener Kunst berücksichtigt werden. Die New Yorker Ausstellung zum „Primitivismus" von 1984 und die Pariser Ausstellung von JEAN-HUBERT MARTIN von 1989 haben gezeigt, dass die Werke indigener Gemeinschaften vor einem rein westlichen Hintergrund – sprich nach einem westlichen Kunstverständnis – tatsächlich fehlinterpretiert wurden, da wichtige Hintergrundinformationen zur Entstehung und kulturellen Bedeutung der Werke in den Ausstellungen keine Erwähnung fanden.

Bis heute gibt es keine Definition von Kunst, die auf alle Gemeinschaften und Kulturformen angewendet werden kann. Gleichzeitig sorgt die Globalisierung jedoch seit geraumer Zeit dafür, dass sich unterschiedliche Kulturen und damit einhergehende Kultur- und Kunstverständnisse vermischen, beziehungsweise, wie im Falle der Warli, dass die rituelle Kunstform einer indigenen Gemeinschaft internationale Verbreitung und

---

87 JAIN 2010a, S. 107.
88 PELLER 1998, S. 19.
89 DALMIA 1988, 10.

Beachtung erfährt und in die westlich geprägte Kunstszene aufgenommen wird. Dies macht den differenzierten Umgang mit solchen Objekten umso wichtiger.

Die Bedeutung, die Kulturobjekten zukommt, unterscheidet sich je nach Kulturzusammenhang. In westlichen Ländern dienen Kulturobjekte zur Veranschaulichung von Geschichte; durch ihre Betrachtung lässt sich die Kultur, der sie angehören, erschließen.[90] Aus diesem Grund werden westliche Kulturobjekte erhalten und ausgestellt. Durch sie können geschichtliche und kulturelle Entwicklungen nachvollzogen und in Präsentationen für die kommenden Generationen anschaulich gemacht werden. Für viele indigene Gemeinschaften hingegen liegt der Wert eines Kulturobjekts nicht in dessen Fähigkeit der Veranschaulichung (Versachlichung), sondern in der Funktion, die es erfüllt. Diese Funktion wiederum kommt nur dann zum Tragen, wenn das Objekt im alltäglichen Leben Gebrauch findet. Viele Gemeinschaften erinnern ihre Geschichte durch das Ausführen gemeinschaftlicher Zeremonien, in denen sie die Objekte verwenden oder neu herstellen.

Eine solche Erinnerungsstrategie macht das Verwahren sowie das Ausstellen von ethnographischen Objekten nach westlichem Verständnis schwierig. Der Erhalt dieser Objekte hat nicht dieselbe Bedeutung wie der Erhalt westlicher Kulturobjekte. Je mehr sich indische ethnologische Museen in ihren Ausstellungs- und Sammelstrategien dem Westen anpassen, desto größer ist die Gefahr, dass die Menschen den Zugang zu den Objekten und den daran gebundenen Riten verlieren. Jede Kultur sollte daher selbst darüber entscheiden, welche Form des Erinnerns und des Bewahrens sie anwenden möchte.

Dennoch können Kunst-, und Kulturobjekte indischer indigener Gemeinschaften, die in westlichen Kulturzusammenhängen ausgestellt werden, dazu dienen, ein öffentliches Bewusstsein für die sich erschwerenden Lebensbedingungen der *adivasi* zu etablieren und den Menschen vor Ort die Lebensformen und Traditionen jener Kulturen näher zu bringen, aus denen die Objekte stammen. Um der Bedeutung und rituellen Funktion, die die *adivasi* wie die Warli ihren Werken beimessen, gerecht zu werden, sollten Museen bewusst auf die Entstehungsgeschichte der Werke sowie die Geschichte der Kunstschaffenden eingehen. Gerade dann, wenn die Gemeinschaften selbst vor großen Schwierigkeiten stehen, ihre Traditionen zu bewahren, fällt den Museen hier eine besondere Verantwortung zu.

In Bezug auf die Malereien der Warli wäre es zudem wichtig, dass klar zwischen populärer Kunst, die zu Verkaufszwecken hergestellt wird, und ritueller Kunsttradition, die für die Gemeinschaft entsteht, unterschieden wird. Die populären Malereien sollten nicht mit den gemeinschaftlich ausgeführten Malereien gleichgesetzt werden. Vielmehr möchten sich mittlerweile auch die Männer der Warli, die dem Malen auf Papier nachgehen, als individuelle Künstler verstanden wissen und nicht vorrangig als Vertreter ihrer

---

90 Siehe hierzu BELTING 2010, S. 31–43.

Die Malereien der Warli

Gemeinschaft. Dies wird darin deutlich, dass viele Künstler ihre Werke signieren.[91] Mit der Signatur drücken die Männer ihr Selbstverständnis als Künstler aus. Dieses Selbstverständnis kann auch im Rahmen eines ethnologischen Museums gewürdigt werden, beispielsweise indem die individuellen Handschriften der verschiedenen Künstler in einer Präsentation klar hervorgehoben werden.[92]

Um einem Publikum dennoch auch die lebendige rituelle Kunstform der Warli-Malereien näher zu bringen, wäre es sinnvoll, neben der Reproduktion einzelner Motive, denen ein bestimmter Kunstwert zugesprochen wird, das gesamte Repertoire, das mit dem Bemalen der Hauswände einhergeht, zu dokumentieren. Darunter fallen alle im rituellen Zusammenhang notwendigen Erzählungen und Kosmologien, die in den Bildern Ausdruck finden, eine Dokumentation der verschiedenen rituellen Handlungen, die während des Malvorgangs vollzogen werden, ebenso wie die verwendeten Werkzeuge zum Herstellen der Farben und Auftragen der Malerei. Nur so können die Traditionen und das Wissen um diese erhalten bleiben und an nachkommende Generationen weitergegeben werden.

Zusammenfassung

In den Indien-Sammlungen des Museums für Völkerkunde Dresden befinden sich drei Warli Malereien. Die Bilder stammen aus dem Museumsshop des „National Museum of Mankind" in Bhopal, in dem seit 1977 die verschiedenen Kulturen der indigenen Bevölkerung Indiens präsentiert sind. Die Arbeiten dienen als Ausgangspunkt für die Betrachtung einer rituellen Kunstform, die seit den 1970er Jahren internationale Bekanntheit erlangt hat und seither neben ethnographischen Sammlungen, auch in Kunstmuseen und auf dem Kunstmarkt anzufinden ist. Es wird der Frage nachgegangen, welche Auswirkungen die sowohl nationale als auch internationale Wahrnehmung der Warli-Malereien auf die Kunst und Kultur der Gemeinschaft hat.

Indem die Frauen der Warli ihre Malereien auf die Hauswände auftragen, stärken sie in spiritueller Weise die Gemeinschaft. Sie erbitten fruchtbare Böden und gute Ernten. Die kommerzialisierte Malerei für den Kunstmarkt oder für Museen hat sich aus diesem rituellen Kontext gelöst. Sie richtet sich nun nach den Wünschen potenzieller Abnehmerinnen und Abnehmer, was zu einem Rückgang an Vitalität und Aussagekraft der Bilder führt. Auch das Wissen um die alten Riten und Zeremonien gerät mit der Veränderung

---

91   Auch zwei der drei Warli-Malereien des Museums für Völkerkunde Dresden sind signiert.

92   Wichtig erscheint hier vor allem, dass die Malereien nicht nur aus einer, sondern aus verschiedenen Perspektiven beleuchtet werden. So können sie zum einen repräsentativ für den Wandel einer rituellen Kunstform stehen und uns dahingehend etwas über die dynamische Kultur und Lebensweise der Warli erzählen, zum anderen drücken die Bilder jedoch auch das handwerkliche Können und den persönlichen Ausdruck jedes einzelnen Künstlers aus und verweisen somit auf eine individuelle Persönlichkeit, die für sich spricht und eben nicht vorrangig für die Gemeinschaft, aus der sie stammt.

der Umwelt- und Lebensbedingungen zusehends in Vergessenheit. Dieses Phänomen ist beispielhaft für viele indigene Gemeinschaften Indiens, die zunehmend von der Modernisierung der indischen Gesellschaft betroffen sind. Viele erkennen die Chance, mit ihrem kulturell geprägten Wissen und Können neue, auch wirtschaftliche Überlebensstrategien zu entwickeln.

Die mit diesen Entwicklungen einhergehenden Veränderungen zu dokumentieren, ist die Aufgabe von Museen. Gleichzeitig wird offenbar, dass die musealen Antworten je nach gesellschaftlichem Bezug unterschiedlich sein müssen. Neben dem Erhalt, der Interpretation und dem Vermitteln von Wissen über Artefakte und Kunstwerke in westlichen Museen besteht die Aufgabe von Museen innerhalb der autochthonen Gemeinschaft vor allem darin, funktionale Zusammenhänge sehr lebendig zu gestalten und ständig neu anzupassen. Darin liegt nicht nur die Chance Wissen zu erhalten und nachkommenden Generationen weiter zugänglich zu machen, sondern auch neue selbstbestimmte Wege der betroffenen Gemeinschaften in die Zukunft zu finden.

Summary

In the India collections of the Museum für Völkerkunde Dresden there are three Warli paintings. They come from the museum shop of the "National Museum of Mankind" in Bhopal, where the diverse cultures of the indigenous peoples of India have been presented since 1977. These works are taken as a starting point for looking at a ritual art form that has attracted international attention since the 1970s and can now be found not only in ethnographic collections, but also in art museums and on the art market. This paper considers the effects that the national and international perception of Warli paintings is having on the art and culture of the community.

By creating their paintings on the walls of houses, the Warli women support the community in a spiritual way. They supplicate for fertile soil and good harvests. Commercialised painting for the art market or for museums has become detached from this ritual context. It is now geared to the wishes of potential buyers, which is leading to a decline in the vitality and expressiveness of the paintings. Knowledge of the old rites and ceremonies is also noticeably sliding into oblivion as environmental and living conditions change. This phenomenon is typical of many indigenous communities in India, which are increasingly affected by the modernisation of Indian society. Many recognise the opportunity to use their culturally shaped knowledge and skills to develop new strategies for survival, including securing their economic livelihood.

It is the task of museums to document the changes associated with these developments. At the same time, it is obvious that the answers given by museums must vary depending on the social context. In addition to preserving, interpreting and imparting knowledge about artefacts and works of art in Western museums, the task of museums within the autochthonous community is, above all, to show functional connections in a lively way and to constantly readapt them. This is not only an opportunity to preserve knowledge and ensure its continued accessibility for future generations, but also to find new, self-determined ways into the future for the communities concerned.

Literaturverzeichnis

Belting, Hans: Art Contemporain et Musée à l'ere de la Mondialisation. In: Autres Maitres de l'Inde. Musée du Quai Branly, Ausst.-Katalog. Paris 2010, S. 31–43

Butler, Sally: Multiple Views: Pluralism as Curatorial Perspective. In: *Australian and New Zealand Journal of Art*, Abingdon, Oxon; Canberra 2003, 4:1, S. 11–28. <https://doi.org/10.1080/14434318.2003.11432722> (07.10.2019)

Dalmia, Yashodhara: The Painted World of the Warlis. Art and Ritual of the Warli Tribes of Maharasthra. Neu Delhi 1988, S. 135

Dhavalikar, M.: Vergangenheit in der Gegenwart: Lebendige Vorgeschichte in Indien. In: Völger, Gisela (Hg.): Die Anderen Götter. Volks- und Stammesbronzen aus Indien. Ethnologica NF, Band 17. Ausst.-Katalog. Köln 1993, S. 42–53

Errington, Shelly: The death of authentic primitive art and other tales of progress. Berkeley, Los Angeles, London 1989

Hacker, Katherine: A simultaneous validity of co-existing cultures: J. Swaminathan, the Bharat Bhavan and Contemporaneity. In: *Archives of Asian Art,* 64, 2, New York, N.Y.; Durham, NC 2014, S. 191–209. <http://www.ub.uni-heidelberg.de/cgi-bin/edok?=https%3A%2F> (07.10.2019)

Hörig, Rainer: Selbst die Götter haben sie uns geraubt. Indiens Adivasi kämpfen ums Überleben. Göttingen 1990

– : Adivasi – Das andere Indien. In: Völger, Gisela (Hg.): Die Anderen Götter. Volks- und Stammesbronzen aus Indien. Ethnologica NF, Band 17. Ausst.-Katalog. Köln 1993, S. 36–41

Imam, Bulu: Von den Felsbildern der Steinzeit zur heutigen Kunst der Ureinwohner in Indien: Tradition und Zukunft der Khovar-Kunst in Hazaribagh, Jharkhand. Mayur Newsletter, INTACH-Hazaribagh, Juli 1999, ohne Seitenangaben

Jain, Jyotindra: Entre Deux Mondes: Les Artistes Populaires et Tribaux Indiens. In: Autres Maitres de l'Inde. Musée du Quai Branly, Ausst.-Katalog. Paris 2010a, S. 106–121

– : Introduction. In: Autres Maitres de l'Inde. Musée du Quai Branly, Ausst.-Katalog. Paris 2010b, S. 11–21

– : Crossing Borders. Contemporary Folk and Tribal Artists in India. In: Anna L. Dallapiccola [Ed.]: Indian Painting. The Lesser-Known Traditions. Neu Delhi 2011, S. 14–27

Lafuente, Pablo: Introduction: From the Outside in. *Magiciens de la Terre* and two histories of exhibitions. In: Lucy Steeds [Ed.]: Making Art Global (Part 2). "Magiciens de la Terre" 1989. London 2013, S. 8–23

Lewison, Jeremy: "Bilderstreit" and "Magiciens de la Terre". In: *The Burlington Magazine*, Vol. 131, No. 1037, Paris, Cologne (August) 1989, S. 585–587

Martin, Jean-Hubert (Éd.): Magiciens de la Terre. Ausst.-Katalog. Paris 1989

Martin, Jean-Hubert: The death of art—long live art. In: Lucy Steeds [Ed.]: Making Art Global (Part 2). „Magiciens de la Terre" 1989. London 2013, S. 216–223

Peller, Astrid: Im Auftrag der Götter. Künstlerinnen aus Mithila (Nepal/Nordindien). Galerie 37, Kunst im Museum für Völkerkunde, Band 2. Frankfurt am Main 1998

Pfeffer, Georg: „Rasse" und „Kaste" als soziale Ordnungsideen. Zum historischen Modell gesellschaftlicher Vielfalt in Südasien. In: Mallebrein, Cornelia (Hg.): Die Anderen Götter. Volks- und Stammesbronzen aus Indien. Ethnologica, Band 17. Köln 1993, S. 22–35

Rossi, Barbara: From the Ocean of Painting. India's Popular Paintings 1589 to Present. New York 1998

Rubin, William (ed.): "Primitivism" in the 20th century art. Affinity of the tribal and the modern. Part 1–2, The Museum of Modern Art, New York, N.Y. 1988 [1984]

Satyawadi, Sudha: Unique art of Warli paintings. Neu Delhi 2010

Szanton, David L.: Mithila Painting. The Dalit Intervention. In: Gary Michael Tartakov [Ed.]: Dalit Art and Visual Imagery. New Delhi 2012, S. 219–234

Wadley, Susan Snow: Likhiya. Painting women's lives in rural Northern India. In: Susan Snow Wadley [Ed.]: South Asia in the World. An Introduction. Armonk, New York 2014, S. 241–260

Wegner, Gert Matthias: Lieder der Erde – Musik und Malerei der Warli. Ausst.-Katalog Rautenstrauch-Joest-Museum. Köln 1984/1985

Weitere Internetseiten

India Art Fair New Delhi 2012, Onlinekatalog. <http://herve-perdriolle-catalogues-archives.blogspot.de/> (14.03.2019)

Indira Gandhi Rashtriya Manav Sangrahalaya: <http://igrms.gov.in/en/aboutus/about-us> (02.09.2019)

Kunstforum International: < https://www.kunstforum.de/artikel/dialog-richard-long-jivya-soma-mashe/> (20.09.2019)

National Crafts Museum Neu Delhi: <http://nationalcraftsmuseum.nic.in> (30.08.2019)

The Contemporary Indian "Other Masters" Collection: <http://contemporary-tribal-folk-arts-india.blogspot.com/2006/09/warli-tribe-english.html> (16.09.2019)

Tobias Mörike, Gotha

Magische materielle Kultur aus Ägypten. Die Sammlung Peter W. Schienerl im Museum für Völkerkunde Dresden

Mit 12 Abbildungen (Farbtafeln III–VIII)

Der Ethnologe, Kunsthistoriker und Archäologe Peter Wolfgang Schienerl (1944–2001) sammelte in Ägypten und in kleinerem Umfang im Iran und in der Türkei magisch-religiöse Schutzobjekte. Nach seinem Tod 2001 ging die Sammlung und ein Nachlass in die Bestände des Staatlichen Museums für Völkerkunde Dresden (MVD) über. Neben der aus 4 000 Objekten bestehenden Sammlung, die sich hauptsächlich aus Schmuck, Amuletten und Haushaltgegenständen zusammensetzt, umfasst sie eine Bildsammlung mit Postern und Abbildungen von Ali und Hussein[1], eine Postkartensammlung und religiöse Buntdrucke aus der Druckerei Gindi in Kairo[2].

Schienerl, der über zehn Jahre zwischen 1979 und 1989 mit einem Stipendium der Österreichischen Akademie der Wissenschaften in Kairo zum traditionellen ägyptischen Schmuck forschte, stellte seine Überlegungen in über vierzig Artikeln dar.[3] Darüber hinaus erwarb er für zahlreiche Museen Objekte. Bis 1988 sammelte er in Zusammenarbeit mit Alfred Janata und dem Museum für Völkerkunde in Wien (heute Weltmuseum Wien), so dass sich dort eine frühere Sammlung von Schienerl aus Ägypten befindet, die teilweise mit dem Dresdener Bestand vergleichbar ist. In kleinerem Umfang verkaufte er Objekte aus der Oase Siwa an das Ethnologische Museum Berlin. Ungewiss ist, ob Schienerl auch für das Ethnologische Museum in Kairo[4] sammelte, wo er als Gastkurator tätig war. Nicht unerwähnt bleiben soll die Sammlung überwiegend türkischer Amulette seiner geschiedenen Frau Jutta Schienerl im Museum für Natur und Mensch in Oldenburg,

---

1   Schienerl 1985, S. 178–188.
2   Schienerl 1986, S. 305–332.
3   Eine Bibliographie bietet Gerber 2008.
4   Schienerl 1986–88.

die ein ähnliches Profil aufweist.⁵ Schienerl beschäftigte sich bereits vor den bekannteren Sammlern wie der ägyptischen Schmuckdesignerin Azza Fahmy⁶ und dem italienischen Ingenieur und Privatgelehrten Giovanni Bonotto⁷, deren Sammlungen in Ausstellungen und Katalogen präsentiert wurden, mit dem Schmuck und magischen Objekten Ägyptens. Vor allem für Fahmy dienten seine Studien als Referenz.

Der folgende Text stellt die Dresdner Sammlung Peter Schienerls vor. Ein erster Teil diskutiert im Sinne einer Sammlungsgeschichte die von Schienerl verfolgten Ansätze. Der folgende Teil beschreibt die wissenschaftliche Bearbeitung im MVD und zeigt Bezüge zwischen Schienerls Archivalien, seiner Sammlung und seinen Publikationen auf. Der dritte Teil des Texts versucht Schienerls Sammlung als Dokument einer Kulturgeschichte Ägyptens nutzbar zu machen. Anhand der Objekte zum *Zār*, einem magischen Ritual, und zum Siwa-Schmuck kann Schienerls Sammlung als Zeitdokument für die Veränderung kultureller Praktiken und der materiellen Kultur in Ägypten verstanden werden.

Die von Schienerl gesammelten Stücke traditionellen Schmucks sind heute überwiegend chinesischen Goldimitaten und Kopien der Entwürfe internationaler Schmuckmarken gewichen, wie Mustafa in einer Betrachtung des Kunsthandwerks in Ägypten darlegt.⁸ Bisher ist die Sammlung Schienerl von Sophie Gerber in ihrer Masterarbeit in Wien vorgestellt worden.⁹ Ihre Arbeit bietet einen systematischen Überblick über die Gegenstände der Sammlung. Ausführliche biographische Informationen zu Schienerl und eine Schilderung des Eingangs der Sammlung in das Museum für Völkerkunde zu Dresden bieten Bruno Öhrig, Sigrun Nützsche und Irene Godenschweg in einem Bericht des Bandes 52 der Abhandlungen und Berichte der Staatlichen Ethnographischen Sammlungen Sachsen.¹⁰ Sie stellen einzelne Sammlungsteile vor; neben der Objektsammlung wird zum ersten Mal auf Schienerls Bibliothek und die Bildsammlung verwiesen. Ausgehend von diesen Sammlungspräsentationen stellt der folgende Abschnitt Schienerls Ansätze bei der Formierung der Sammlung vor.

---

5 Fansa 2007.
6 Fahmy 2007.
7 Bonotto 2010.
8 Mustafa 2016.
9 Gerber 2008.
10 Öhrig, Nützsche, Godenschweg 2005.

Spuren der Antike im Schmuck der Gegenwart? – Peter Schienerl als Forscher und Sammler

Die Sammlung von Peter Schienerl bietet ein unerschlossenes Forschungspotenzial, sowohl in Hinblick auf die von Schienerl dokumentierten Kulturbereiche Ägyptens als auch in Hinblick auf die von ihm verfolgten Forschungsschwerpunkte. Schienerls Arbeitshypothese war, dass traditionelle Formen und Techniken durch Modernisierung verloren gehen und deshalb bewahrt werden müssen.[11] Er verfolgte mit der Sammlung das Ziel, Varianten des ägyptischen Schmucks innerhalb bestimmter Schmuckprovinzen zu dokumentieren und lehnte sich damit an die Vorstellung von Stilprovinzen an, die davon ausgeht, dass ein bestimmter Stil- und Motivkanon nur in einer Region anzutreffen sei. Nach Tobias Wendl[12] gehen die Stilprovinzen als Kategorie der Ethnologie auf eine Synthese zwischen Stilgeschichtslehre nach Heinrich Wölfflin und der Kulturkreislehre von Leo Frobenius zurück und wurden in den 1930er Jahren von Eckart von Sydow eingeführt. Schienerl griff in den 1970er und 1980er Jahren auf diesen sehr klassischen Ansatz für den Aufbau seiner Sammlung zurück. Er verwarf später diesen Zugang, ging ab 1980 von einem südägyptischen Raum aus und bezog sich kaum noch auf regional typische Schmuckprovinzen, stattdessen benutzte er offene Toponyme wie „Südägypten" oder „Nubien".[13]

Die von ihm angewandten ethnischen Zuschreibungen zum Schmuck ethnischer Minderheiten der Abaden, Bedscha und Raschaida ließen sich nicht durch seine Sammlung belegen, sondern verwiesen auf den Handel mit Schmuck und magisch-religiösen Objekten unter den Anrainern des Roten Meeres. Durch die Flutung des Nasser-Stausees bei Aswan wurden zwischen 1964 und 1976 zahlreiche Ortschaften in Südägypten verlegt und die Bevölkerung umgesiedelt. Nicht zuletzt durch die Veränderung der Zusammensetzung und der Lebensweise der Bevölkerung musste Schienerls Ansatz scheitern. Hauptsächlich sammelte er jedoch in Kairo, wo er in Silberschmieden und auf Märkten kaufte und in Museen forschte. Die südägyptischen Objekte erwarb er wahrscheinlich im Kairoer Distrikt al-ʿĀbidīn, wo bis heute viele Südägypter leben. Schienerl reiste nur wenig im Land und kannte die untersuchten Regionen zumeist nicht aus eigener Feldforschung.

Insgesamt muss die geographische Zuordnung der Objekte in Frage gestellt werden. Neben dem Handel von Schmuck in Kontaktzonen, wie dem Roten Meer oder dem östlichen Mittelmeerraum, wurde Schmuck in Zentren wie Kairo für die Nachfrage in bestimmten Regionen in verschiedenen Stilen gefertigt. Einige Objekte, die einem Stil

---

11 Seinen Forschungsansatz formulierte Schienerl in Schienerl 1975.
12 Wendl 2012, S. 87–96.
13 Schienerl 1986–88.

aus Libyen oder aus dem Jemen zugeordnet wurden, stammen mit hoher Wahrscheinlichkeit aus Ägypten, wo Schienerl die Stücke nachweislich kaufte.

Die Annahme, dass Schmuck als ethnischer und sozialer Marker von Identität nur in bestimmten geographischen Räumen anzutreffen sei, widerlegt die Sammlung durch die Verbreitung der Formen und der nachvollziehbaren Handelswege der Objekte. Die Kategorie „jemenitischer Schmuck" steht stellvertretend für einen Kontaktraum, in dem Objekte über das Rote Meer im Jemen, in der Negev, auf dem Sinai und der westlichen Wüste Ägyptens bis in den nubischen Raum Verbreitung fanden, während „libyscher Schmuck"[14] einen Verbreitungsraum von Tunis, Bengasi und Siwa bis Alexandria umfasst. Nicht zuletzt lassen sich aus dem östlichen Mittelmeer zwischen Zypern, Syrien und Alexandria ähnliche Typen aufzeigen, die möglicherweise gemeinsame Vorbilder im spätantiken Schmuck haben, aber auch durch eine gemeinsame Konsumkultur im osmanischen Reich verbunden waren.

Hervorzuheben ist ein von Schienerl zusammengestelltes Register von Silberstempeln[15], durch das sich die Objekte einordnen und datieren lassen. Vorrangig bemühte er sich durch den Aufbau von Gruppen mit Vergleichsobjekten Bezüge zwischen religiösen Praktiken und Objekten aus der Antike mit der materiellen Kultur der Gegenwart herzustellen, womit er in die Tradition früherer Sammler wie HILDBURGH[16] und KRISS und KRISS-HEINRICH[17] eintrat und letztlich eine romantische Tradition der Antikensehnsucht aufgriff.[18] Jedoch widersprach er der älteren Forschung, die Schmuckformen des pharaonischen Ägypten erkannte, teilweise, indem er Bezüge der von ihm gesammelten Schmuckformen zur griechisch-römischen Spätantike nachwies.[19] Zeitgleich versuchte er die Behauptung zu widerlegen, dass es eine Kontinuität der Amulette des pharaonischen Alten Ägyptens gäbe.

Ein Großteil der Objekte in der Sammlung besaß ursprünglich eine magisch-religiöse Schutzfunktion. Die Dokumentation der einzelnen Symbole und der ihnen zugeschriebenen Schutzfunktionen war eines von Schienerls Sammlungszielen. Zunächst interessierte er sich für Tierdarstellungen. Als mögliche Verkörperung der *Jinn* erscheinen Schlangen und Skorpione, die in Ägypten häufig vorkommen, oft auf Amuletten. Schienerl sammelte vor allem Ringe mit Schlangendarstellungen und diskutierte am Anfang seiner wissenschaftlichen Beschäftigung mit dem Thema anhand der Ringe eine Kontinuität der Symbole von der altägyptischen Isis-Verehrung bis in die Gegenwart.[20] Bereits

---

14 SCHENONE ALBERINI 1998.
15 BACHINGER und SCHIENERL 1984.
16 HILDBURGH 1916, S. 81–83.
17 KRISS und KRISS-HEINRICH 1962.
18 SCHIENERL 1977b, SCHIENERL 1981, SCHIENERL 1984.
19 SCHIENERL 1987.
20 SCHIENERL 1977b.

LUDWIG KEIMER, dessen These Schienerl aufgriff, sah um die 1950er Jahre im Schlangen-Symbol eine Fortsetzung altägyptischer Traditionen in der Gegenwart.[21]

Darüber hinaus trug Schienerl zahlreiche Amulette mit Tierdarstellungen,[22] wie der des Kamels[23] und des Elefanten, als Segensbringer zusammen. Weiterhin untersuchte Schienerl häufig verwendete Symbole, wie den Kamm[24] oder die Kanne,[25] die oft auf Textilien zu finden sind, das Schwert Alis[26] (*Ḏū l-fiqār*, *Zulifaqar*) und Amulette in Buchform (*muṣḥaf*, Bucheinband des Koran, Umschlag). Als Außenseiter des akademischen Betriebs brachte Schienerl die von ihm gesammelten Symbole nicht mit den Modellen der Bildinterpretation Ernst Cassierers und Erwin Panowskis in Verbindung.

Ein besonderes Interesse hatte Schienerl an magischen Quadraten, welche er teilweise publizierte.[27] Jedoch verfügte er nicht über ausreichend Hintergrundinformationen, um diese Objekte zu entschlüsseln. Ähnlich verhält es sich mit den magischen Symbolen wie dem Salomonsiegel, das sich auf vielen Objekten befindet. Außerdem trug er zahlreiche Steinamulette zusammen, sie verbinden die Verwendung bestimmter Formen mit den diesen Mineralien zugeschriebenen Eigenschaften und erhalten so im magischen Kontext besondere Wirkkraft.

Im Aufbau seiner Sammlung nutzte Schienerl die Methoden des Formvergleichs und arbeitete stärker mit Arbeitstechniken der Archäologie und der Kunstgeschichte als der Ethnologie. Er setzte keine interpretative Feldforschung ein, um Erkenntnisse zu gewinnen, so dass kaum Wissen über die Herstellung, die rituelle Verwendung und den sozialen Kontext der Objekte durch Schienerl überliefert ist. Über Schienerl wird berichtet, dass er nur wenig Arabisch sprach und es liegt nahe, dass er kaum Zugang zu den Ägyptern hatte, deren materielle Kultur er sammelte. Die Rituale und mit den Objekten verknüpften Erwartungen sind daher oft unbekannt und können nur nachträglich und hypothetisch mit Hilfe der Literatur und anderer Quellen reproduziert werden.

Valide erscheint Schienerls These, dass die Symbole erhalten bleiben, auch wenn die Materialien sich veränderten.[28] Er beschrieb, wie das gleiche Symbol, das klassisch auf einem Silberamulett ausgeführt wurde, sich bei neueren Stücken auf Aluminium und Plastik zeigt. Auch den Bedeutungswandel von magisch-religiösen Amuletten zum profanen Schmuck belegt die Sammlung. Als Teil seiner Forschungs- und Sammeltätigkeit konnte er bei ägyptischen Silberschmieden zahlreiche Objekte ankaufen. In der Tat wird

---

21 KEIMER 1947.
22 SCHIENERL 1984.
23 SCHIENERL 1979.
24 SCHIENERL 1991.
25 SCHIENERL 1984.
26 SCHIENERL 1978.
27 SCHIENERL 1982, SCHIENERL 1983.
28 SCHIENERL 1975.

heute ein Großteil des Silberschmucks nicht mehr getragen und das traditionelle Handwerk sowie die mit den Objekten verbundenen Traditionen sind nicht mehr in gleicher Form vorhanden, wie Yasmine El Dorghamy in der von ihr herausgegeben Zeitschrift al-Rawi[29] in zahlreichen Beiträgen besprochen hat. Traditionelle Silberschmiede aus jüdischen und koptischen Gemeinden verließen nach 1952 Ägypten und die Einflüsse von Nationalismus, Modernisierung und fundamentalistisch orientiertem Islam ließen wenig Spielraum für magisch-okkulte Praktiken. Gerade deshalb ist die Sammlung Schienerl ein Zeugnis einer vergangenen religiösen und ethnisch-kulturellen Vielfalt Ägyptens.

In Schienerls Nachlass befinden sich mehrere Inventar- und Ankaufsbücher seiner Stücke, jedoch führte er selbst keine vollständige Inventarisierung der Sammlung durch. Diese Bücher zeigen, dass er viele Objekte während seiner Kairoer Zeit auf dem Khan el-Khalili-Markt und später auf der Arnulfstraße in München, einem Flohmarkt, erwarb. Der folgende Abschnitt stellt die von Schienerl selbst vorgenommene Dokumentation vor und führt in die spätere Zuordnung in die Museumssammlung ein. Für frühere Ankäufe aus den späten 1970er und 1980er Jahren liegen Ankaufsbücher ohne Signaturen vor. Sie enthalten jedoch Preise, Händler und gelegentlich Skizzen der Objekte. Ab 1990 begann Schienerl mit verschiedenen Inventarisierungen seiner Objekte, die er mit den Signaturen PWS (Peter Wolfgang Schienerl), PWS-A, R, V, 98-01 und DIKK („Dokumentationsstelle für Islamische Kunst und Kultur") versah. Nachdem Schienerl den „Verein der Freunde der islamischen Kunst" ins Leben gerufen hatte, gründete er mit der DIKK einen neuen Verein und legte auch eine Sammlung an. Bis zu seinem Tod 2001 veröffentlichte Schienerl die Stücke in der Reihe *Aus den Sammlungen der DIKK*.[30]

Für die Inventarisierung im Museum wurden zunächst die von Schienerl in den Inventarbüchern PWS, PWS-A, R, V, 98-01 und DIKK beschriebenen Objekte in eine Excel-Liste übertragen. Auf Grundlage dieser von der Museologin Sylvia Ludwig vorgenommenen Übertragung konnten ca. 1 500 Objekte im Jahr 2014 in die Sammlungsdokumentation aufgenommen werden. Schon zuvor haben seit 2001 mehrere Volontäre Teile der Objektsammlung wissenschaftlich erschlossen und Daten für die Dokumentation des Museums eingefügt. Im Jahr 2005 widmeten sich Birgit Kertscher und Fedor Lutz der Aufgabe unbestimmte Objekte zuzuordnenden. Birgit Kertscher erfasste vor allem die Glasobjekte, darunter Pilgerketten aus Gablonzglas und türkische Glasamulette. Ihr Kollege Fedor Lutz ordnete einen Großteil der ägyptischen Objekte zu, die in der von ihm kuratierten Ausstellung „Glänzend geschützt" im Jahr 2005 zum ersten Mal in Dresden der Öffentlichkeit präsentiert wurden. Lutz hat vor allem die bereits von Schienerl publizierten Schmuckobjekte aus Siwa, den Münzschmuck und die *Zār*-Amulette aufgenommen. Für diese Objekte werden in Zukunft Nachbestimmungen

---

29 Innemée & Dorghamy 2013.
30 Schienerl 2000.

möglich sein, denn auf Grundlage der Ankaufsbücher der 1970er Jahre lassen sich weitere Informationen zuordnen. Eine Grundlage zum Vergleich stellen die älteren Sammlungen im Museum dar, wie die Amulettsammlung von Gustav Leberecht Flügel und Lydia Einsler.[31]

Die materielle Kultur des *Zār*-Rituals – Die Sammlung Schienerl als Zeitdokument

Zahlreiche Objekte der Sammlung Schienerl stehen mit dem *Zār*-Ritual, einer Form der rituellen Heilung psychischer Erkrankungen in Ägypten, in Verbindung. Sie bilden ein Zeitdokument für die Veränderung des Rituals und stehen stellvertretend für einen tiefgreifenden Umbruch in der ägyptischen Gesellschaft. Tanja Granzow hat den *Zār* als Indikator und als Gegenstand kulturellen Wandels untersucht.[32] Sie beobachtete während ihrer Feldforschung im Jahr 2007, dass keine Amulette Verwendung fanden, sondern nur die Symbolik bestimmter Kleidungsfarben als für das Ritual maßgeblich erachtet wurde. Dem *Zār* liegt die Vorstellung zugrunde, dass eine psychische Erkrankung mit der Heimsuchung durch einen Geist im Zusammenhang steht. Durch die „Besessenheit" im *Zār*-Ritual können Leid und soziale Missstände artikuliert werden, für die das Ritual und die Ritualgemeinschaft einen Aktionsraum bieten. Durch Ethnologen sind der *Zār* und ähnliche Besessenheitspraktiken gut erforscht. Jedoch ist die Rolle von Objekten und deren Rolle als *Aktanten*, im Sinne von Bruno Latour, bisher kaum reflektiert worden. Im Folgenden wird der Forschungsstand kurz zusammengefasst und das Ritual vorgestellt. Anhand der Literatur wird der Versuch unternommen, die Bedeutung einzelner Gegenstände der Sammlung im Ritual anhand der Literatur zuzuordnen. Im Mittelpunkt steht die Überlegung, dass die auf den *Zār*-Amuletten bildlich dargestellten Geister eine ikonische Abbildung verschiedener psychischer Krankheitsbilder sind.

In der Literatur finden sich verschiedene Darstellungen, die den Ablauf und den Inhalt des *Zār*-Rituals beschreiben. Grundsätzlich ist der *Zār* eine Praktik armer Frauen aus prekären Verhältnissen. Der *Zār* findet zu allen Jahreszeiten außer im Ramadan statt, in Äthiopien setzt der *Zār* in der Regenzeit aus.[33] Er ist eine nach vorgegebenen Regeln ablaufende, feierlich-festliche Handlung mit hohem Symbolgehalt zur traditionellen Heilung psychischer Krankheiten.[34] Er basiert auf Symptomen physischen und psychischen Leids; wenn eine Frau Kopfschmerzen, Gliederschmerzen, geschwollene Beine, Bauch-

---

31 Einsler 1898; Durda 2013.
32 Granzow 2013.
33 Leiris 1975, S. 135–211.
34 Littmann 1950.

schmerzen oder Fehlgeburten, aber auch Unfruchtbarkeit erleidet, so wird dies mit einer Geisterbesessenheit umschrieben.[35] Im Mittelpunkt stehen Symptome für Krankheiten, die dafür sorgen, dass die Frau ihre gesellschaftliche Rolle als Mutter und Ehefrau nicht wahrnehmen kann. Als sprachliche Figur dieser Symptome wird der Ausdruck benutzt, dass ein „Geist auf ihr reite".[36] Es erfolgt eine rituelle Diagnose, die der Bestimmung des Geists gilt, der für die Erkrankung verantwortlich ist. ENNO LITTMANN beschreibt für die 1930er Jahre, wie ein Kopftuch mit einer eingenähten Münze zu einer Zār-Meisterin, Kultleiterin der *shaiḫa* oder *kudāya*, gebracht wird und sie das Paket unter ihr Kopfkissen legt.[37] Auf Basis ihrer Träume erstellt sie eine rituelle Diagnose und benennt den verantwortlichen Geist.[38] Nach der Diagnose spricht der Geist entweder in Träumen oder es findet eine Befragung während der Zeremonie statt, die der Beschwichtigung und nicht der Austreibung gilt. Jedem Krankheitsbild wird ein bestimmter Geist zugeordnet.[39] Zur Geisterbeschwichtigung wird eine Zār-Feier organisiert, bei der fast ausschließlich Frauen zusammenkommen. Die Zeremonie findet im Haus der Kranken, in einem Heiligenschrein oder einer Moschee statt. Während der Zār-Zeremonie gibt es eine feste Rollenverteilung. Die Zār-Meisterin übernimmt die Leitung des Rituals, eine Vortänzerin tanzt die kranke Frau in Ekstase und eine Musikgruppe spielt und singt Lieder zu Ehren des Geistes. Die Zeremonie wird als `Verheiratung mit dem Geist´ festlich aufgeladen und die Kranke wird als `Braut´ bezeichnet; wie bei einer Hochzeit wird am Vorabend eine Henna-Zeremonie durchgeführt.[40] Am Nachmittag des Folgetages findet die eigentliche Zār-Zeremonie statt. Für den Erfolg des Rituals ist das Erreichen von Ekstase und unkontrolliertes Verhalten zentral, nur dann können die Geister ihre Forderungen artikulieren. Jeder Zār-Geist verlangt spezielle Opfer, eine eigene Zeremonie und besondere Amulette.[41] Mitunter fordern sie rohes Fleisch oder Genussmittel wie Zigaretten und Alkohol. Oft findet der Tanz auch in einem, dem Geist entsprechenden Kostüm statt. Auf einem Tisch, der als Thron bezeichnet wird, werden Opfergaben aufgestellt. Je nach Forderung des Geistes und Umfang der persönlichen Mittel der Kranken werden einige Tauben oder ein Schaf geschlachtet, das sieben Mal um den Tisch herumgezogen wird. Die Kranke trinkt von dem Blut der Opfertiere und trägt einiges Blut auf ihrer Haut auf. Sie darf sich danach sieben Tage lang nicht waschen und keine sexuellen Kontakte haben. Zur Heilung trägt bei, dass während der Zeremonie die volle Aufmerksam-

---

35 AL-SHAHI 1984.
36 LITTMANN 1950.
37 LITTMANN 1950.
38 MESSING 1958, S. 1122.
39 YOUNG 1975, S. 570.
40 NATVIG, 1988.
41 KRISS und KRISS-HEINRICH 1962, Bd II., S. 155–157.

keit der Kranken gilt und sie an den folgenden Tagen keine Arbeit verrichten muss.[42] Nur wenn die Bedingungen des Geistes eingehalten werden, besteht Aussicht auf Heilung. Nach der *Zār*-Feier nimmt die Kranke an wöchentlichen kleinen *Zār*-Feiern teil und findet Eingang in die *Zār*-Gemeinschaft. Der *Zār* ist deshalb auch als Gruppentherapie beschrieben worden, so gibt es keine Heilung und Entlassung, sondern eine fortwährende Betreuung der Kranken durch die Gemeinschaft. Nach der rituellen Diagnose, durch die ein bestimmter Geist erkannt wird, wird auch das entsprechende Verhalten des Geistes erfahren. Oft wird der *Zār* auch in den Familien weitergegeben, so dass Töchter von *Zār*-Adeptinnen die Geister ihrer Mütter erben.

Erstmals ist der *Zār* 1886 in Ägypten durch EMILY RUETE SALMA BINT SAID beschrieben worden.[43] Zusammen mit anderen magisch-religiösen Heilpraktiken bildete der *Zār* ein Topos für frühe ethnologische Berichte aus Ägypten, wie für den Arabisten ENNO LITTMANN[44], den Augenarzt MAX MEYERHOF[45] und den Arabisten ALEXANDER WINKLER[46]. Nach dem Zweiten Weltkrieg beschäftigten sich vor allem französische Ethnologen wie MICHEL LEIRIS und amerikanische Ethnologen nach der Ausrichtung auf den Poststrukturalismus mit dem *Zār*. Im Mittelpunkt stand die Frage des Ursprungs des Rituals, das von Nord-Sudan, Äthiopien, Eritrea über Jemen[47] bis Süd-Iran verbreitet ist. Außerdem wurde der *Zār* mit ähnlichen rituellen Praktiken, die mit Vorstellungen der Besessenheit verbunden sind, wie *Bori*[48] bei den Hausa in Nord-Nigeria oder *Gnawa* in Marokko verglichen. Da der *Zār* im 19. Jahrhundert als neue Praxis nach Ägypten kam, stellt sich die Frage, ob Versklavte aus Äthiopien die Praxis mitbrachten und popularisierten. Bis heute ist die vor allem von RICHARD NATIVG[49] behandelte Frage nicht abschließend geklärt.

Auf einer zweiten Ebene ist die soziale Funktion des *Zārs* als Praxis des Widerstands erforscht worden. Hierbei spielt der performative Aspekt eine Rolle. Während des Rituals treten die Frauen in Besessenheit ein und führen „ihre Geister" mit Kostümen, Tänzen und deren spezifischen Verhaltensweisen auf. MICHEL LEIRIS verglich den *Zār* mit einem Karneval, bei dem gesellschaftlich tabuisiertes Handeln in der Heterotopie des Rituals erlaubt war.[50] JAQUES MERCIER hat den *Zār* auch als Übergangsritus verstanden, bei dem die Frauen symbolisch mit dem *Zār*-Geist verheiratet werden und in die Ge-

---

42 LEIRIS 1975; AL-SHAHI 1984.
43 RUETE 1886.
44 LITTMANN 1950.
45 MEYERHOF 1916.
46 WINKLER 1936.
47 BATTAIN 1995.
48 FROBENIUS 1924.
49 NATVIG, 1998.
50 LEIRIS 1975.

meinschaft der *Zār*-Adeptinnen eintreten, die danach monatlich gemeinsam das Ritual ausführen.[51]

Oft wird kulturell fremdes Verhalten von Europäern als Eigenschaft des Geistes durch die Kranken imitiert. FRITZ KRAMER hat den *Zār* als Nachahmung kulturell fremden und bedrohlichen Verhaltens interpretiert.[52] SUSAN KENYON[53] und JANICE BODDY[54] haben ab den 1980er Jahren den *Zār* unter feministischen und postkolonialen Aspekten mit Schwerpunkt auf dem Sudan untersucht.

Für die 1970er Jahre, als viele Männer im Rahmen einer Arbeitsmigration Ägypten verließen und ihre Familien oft ohne Einkommen und Vaterfigur zurückließen, beschreibt KENYON, dass die Teilnahme am *Zār* besonders für arme Frauen oft die einzige Möglichkeit war, Wünsche nach materiellem Besitz zu artikulieren.[55] In Ägypten war die Ausübung des *Zār* seit 1954 sanktioniert. Schon seit den 1890er Jahren richteten sich Pamphlete über die Schädlichkeit des *Zārs*[56] gegen die Praxis, in den 1960ern war dies auch Thema in Filmen. Das Ritual ist sowohl von staatlicher als auch von religiöser Seite bekämpft worden.

Unter den Vorzeichen von Verfolgung, ökonomischem Niedergang und Verarmung der ägyptischen Bevölkerung infolge der ab 1973 begonnenen *infitāh*-Politik veränderte sich die Ausführung des *Zārs*, wie TANJA GRANZOW darstellt.[57] Sie führte 2007 eine Feldforschung in Kairo durch. Für den vor allem von Menschen in prekären Lebenslagen praktizierten *Zār* bedeutete die Verarmung eine Reduzierung der Ausgestaltung des Rituals auf wesentliche Aspekte. Ein anderer Aspekt ist, dass Mütter das für die Ausführung des Rituals nötige Spezialwissen nicht mehr an die Töchter weitergeben und dass Töchter nicht länger die stigmatisierte Tätigkeit ihrer Mütter ausüben wollen.

Erst TANJA GRANZOW, die ein Verschwinden der Amulette und einen Ersatz durch Farben beobachtete, richtete in der jüngeren Forschung erstmals den Blick auf den Objektkosmos des *Zār*. Die älteste und umfangreichste Untersuchung der materiellen Kultur des *Zār* mit den für das Ritual verwendeten Amuletten und Kostümen geht auf KRISS und KRISS-HEINRICH zurück.[58] Sie nahmen bei ihren Forschungen im Jahr 1956 selbst an *Zār*-Ritualen im Sudan und in Ägypten teil und schilderten ihre Erfahrungen in ihrem Buch „Volksglaube im Bereich des Islams". Schienerl hat 1980 in einem Aufsatz die Objekte seiner Sammlung, die mit dem *Zār* in Verbindung stehen, vorgestellt, ohne

---

51 MERCIER 1996, S. 127-128.
52 KRAMER 1987.
53 KENYON 1995, 2007 S. 62-75.
54 BODDY 1989, 1994, 2007.
55 KENYON 1995.
56 HILMI ZAYN AL-DIN 1903.
57 GRANZOW 2013, S. 93.
58 KRISS und KRISS-HEINRICH 1962.

jedoch deren Verwendung im Ritual zu erklären. [Siehe Abb. 1–11] Es gibt kaum Anzeichen, dass er selbst an einer *Zār*-Zeremonie teilnahm.

Besonders interessante Stücke sind kleine Metallplatten mit Porträts der betreffenden Geister, die für das Ritual verwendet wurden. [Abb. 7, 10] Über vierzig dieser „*Zār*-Scheiben" befinden sich in der Dresdener Sammlung. Einerseits dienten sie als Requisiten für das Ritual. Andererseits sollten sie als Amulette Leiden mildern und weiteren Schaden abhalten sowie als Manifestation des Bedrohlichen einen Anreiz zur Selbstkontrolle bieten. Die Geister erscheinen dabei als ein Topos. Abhängig von der ausführenden Ritualleiterin gibt es einen Kanon verschiedener „Geisterpersonen", denen negative Eigenschaften zugeschrieben werden. Die Attribute der Geister und die Darstellung der Figuren sind Veränderungen unterworfen; sie lassen somit einen Rückblick auf den Wandel kollektiver Ängste und die Ursachen für psychosozialen Stress in verschiedenen Zeiten zu.

Nach dem Verschwinden vieler Objekte und mit der Marginalisierung der Praktik sind die Schilderungen in der älteren Literatur eine wichtige Quelle für deren Einordnung. Bei den *Zār*-Zeremonien fanden zahlreiche Objekte Verwendung. Obwohl das Ritual als „Hochzeit mit dem Geist" bezeichnet wird, ähnelt der verwendete *Zār*-Schmuck keinem Hochzeitsschmuck.

Auf Grundlage der Literatur sollen im Folgenden die mit dem *Zār* in Verbindung stehenden Objekte und ihre Verwendung im Ritual erklärt werden. Schienerl unterscheidet zwischen Objekten, die nur während des Rituals getragen wurden und solchen, die allgemeine Schutzamulette darstellten. Aufgrund seiner starken Farben wurde oft Perlschmuck zur Aufführung des Rituals verwendet. In der Sammlung befinden sich mehre Fußringe und mit Perlen bestickte Amulettbehälter.[59] [Abb. 5] Kriss und Kriss-Heinrich beschreiben, dass besonders der Geist der *Kabīra*, der Mutter der *Zār* Geister, Perlschmuck zu ihrer Beschwichtigung verlangt.[60] Es ist anzunehmen, dass die Fußringe als Tanzschmuck dienten und die Repräsentation subsaharischer Geister unterstreichen sollten. Young berichtet aus Äthiopien, dass seine Informantin Zemmemu – eine an als *kureynya* umschriebene Form der Besessenheit leidende Frau – Kräutermedizin zubereitet und den von den jeweiligen Geistern geforderten Perlschmuck anlegt, wenn die Symptome ihrer Besessenheit auftreten:

"On the occasions when her Zārs afflicted her with the ordinary symptoms of kureynya, Zemmemu prepared herbal medicines (…) and, wearing the necklace of blue glass rings and silver ornaments dedicated to Gwardey, the Amhara hunter Zār, or the necklace of tiny red, blue, white, and green beads and the gauze veil worn in honor of Mafoodey, a Muslim female Zār, or the sash trimmed in green and red for Shankit, the Nilotic servant Zār, and in the company of her devotee neighbors, she served the Zārs their favorite foods

---

59 Beispielobjekte im MVD mit Katalognummern 86399-86407.
60 Kriss und Kriss-Heinrich 1962.

and clapped and drummed for them throughout the night. For several days after such celebrations Zemmemu wore her Zār jewelry because the Zārs find this pleasing. Zemmemu also celebrated this way after dreams in which her Zārs appeared to be angry with her."[61]

Eine besondere Bedeutung im *Zār* haben Fingerringe. [Abb. 1–5] Sie werden von Kriss und Kriss-Heinrich als Schmuck der *Zār*-Meisterin beschrieben. Fakhoury berichtet über den Schmuck der *Zār*-Meisterin:

"The jewelry consisted of two silver rings engraved with the words 'Alah Akbar', a fetish made from a brown stone to be pinned in her hair, and a necklace with a red stone to protect her heart."[62]

Für das Ritual bedeutend war ein weiterer Ring, der als Siegelring den Namen des *Zār*-Geistes oder eines islamischen Schutzheiligen trägt. Böhringer-Thärigen beschreibt, dass diese Ringe mit dem Blut der Opfertiere geweiht werden.[63] Durch diese Handlung soll der Pakt zwischen der Kranken und dem Geist besiegelt werden. Die Ringe ähneln Siegelringen. Oft tragen die Ringe den Namen der Geister zusammen mit dem Ehrentitel *Sulṭān*. Für die Ringe in der Sammlung ist der Name des Geistes nicht immer klar lesbar. Möglicherweise sind es *abjad*-Buchstaben, bei denen Buchstaben Zahlenwerte zugewiesen werden und als magisch-mathematische Kombinationen Bedeutung erlangen. Schienerl hat einen Teil dieser Ringe, die auch Sternsymbole zeigen können, als Schmuck aus Fayyoum[64] publiziert, jedoch ohne direkten Hinweis auf den *Zār*. Die Sternsymbolik und besonders der Halbmond wurden als Fruchtbarkeitssymbole verstanden. Der *Zār* wurde zumeist dann praktiziert, wenn durch Kinderlosigkeit und Fehlgeburten die soziale Funktion als Mutter und Ehefrau nicht erfüllt werden konnte. Weiterhin berichten Kriss und Kriss-Heinrich von Ringen mit einem roten Schmuckstein, der aus Achat oder Koralle besteht und am Ringfinger der Kultleiterin getragen wird. [Abb. 5] Dieser Ring soll der Schwester des Geistes gewidmet sein. Eine andere mögliche Bedeutungen ist die Zuordnung des Rings zu roten *Jinnen*, die besonders Schaden bringen sollen. Dieser *ḫātim murǧān* (Korallenring/Korallensiegel) ist auch als Ring des Herrn Abraham *ḫātim sīdī ībrāhīm*[65] für den nubischen Raum als typisch ethnischer Schmuck der *Abade* beschrieben worden. Auch in den Sammlungen von Bonotto und Fahmy sind identische Ringe zu finden. Vergleichsstücke aus Tansania befinden sich in der Sammlung Pressmar.[66] Dort wird berichtet, dass die Ringe von der tansanischen Küste bis zu den Usambara-Bergen als Mittel gegen Fieber angesehen würden.

---

61 Young 1975, S. 579.
62 Fakhoury 1968, S. 53.
63 Böhringer-Thärigen 1996, S. 89.
64 Schienerl 1976b.
65 Zain-al-ʿĀbidīn 1981, S. 181, 303.
66 Pressmar 1991.

Es ist naheliegend, dass die eindrucksvollen Ringe über das Rote Meere in den Indischen Ozean Verbreitung fanden und mit vielfältigen Zuschreibungen belegt sind. Als magisch-wirksame Objekte wurden sie auch in die Praktik des *Zār* eingebunden.

Prominentestes Element des *Zārs* sind die sogenannten *Zār*-Scheiben, runde Platten von fünf bis zehn Zentimetern Durchmesser, die auf der einen Seite die *basmallah* oder den Thronvers[67] zeigen und auf der anderen Seite eine Darstellung des betreffenden Geists. [Abb. 7, 8, 9, 11] Als symbolischer Name für das Ritual wird bei Schienerl und bei Kriss und Kriss-Heinrich der Begriff *ḥijāb qalb* (Herzamulett) angegeben. Im Mittelpunkt steht die Wiederherstellung des Seelenfriedens durch Anwendung des Amuletts. Viele der Platten der Dresdener Sammlung weisen Silberstempel auf und können zeitlich und örtlich zugeordnet werden. Den älteren Beschreibungen von Littmann zufolge wird die Scheibe in das Blut der Opfertiere getaucht.[68] Die gravierten Schmuckplatten zeigen ikonische Darstellungen der Geister. Young geht von sechsundsechzig verschiedenen Geistern aus, wobei die Zahl eher als Symbol für den Zahlenwert des Wortes *Allāh* denn als konkrete Zahlenangabe verwendet wird.[69] *Zār*-Geister sind nie die Manifestation der Seelen Verstorbener – sie sind Repräsentationen verschiedener Naturgeister oder stehen in einem Zusammenhang mit bestimmten Berufsgruppen, sie können christlich, islamisch oder jüdisch sein. Kenyon und Boddy haben bei ihren Forschungen verschiedene Gruppen der Geister ausgemacht, die von unterschiedlicher Herkunft sind und die nicht selten einem spezifischen Krankheitsbild mit entsprechender Symptomatik zuzuordnen sind.

Zunächst gibt es unter den Geistern „islamische Heilige", die als Schutzpatrone angerufen werden, wie etwa *Aḥmad al-Badawī*, *ʿAbd al-Qādir al-Ǧīlānī*[70] oder auch weibliche Heilige. Sie müssen nicht beschwichtigt werden, denn als Heilige sind sie Wohltäter.

An zweiter Stelle stehen die „äthiopischen Geister", die als Genussmittel Kaffee verlangen. Laut Boddy ist *Mamma*, dessen Name wohl vom *Tigrinja*-Wort für „Herr" (*Mamba*) abgeleitet wurde, der höchste der äthiopischen Geister. Er verlangt Achatsteine und silberne Ohrringe für seine Beschwichtigung. Oft kommen hier auch koptische Kreuze zum Einsatz, die sich auch in Schienerls Sammlung finden.

Die dritte Gruppe sind „nomadische Araber", die Kamelmilch fordern. Ihre Symbole sind mit Last beladene Kamele. Weiterhin gibt es „Geister aus dem Sudan", die laut Boddy zur Ethnie der Bedscha gehören. Sie tragen weite Hosen und Messer. Diese Geis-

---

67 Siehe Thronvers [āyat al-kursī] im Koran Sure 2, S. 255. Es handelt sich um einen häufig auf Amuletten zu findenden Vers, dem besondere Wirkung gegen böse Mächte zugeschrieben wird. Nach der Übersetzung von Rückert: „Gott, außer ihm kein Gott! Er der Lebendige, der Beständige, Ihn fasset weder Schlaf noch Schlummer, Sein ist was da im Himmel ist und was auf Erden", Rückert 2018, S. 255.

68 Littmann 1950.

69 Young 1975.

70 Littmann 1950; Kenyon 1995.

ter fordern nubischen Hochzeitsschmuck. Schienerl erwarb zahlreiche Bedscha-Objekte in Kairo. Es liegt nahe, dass sie dort für die Geisterbeschwichtigungsrituale des *Zārs* verwendet wurden. Andere Figuren sind bei Littmanns Übersetzungen der *Zār*-Lieder ein „männlicher *Zār*-Geist", der als Schönster der Araber gepriesen wird. Kenyon beschreibt die „Figur der *Dona Bey*", einer amerikanischen Ärztin, die Unmengen von Bier trinkt.[71] Es gibt wohl mehrere Geister, die als „Ärzte, Rechtsanwälte und Missionare" ihr Unwesen treiben und als Fremde mit seltsamen Verhaltensweisen die Ägypter plagen. Der wichtigste in dieser Gruppe ist *Yawry Bey*, der auch auf vielen Stücken in Dresden abgebildet ist. [Abb. 9] Er steht für die britisch-osmanische Eroberung des Sudan und die Verschlechterung der Lebensbedingungen unter den Khediven. Vor allem für die Cholera-Epidemien im späten 19. und im frühen 20. Jahrhundert wurde dieser Geist verantwortlich gemacht.

Weibliche Geister sind größtenteils „Wassergeister", so ist die *Safina*, bei der es sich um eine Abwandlung der „Kindsbettdämonin" handelt, besonders präsent. Überhaupt werden Wassergeister als Auslöser von Krankheiten betrachtet. Oft wird die *Safina* mit ihrem Bruder, dem *Sulṭān al Baḥry* (Herr des Meeres), oder mit ihrem Knecht *Willaj* oder *Wallaj* dargestellt. Die *Safina* und der Herr des Meeres sind nicht verheiratet, daher wird sie als dessen Schwester vorgestellt. Eine andere Darstellung eines Paares sind *Sitt* und *Sīd*, die Dame und der Herr. In der Sammlung finden sich Amulette mit der Darstellung des *Yawry Bey*, der *Safina* und des *Sitt*- und *Sīd*-Paares. [Abb. 7, 8, 9] An ihnen ist stets eine gerade Anzahl an Glöckchen angebracht. Oft wird *Sulīmān-Salomon*[72] als Herr der Geister angesehen. Aus diesem Grund befindet sich auf zahlreichen Objekten das Salomonsiegel. Zur Sammlung gehört weiterhin ein Siegelring, in den auf Arabisch der Name *Allāh* eingraviert ist.

Mitunter wurden Steinamulette und Achate verwendet. Aufgrund ihrer Farbigkeit wurden sie einem bestimmten Geist zugeordnet und dienten zur Heilung bestimmter Symptome. Bereits Canaan beschreibt den Einsatz von Heilsteinen in Palästina, dabei scheint es sich um eine alte Praxis zu handeln.[73] Die Steine sind entweder bestimmten Organen, die sie beeinflussen sollen, nachgeformt, oder nehmen die Form von Amulettbehältern an. Aufgrund ihres geologischen Vorkommens verortet Bonotto die Achate hauptsächlich auf dem Sinai.[74] Schienerl hat unzählige solcher Steinamulette gesammelt. Besonders und speziell für den *Zār* sind Steine oder Glassteine in einer Metallfassung. Sie werden als *sumluq* bezeichnet und sind meist mit kleinen Kompositelementen wie Glöckchen oder tropfenförmigen Amulettanhängern versehen.

---

71 Kenyon 1995, S. 110.
72 Salzberger 1907.
73 Canaan 1914.
74 Bonotto 2010.

Allgemeinere Amulette, die im *Zār* Verwendung fanden, zählen zum sogenannten Schläfenschmuck. Dieser wurde als Kopfschmuck getragen. Es handelt sich um tropfenförmige Anhänger, die Schwangerschaftsamuletten (*maskī*) ähneln. In der Sammlung befinden sich Armspangen, deren Schmuckplatte auch Darstellungen der Geister zeigt. Eine letzte Gruppe sind die *zu'ra*-Amulette. Bei ihnen handelt es sich um eine tropfenförmige Metallschlaufe, an die Glöckchen angebracht sind. Sie dienten als Fruchtbarkeitsamulett und als allgemeines Amulett für Schwangere und Kinder. Auch zahlreiche kulturell überformte Objekte wurden im Ritual verwendet und fanden später Eingang in die Sammlung Schienerls.

Schmuck in der Oase Siwa – Handelswege und Übergangsriten

Während seiner Beschäftigung mit traditionellem Schmuck in Ägypten fiel Peter Schienerl die Verschiedenheit des Schmucks aus der Oase Siwa im Vergleich zu anderen Formen in Ägypten auf.[75] Der letzte Abschnitt stellt verschiedene Sammlungen vor und rekonstruiert die Verwendung der von Schienerl gesammelten Stücke. Da Schienerl nicht selbst in Siwa forschte, erfolgt diese Beschreibung anhand einer Zuordnung der Literatur. In den 1970er Jahren war Siwa durch den Grenzkonflikt mit Libyen für Ausländer Sperrgebiet, so dass Schienerl nie selbst in die Oase reisen konnte. Trotz seiner Verschiedenheit wurde auch der Siwa-Schmuck in großen Städten wie Bengasi und Alexandria gefertigt und entstand nicht in der Oase selbst. Schienerl hat Schmuck aus Siwa in einer Reihe von Aufsätzen vorgestellt und unter anderem die Ähnlichkeit des Siwa-Schmucks mit emaillierten Arbeiten aus Tunesien, Algerien und Marokko diskutiert. Für Schienerls Thesen war das Buch „The Oases of Egypt" des ägyptischen Ethnologen Ahmed Fakhry[76] die wichtigste Grundlage.

In Siwa begleitete der Schmuck wichtige Übergangsriten, er kennzeichnete verschiedene Lebensphasen. Ein Typus emaillierter Fingerringe mit einer großen Schmuckplatte wurde nur am Tag der Hochzeit getragen. Eine große Schmuckplatte, *adrim*-Scheibe, wurde von Frauen bis zur Hochzeit getragen und am Tag der Eheschließung abgenommen. Der *aghraw adrim* gilt als der bekannteste Schmuck aus Siwa, er wird auch als „Jungfräulichkeitsscheibe" bezeichnet. Es handelt sich um eine Platte mit ca. 40 cm Durchmesser. Cline[77] und Belgrave[78] beschreiben, dass sie 60 Tage vor der Hochzeit angelegt und nach einem rituellen Bad im *Tamusi*-Brunnen nach der Hochzeit von der

---

75 Schienerl 1976a, 1977a, 1980a, b.
76 Fakhry 1973.
77 Cline 1936.
78 Belgrave 1923.

Frau abgenommen wird. Den Halsring (*agraw*), an dem die Platte befestigt wurde, trug sie weiter für den Rest ihres Lebens. Die Scheibe wird in der Familie weitergeben.

Viele Platten zeigen ein graviertes Kreuz als Motiv. Schienerl wertete es als Hinweis für den Kulturkontakt der Oasenbewohner mit den Beduinen. Die vier Enden oder Endpunkte und der Kreuzungspunkt stehen als symbolische Abbildung für die Zahl Fünf, welche zur Abwehr des „Bösen Blicks" und von „Schwarzer Magie" dient. Die Sammlerin BETTINA LEOPOLDO will in der *adrim*-Scheibe eine Fortsetzung der *Amun*-Verehrung erkennen und sieht in der runden Platte eine Sonnenscheibe.[79] Ihre Behauptung lässt sich nicht anhand von Vergleichsobjekten oder Berichten ähnlicher Objekte in der Antike bestätigen. Auch eine andere These, die besagt, dass die Siwis Christen waren und das Kreuzsymbol sich aus christlicher Zeit erhalten habe, lässt sich nicht bestätigen. GUY WAGNER, der die griechischen und byzantinischen Quellen zu den ägyptischen Oasen studiert hat, kommt zu dem Schluss, dass das Christentum in Siwa, im Gegensatz zu den großen Oasen Dakhla und Kharga, nie wirklich Fuß gefasst hat und auch keine materiellen Spuren hinterließ.[80] Zudem unterscheiden sich die Abbildungen byzantinischer und koptischer Kreuze von denen der Kreuze auf Siwa-Scheiben. Leider finden sich keine Spuren einer Schmuckproduktion oder von Schmuck aus früherer Zeit in den Oasen Dakhla und Kharga; Objekte und Beschreibungen liegen nur aus dem 20. Jahrhundert vor und es ist nicht möglich, Aussage über die historische Tiefe der Schmuckverwendung in Siwa zu treffen. Gelegentlich tauchen auch Fische als Symbole auf den Scheiben auf, Schienerl hat sie als unspezifisches Fruchtbarkeitssymbol interpretiert. Als Hintergrund dient vermutlich der „Fisch" als Zeichen des lokalen Sufi-Heiligen *Sīdī Amīn*, der in einer seiner Wundertaten Fische regnen ließ, damit sollte sein Segen auf die Trägerin übergehen.

Häufig vorzufinden waren außerdem sechs an einer Kette mit Schmucksteinen getragene, halbmondförmige Anhänger. Die gesamte Kette, diente als Fruchtbarkeitsamulett (Segensbringer *ṣalḥāt*). Allein verheiratete Frauen trugen diese Kette und legten sie ab, wenn sie keine Kinder mehr empfangen wollten. Schienerl erwarb zahlreiche Halbmondanhänger, in der Dresdener Sammlung ist jedoch keine komplette Kette erhalten. Nach MARLIS WEISSENBERGER ist heute der traditionelle Schmuck verschwunden, als Brautgabe hat sich Goldschmuck durchgesetzt und Frauen nehmen kaum am öffentlichen Leben teil.[81] Schon in den 1960er Jahren berichtet HEIDI STEIN[82], dass keine *adrim*-Scheiben mehr getragen werden.

In Siwa gebräuchlich ist eine spezielle Form von Fingerringen. Sie zeichnen sich durch eine große Schmuckplatte aus, die auf den Ringreifen aufgelötet ist. Es wird be-

---

79 LEOPOLDO, 1986.
80 WAGNER 1987, S. 357.
81 BLISS und WEISSENBERGER 1984, S. 17–48.
82 STEIN 2006, S. 36–41.

schrieben, dass an jedem Finger, außer dem Zeigefinger, der beim Gebet zum Himmel zeigt, ein Ring getragen wird. Einzelne Ringe mit bunten Emaille-Einlagen wurden scheinbar nur am Tag der Hochzeit getragen. Keiner der Ringe in der Sammlung ist punziert, daraus schloss Schienerl, dass die Ringe in der Oase gefertigt wurden. Ein besonderes Kennzeichen der Ringe sind achtstrahlige Sterne oder Blüten. Ovale Ringe werden als „Dattelringe" bezeichnet und am Ringfinger getragen, große Ringe mit einer runden Schmuckscheibe am Mittelfinger.

Die farbige Emaillierung des Schmucks verweist in der Tat auf Berberkulturen. Lange wurde angenommen, dass die Besonderheit des Schmucks, der so sonst nirgendwo in Ägypten anzutreffen ist, auf eine isolierte Entwicklung der Oase zurückzuführen ist. Auch Schienerl ging am Anfang seiner Forschung davon aus, dass die Schmuckformen das Resultat der isolierten Lage und der kulturellen Besonderheit der Oase waren. Jedoch fand er heraus, dass der Schmuck in Alexandria gefertigt und nach Siwa importiert wurde. Schon FAKHRY verweist ein paar Jahre früher auf den Import des Schmucks aus Werkstätten in Alexandria, die Schmuck nach traditionellen Vorgaben herstellten. AZZA FAHMY gibt auf Basis oraler Quellen den Handwerker Gab Gab als Schmuckhersteller in der Oase an.[83] Von wem er sein Handwerk erlernte, ist unbekannt. Während des Zweiten Weltkriegs stoppte er aufgrund von Materialmangel die Herstellung von Schmuck. Nach seinem Tod versuchte sich noch einmal ein Einheimischer mit der Silberschmiede, wohl ohne Erfolg, so dass die Herstellung nach Alexandria überging.

Im Jahr 1977 konnte Schienerl anhand der Silberstempel elf Werkstätten identifizieren. Die Objekte sind ein Indiz für die Verflechtungsgeschichte der Oase. Schon 1664 berichtet der Reisende JOHANN MICHAEL WANSLEBEN von Karawanen, die Datteln aus der Oase Siwa nach Alexandria liefern.[84] Über Handelswege durch die Sahara, die zugleich Routen der Mekkapilger waren, war Siwa mit dem Nildelta und dem Maghreb, aber auch mit Westafrika verbunden. Unmittelbare Bezugsregionen und -städte stellten Bengasi, der Fezzan und Alexandria dar. Über den traditionellen Schmuck in Libyen ist leider wenig bekannt. Einige der *hilāl*-Anhänger zeigen Silberstempel aus Bengasi. Es muss angenommen werden, dass der vermeintlich traditionelle Schmuck der Oase Siwa schon in den 1920er Jahren in großen Städten Nordafrikas gefertigt wurde. Über Verkehrswege und den Schmuckhandel berichten STEIN und RUSCH.[85] Sie geben an, dass die Oase erst seit 1942 eine engere Anbindung an Alexandria hat. Seit der Antike übernahmen Beduinen den Handel mit der Oase. Aufgrund der Beliebtheit des Siwa-Schmuckes erwarben sie diesen und verkauften ihn weiter. Nach STEIN und RUSCH suchten die Ehemänner den Schmuck für ihre Frauen aus und kauften ihn von den Beduinen.[86] Ver-

---

83 FAHMY 2007, S. 62.
84 WANSLEBEN 1794.
85 STEIN und RUSCH 1978.
86 STEIN und RUSCH 1978.

gleicht man den Schmuck der Oase Siwa mit dem Schmuck und auch mit einigen Traditionen aus Bengasi, so zeigen sich große Ähnlichkeiten zu den „Blütenmotiven" und achtstrahligen Sternen der Siwa-Ringe.[87] Die „Blütenmotive" und achtstrahligen Sterne der Siwa-Ringe finden sich auch in Bengasi.

Fazit und Ausblick

Peter Schienerl stellte mit seiner Sammlung ein systematisches Archiv der magisch-religiösen Schutzsymbole Ägyptens zusammen. Seine Sammlung bietet zugleich über die volkstümlichen Schutzerwartungen einen Einblick in die kulturelle Praxis von Heilung und Konfliktbewältigung in Ägypten. Da Schienerl religionsübergreifend sammelte, belegt seine Sammlung Übernahmen und Zirkulation magisch religiöser Praktiken im Sinne eines mediterranen Synkretismus.[88]

Der Schmuck des *Zār* und der Siwa-Schmuck sind durch umfassende politische, ökonomische und soziale Veränderungen außer Gebrauch gekommen. Schienerls Sammlung stellt somit ein bedeutendes Zeitdokument dar und ermöglicht Einblicke in die magisch-religiöse Vorstellungswelt im 20. Jahrhundert, die sich im *Zār*-Schmuck zeigt. Zugleich verweist dieser Schmuck auf den *Zār* als rituelle Heilpraxis.

Der Schmuck aus Siwa dokumentiert einen interessanten Gegensatz. Einerseits scheint er ein regional spezifisches Kulturgut zu sein und stellt eine Verbindung zu den *Amazight*-Kulturen Nordafrikas her. Andererseits offenbaren die Verbindungen zu den Werkstätten von Alexandria und Bengasi ein bedeutendes translokales Netzwerk von Handel und Austausch, in das die Oase Siwa fest eingebunden war. Bedauerlich ist, dass Schienerl parallel zum Sammlungserwerb keine Feldforschung durchführte, um fundierte Hintergrundinformationen zu erheben. Dennoch lädt die Sammlung dazu ein, über die Räume und Dinge magisch-religiöser Praktiken nachzudenken.

Im Kontext und Vergleich mit ähnlichen Sammlungen, wie den Sammlungen Ümit Bir und Lothar Stein in Leipzig oder den Amulettsammlungen von Lydia Einsler in Dresden und Jerusalem sowie von Tawfiq Canaan in Ramallah, ist zu wünschen, dass die Schienerl-Sammlung mit neuen Fragestellungen weiter erschlossen wird. Dazu könnten auch jüngere Studien zu magischen Praktiken beitragen. Islamwissenschaftler, wie Tobias Nünlist[89], haben magische Vorstellungen vor allem mit Schwerpunkt auf der Zeit zwischen dem 9. und 15. Jahrhundert untersucht, die Sammlung Schienerl böte in Hinblick auf Kontinuität oder Brüche einen Einblick in die Praktiken der jüngeren Vergangen-

---

87 SCHENONE ALBERINI 1998.
88 HAUSCHILD 2007.
89 NÜNLIST 2015.

heit. Besonders für das Siebenschläfer-Amulett[90], das Skorpion-Symbol[91] und Darstellungen von Reiterheiligen[92], die unter anderem König Salomon oder den Heiligen Georg identifizieren, versuchen einige Studien Wege der Motive nachzuvollziehen. Besonders Ethnologen und Kulturwissenschaftler haben die Massenproduktion von Amuletten, die keine individualisierten Austauschbeziehungen mehr herstellt, und die Bedeutung von Amuletten als Erinnerungsgegenstand untersucht.[93] Es wäre erstrebenswert, wenn die Sammlung von Peter W. Schienerl nicht nur als Kompendium magischer Symbole dient, sondern wenn sie zum Verständnis magisch-religiöser Praktiken beiträgt und mit ihrer Hilfe jahrhundertealte handwerkliche Fähigkeiten weiter erforscht werden.

Zusammenfassung

Der Ethnologe, Kunsthistoriker und Archäologe PETER WOLFGANG SCHIENERL (1944–2001) sammelte zwischen 1977 und 1988 Schmuck und magisch-religiöse Objekte vor allem in Ägypten. In geringerem Umfang trug er auch Vergleichsmaterial in weiteren Gebieten Nord- und Nordost-Afrikas, aber auch in der Türkei und im Iran zusammen. Nach seinem Tod 2001 ging die Sammlung und ein archivalischer Nachlass in die Bestände des Museums für Völkerkunde Dresden (MVD) über. Die Sammlung besteht aus rund 4 000 Objekten, die sich hauptsächlich aus Schmuck, Amuletten und Haushaltsgegenständen zusammensetzen. Der archivalische Nachlass umfasst eine Bildsammlung, u. a. eine Postkartensammlung und religiöse Buntdrucke vor allem aus Kairo.

Schienerls Sammlung stellt ein Kompendium magischer Schutzsymbole dar. In seiner wissenschaftlichen Arbeit widmete er sich neben einer umfassenden Dokumentation der Genese und historischen Zusammenhänge dieser Materialgruppe. Dabei beabsichtigte er durch den Aufbau von Gruppen mit Vergleichsobjekten Bezüge zwischen religiösen Praktiken und Objekten aus der Antike mit der materiellen Kultur der Gegenwart herzustellen. Innerhalb des Themenkomplexes „Magisch-religiöser Schmuck" kristallisieren sich zwei Schwerpunkte heraus, wovon einer auf die materielle Kultur des weit verbreiteten *Zār*-Rituals als rituelle Heilpraxis fokussiert. Der zweite Schwerpunkt untersucht die besondere Ausprägung des traditionellen Schmuckes aus der westägyptischen Oase Siwa. Dabei wird offenbar, dass nicht Isolation, sondern ein historisch und geographisch weitreichendes translokales Netzwerk von Handel und Austausch zur kulturellen Prägung Siwas beitrug.

Der Amulett-Schmuck des *Zār* und der Siwa-Schmuck sind heute durch umfassende politische, ökonomische und soziale Veränderungen außer Gebrauch gekommen. Schie-

---

90 PORTER 2003.
91 BOHAK 2009.
92 VERHEYDEN 2012, S. 274.
93 MASQUELIER 2013; VENTURA 2014.

nerls Sammlung stellt somit nicht nur ein bedeutendes Zeitdokument dar, sondern belegt in ihrer religionsübergreifenden Ausrichtung Übernahmen und Zirkulation magisch religiöser Praktiken im Sinne eines mediterranen Synkretismus.

Summary

Between 1977 and 1988, the ethnologist, art historian and archaeologist Peter Wolfgang Schienerl (1944–2001) collected jewellery and magical-religious objects, mainly in Egypt. To a lesser extent, he also collected comparative material in other areas of North and Northeast Africa, as well as in Turkey and Iran. After his death in 2001, this collection and an archival legacy were transferred to the holdings of the Museum für Völkerkunde Dresden (MVD). The collection consists of about 4,000 objects, mainly jewellery, amulets and household items. The archival legacy comprises an accumulation of images, including a collection of postcards and religious colour prints, mainly from Cairo.

Schienerl's collection embraces a compendium of magical protection symbols. In the course of his research, he not only comprehensively documented this assemblage of objects but also devoted attention to their origins and historical contexts. In so doing, he sought to establish connections between religious practices and objects from antiquity and the material culture of the present by arranging groups of comparative objects. Within the range of topics relating to "magical-religious jewellery", two main focuses emerge, one of which concentrates on the material culture of the widespread *Zār* ceremony as a ritual healing practice. The second focus investigates the special characteristics of the traditional jewellery from the Siwa Oasis in western Egypt. Siwa's distinctive cultural features developed not on account of its isolation, but rather as a result of a historically and geographically extensive network of trade and exchange.

The amulet jewellery associated with the *Zār* ritual, and also the jewellery from Siwa, have now fallen out of use owing to far-reaching political, economic and social changes. Schienerl's collection therefore not only represents an important contemporary document; by taking a cross-religious approach, it is also able to prove the adoption and circulation of magical-religious practices among different communities, in the tradition of Mediterranean syncretism.

Literaturverzeichnis

Al-Shahi, A.: Spirit possession and healing: The Zār among the Shaygiyya of the Northern Sudan. In: *British Journal of Middle Eastern Studies* 11(1), London 1984, pp. 28–44

Bachinger, Richard und Schienerl, Peter W.: Silberschmuck aus Ägypten. Ausst.-Kat. der Galerie Exler & Co., Frankfurt am Main 1984

Battain, Tiziana: Osservazioni sul rito Zar di possessione degli spiriti in Yemen. In: *Quaderni di Studi Arabi* (13), Roma 1995, pp. 117–130

Belgrave, Charles Dalrymple: Siwa: The Oasis of Jupiter Ammon. London 1923

Bliss, Frank und Weissenberger, Marlis: Das Schmuckwesen der Oase Siwa (Ägypten): eine ethnographische Übersicht. In: *Archiv für Völkerkunde* 38, Wien 1984, S. 17–48.

Boddy, Janice: Wombs and alien spirits: Women, men, and the Zar cult in Northern Sudan, Madison 1989.

– : Spirit possession revisited: Beyond instrumentality. In: *Annual Review of Anthropology* 23, Palo Alto, Calif. 1994, pp. 407–434

– : Civilizing women : British crusades in colonial Sudan, Princeton, NJ [u. a.] 2007

Böhringer-Thärigen, Gabriele: Besessene Frauen. Der Zār-Kult von Omdurman. München 1996

Bohak, Gideon: Some "mass produced" Scorpion amulets from the Cairo Genizah'. In: Rodgers, Zuleika u. a. [Eds.]: A Wandering Galilean. Leiden 2009, pp. 35–49

Bonotto, Giovanni: Magic in Egypt: Jewellery and amulets of the desert and the oases. Turin 2010

Canaan, Tawfiq: Aberglaube und Volksmedizin im Lande der Bibel. Hamburg 1914

Cline, Walter: Notes on the people of Siwah and El Garah in the Libyan desert, Menasha, Wisconsin 1936

Durda, Zofia, Goldammer-Brill, Luisa und Serr, Julia: Die Amulettsammlung von Lydia Einsler. Ausst.-Katalog, Jerusalem 2013

Einsler, Lydia: Mosaik aus dem heiligen Lande. Jerusalem 1898

Fahmy, Azza: Enchanted jewelry of Egypt. The traditional art and craft. The American Univ. in Cairo Press, Cairo 2007

Fakhouri, Hani: The Zār Cult in an Egyptian Village. In: *Anthropological Quarterly,* 41(2), Washington, DC 1968, pp. 49–56

Fakhry, Ahmed: The Oases of Egypt I. Siwa Oasis. American University in Cairo Press, Cairo 1973

Fansa, Mamoun und Herrmann, Katharina: Zierde, Zauber, Zeremonien. Amulette zum Schutz von Körper, Hab und Seele. Sigmaringen 2007

Frobenius, Leo: Dämonen des Sudan. Jena 1924

Gerber, Sophie: Die Sammlungen Peter W. und Jutta Schienerl. Rezente orientalische Kultur und Kunst in Wien und Dresden. Universität Wien, Wien 2008

Granzow, Tanja: Zār-Rituale in Cairo: zwischen Tradition und Medialisierungen. [Mag.-Arbeit, Eberhard-Karls-Universität Tübingen 2008], online-Veröffentlichung 2013

Hauschild, Thomas, Zillinger, Martin und Lucia Kottmann, Sina: Syncretism in the Mediterranean: Universalism, Cultural Relativism and the Issue of the Mediterranean as a Cultural Area. In: *History and Anthropology* 18(3), London 2007, pp. 309–332

Hildburgh, Walter Leo: Notes on some Cairene personal amulets. In: *Man. The Journal of the Royal Anthropological Institute* 16, London 1916, pp. 81–83

Hilmi Zayn al-Din, Muhammad: Madar al-Zar. Cairo 1903

Innemée, Karel und El Dorghamy, Yasmine: Meet the Masters of the Underworld. A collection of nineteenth-century protective amulets for the possessed is brought to light. In: *RAWI* 5, Kairo 2013, https://rawi-magazine.com/articles/zaramulets/

Keimer, Ludwig: Histoires de Serpents dans l'Égypte ancienne et moderne. Mémoires a l'institut d'Égypte, 50, Le Caire 1947

Kenyon, Susan: Zār as Modernization in Contemporary Sudan. In: *Anthropological Quarterly* 68(2), Washington, DC 1995, pp.107–120

– : "Movable feast of signs": gender in zar in Central Sudan. In: *Material Religion* 3(1), Oxford 2007, pp. 62–75

Kramer, Fritz: Der Rote Fes. Über Besessenheit und Kunst in Afrika. Frankfurt am Main 1987

Kriss, Rudolf und Kriss-Heinrich, Hubert: Volksglaube im Bereich des Islam. Bd. I, II., Wiesbaden 1962

Leiris, Michel: Die Besessenheit und ihre theatralischen Aspekte bei den Äthiopiern Gondars. In: Die eigene und die fremde Kultur. Frankfurt am Main 1975, S. 135–211

Leopoldo, Bettina, Claude, Savary und Raffy, Brigitte: Egypte, Oasis d'Amun-Siwa: Collection Bettina Leopoldo. Musée d'ethnographie, Genf 1986

Littmann, Enno: Arabische Geisterbeschwörungen aus Ägypten. Leipzig 1950

Masquelier, Adeline: Vectors of witchcraft. In: *Anthropological Quarterly* 70 (4), Washington, DC 2013, pp. 187–198

Mercier, Jacques: Les métaphores nuptiale et royale du Zār. Contributions à l'étude critique de la relation entre le dieu et son adepte dans les cultes de possession. In: *Northeast African Studies* 3(2), East Lansing, Mich. 1996, pp. 127–148

Messing, S.: Group therapy and social status in the Zār cult of Ethiopia. In: *American Anthropologist* 60(6), Washington, DC 1958, pp. 1120–1126

Meyerhof, Max: Beiträge zum Volksheilglauben der heutigen Ägypter. In: *Der Islam. Zeitschrift für Geschichte und Kultur des islamischen Orients, Fachzeitschrift der Deutschen Morgenländischen Gesellschaft* 7 (4), Straßburg 1916, S. 307-344

Mustafa, Abd el Rahman: Jewelry. In: Minha el Batraoui [Ed.]: The traditional crafts of Egypt. Cairo 2016, pp. 233–258

Natvig, Richard: Oromos, Slaves, and the Zār Spirits: A contribution to the History of the Zār Cult. In: *International Journal of African Historical Studies*, 20(4), Boston, Mass. 1987, pp. 669-689

– : Liminal rites and female symbolism in the Egyptian Zār possession cult. In: *Numen*, 35, Leiden 1988, pp. 57–68

– : Arabic writings on Zār. In: *Sudanic Africa* 9, Evanston, Ill. u. a. 1998, pp. 163–178

Nünlist, Tobias: Dämonenglaube im Islam. Eine Untersuchung unter besonderer Berücksichtigung schriftlicher Quellen aus der vormodernen Zeit (600–1500). *Studies in the History and Culture of the Middle East*. Berlin 2015

Öhrig, Bruno, Nützsche, Sigrun und Godenschweg, Irene: Vorläufiger Bericht über eine umfangreiche Schenkung an das Museum für Völkerkunde Dresden: Der Nachlass des Orientforschers Peter W. Schienerl. In: *Abhandlungen und Berichte der Staatlichen Ethnographischen Sammlungen Sachsen* 52, Berlin 2005, S. 259–274

Porter, Venetia: Amulets inscribed with the names of the "Seven Sleepers" of Ephesus in the British Museum. In: Word of God, Art of Man: The Qur'an and its creative expressions, Selected proceedings from the International Colloquium, London 2003

Pressmar, Emma: Ringe reden. Die Sammlung Emma Pressmar. Ulmer Museum, Ulm 1991

Rückert, Friedrich: Der Koran, Würzburg 2018

Ruete, Emily: Memoiren einer arabischen Prinzessin, Berlin 1886

Rusch, Walter und Stein, Lothar. Die Oase Siwa. Unter Berbern und Beduinen der Libyschen Wüste. Brockhaus, Leipzig 1978

SALZBERGER, G.: Die Salomon-Sage in der semitischen Literatur. Berlin 1907

SCHENONE ALBERINI, ELENA: Libyan Jewellery: A Journey through Symbols. Roma 1998

SCHIENERL, PETER W: Silberanhänger aus der Oase Siwa. In: *Archiv für Völkerkunde* (27), Wien 1973, S. 145–166

– : Materialien zur Schmuckforschung in Ägypten. In: *Archiv für Völkerkunde* (29), Wien 1975, S. 75–108

– : Materialien zur Schmuckforschung in Ägypten II. In: *Archiv für Völkerkunde* (30), Wien 1976a, S. 101–137

– : Die gebräuchlichsten Schmuckformen in der Oase Fayyoum. In: *Acta ethnographica Academiae Scientiarum Hungaricae* 25(1), Budapest 1976b, S. 298–319

– : Fingerringe aus der Oase Siwa (Ägypten). In: *Tribus. Veröffentlichungen des Linden-Museums* 27, Stuttgart 1977a, S. 81–96

– : Erinnerungen an die Isis-Verehrung. In: *Baessler Archiv, Beiträge zur Völkerkunde* 25 (2), Berlin 1977b, S. 205–228

– : Miszellen zum ägyptischen Amulettwesen. In: *Baessler Archiv, Beiträge zur Völkerkunde* 26 (1), Berlin 1978, S. 37–56

– : Kameldarstellungen im ägyptischen Schmuck- und Amulettwesen. In: *Archiv für Völkerkunde* (33), Wien 1979, S. 137–156

– : Die Stellung des Siwa-Schmucks innerhalb des Schmuckwesens in Ägypten. In: *Annals of the Náprstek Museum* (9), Praha 1980a, S. 125–162

– : Female Jewelry from Siwa Oasis. In: *Acta ethnographica Academiae Scientiarum Hungaricae* 29 (1–2), Budapest 1980b, S. 167–180

– : Egyptian Zār-Amulets. In: *Ornament: a Quarterly of Jewelry and Personal Adornment (formerly the Bead Journal)* 4(3), Los Angeles, Calif. 1980c, S. 8–12

– : Antike Planetenamulette und ihr Weiterleben in der Motivik des rezenten islamischen Schmucks. In: *Archiv für Völkerkunde* (35), Wien 1981, S. 47–64

– : Magische Quadrate aus Afghanistan. In: *Afghanistan Journal* (9), Graz 1982, S. 109–111

– : Die Basmala als Zahlenquadrat. In: *Annals of the Náprstek Museum* (11), Praha 1983, S. 199–204

– : Das pharaonische Horusauge und die rezenten Augenamulette. In: *Baessler Archiv, Beiträge zur Völkerkunde* 32, Berlin 1984, S. 1–22

– : Koranisches Erzählgut in volkstümlichen Buntdrucken. In: *Baessler Archiv. Beiträge zur Völkerkunde* 34, 2, Berlin 1986, S. 305–332

– : Die Sammlung rezenter ägyptischer Amulette im Ethnographischen Museum in Kairo. Ein Überblick. In: *Acta ethnographica Academiae Scientiarum Hungaricae* 34 (1-4), Budapest 1986–88, S. 406–414

– : Das vermeintliche Weiterleben altägyptischer Amulettformen. In: *Archiv für Völkerkunde* (41), Wien 1987, S. 77–86

– : Der Kamm als Amulett. In: *Baessler Archiv. Beiträge zur Völkerkunde* 39 (1), Berlin 1991, S. 13–27

– : Aus den Sammlungen der DIKK: Arbeiten und Fortschritte München – Dokumentationsstelle für Islamische Kunst und Kultur, München 2000

STEIN, HEIDI: Erinnerungen an Die Frauen von Siwa. In: *Simurgh* (2), Leipzig 2006, S. 36–41

STEIN, LOTHAR und RUSCH, WALTER: Die Oase Siwa. Unter Berbern und Beduinen der Libyschen Wüste. Leipzig 1978

Ventura, Jonathan; Popper-Giveon, Ariela; Rabia, Atef abu: Materialized belief: "Industrialized" Islamic amulets. In: *Visual Ethnography* 3 (2), Matera 2014, pp. 30–47

Verheyden, Jozef: Solomon and magic. In: The figure of Solomon in Jewish, Christian and Islamic tradition: king, sage and architect. Leiden 2012

Wagner, Guy: Les Oasis d'Égypte: À l'époque Grecque, Romaine et Byzantine d'après les documents Grecs. Inst. français d'archéologie orientale, Le Caire 1987

Wansleben, Johann Michael: Bisher ungedruckte Beschreibung von Aegypten im Jahr 1664, Jena 1794

Winkler, Hans Alexander: Die reitenden Geister der Toten. Stuttgart 1936

Wendl, Tobias: Zur Synthese ethnologischer und kunsthistorischer Zugänge am Beispiel der Kunst Afrikas. *Kritische Berichte* 40 (2), Marburg 2012, S. 87–96

Young, A.: Why Amhara get Kureynya: Sickness and Possession in an Ethiopian Zar cult. In: *American Ethnologist* 2 (3), Malden, Mass. u. a. 1975, pp. 567–584

Zain-al-ʿĀbidīn, ʿAlī: Fann ṣiyāġat al-ḥulī aš-šaʿbīya an-nūbīya. Al-Haiʾa al-Miṣrīya al-ʿĀmma liʾl-Kitāb, al-Qāhirah 1981

Internetquelle

Rawi Egypts heritage Review: https://rawi-magazine.com/

Christine Schlott, Leipzig

Über Moa-Jäger und ihre Werkzeuge.
Der Austausch zwischen Adolph Bernhard Meyer (Dresden) und Julius von Haast (Christchurch)

Mit 7 Abbildungen (Farbtafeln IX–XII)

Im Depot des Museums für Völkerkunde Dresden befinden sich Gegenstände aus Neuseeland, die nicht dem entsprechen, was man sich unter Objekten aus dieser Region vorstellt. Es sind keine kunstvoll verzierten Holzschnitzereien oder Jadebeile, sondern einfache Steinsplitter, von größeren Steinen abgeschlagen, ähnlich den Steinwerkzeugen, die sich überall auf der Welt finden und für Europa zur Periode des Paläolithikums gezählt werden. Die Steinmesser schickte 1881 und 1882 Julius von Haast, Direktor des „Canterbury Museum" in Christchurch, nach Dresden. Von Haast erhielt dafür im Austausch von Adolph Bernhard Meyer, dem Direktor des „Königlich Zoologischen und Anthropologisch-Ethnographischen Museums Dresden", Objekte, die die Sammlung des „Canterbury Museum" erweiterten.

Uns erscheinen diese Steinwerkzeuge heute wenig attraktiv und sie gehören nicht zu dem Bestand, aus dem wir typische Belege für die Kultur der Māori auswählen würden. Julius von Haast maß diesen Artefakten allerdings eine ganz andere Bedeutung bei. Sie waren nämlich in den 1870er Jahren die Grundlage für einen zum Teil sehr emotional geführten Streit zwischen den führenden Wissenschaftlern Neuseelands, der sich bis nach Europa auswirkte. Dabei ging es um eine Gegenthese zu der heute allgemein anerkannten Vorstellung von der Besiedelungsgeschichte Neuseelands. Ausgangspunkt der damaligen Debatte war die Frage, wer zu welchem Zeitpunkt den Moa, einen flugunfähigen Riesenvogel (*Dinornithiformes*), ausrottete.

Johann Franz Julius Haast wurde 1822 in Bonn geboren.[1] Sein Studium an der dortigen Universität schloss er nicht ab. Was genau er studierte, ist nicht bekannt, vermut-

---

[1] Julius Haast wurde nicht im Adelsstand geboren, sondern erst 1875 vom österreichischen Kaiser in den Ritterstand erhoben. Seitdem lautet sein Name Julius von Haast.

lich aber Bergbau und Geologie. Schon früh begann er, sich für Steine und Mineralien zu interessieren. Über sein Leben in Deutschland haben sich nur wenige Informationen erhalten.[2] Er reiste viel und hielt sich längere Zeit in London auf. Wahrscheinlich beauftragte ihn 1858 die englische Reederei Willis Gann & Co. nach Neuseeland zu reisen und dort zu prüfen, ob sich die Inseln für die Ansiedelung deutscher Einwanderer eignen würden.[3] Haast traf am 21. Dezember 1858 mit dem Schiff „Evening Star" in Auckland ein, ein Tag bevor das österreichische Expeditionsschiff „Novara" dort landete.[4] An Bord der „Novara" war unter anderem der damals schon berühmte Geologe Ferdinand Hochstetter, der auf Bitten der neuseeländischen Regierung seine Forschungsreise unterbrach und bis Ende 1859 in Neuseeland blieb, um nach Gold und Kohle auf beiden Inseln zu suchen. Hochstetter und Haast lernten sich kurz nach beider Landung kennen und Hochstetter engagierte Haast als Assistenten und Begleiter für seine Zeit in Neuseeland.[5] Während ihrer gemeinsamen Unternehmungen erweiterte Haast sein geologisches Wissen, so dass er nach Hochstetters Abreise weitere geologische Expeditionen allein unternehmen konnte. 1861 wurde er von der Regierung der Provinz Canterbury als Geologe angestellt. Während der folgenden Jahre erforschte er die Natur; so vermaß er z. B. die Südinsel Neuseelands und sammelte dabei Fossilien, Pflanzen und Vögel. Viele Orte auf der Südinsel tragen heute seinen Namen, so der „Haast-Pass", der „Haast-River" und auch das Städtchen „Haast" an der Westküste. Er selbst benannte Orte nach von ihm geschätzten Naturwissenschaftlern oder Gönnern, wie zum Beispiel den „Franz-Josef-

---

2 Vergleiche RODNEY FISHER: Sir Julius von Haast. In: Eine Welt für sich. Deutschsprachige Siedler und Reisende in Neuseeland im neunzehnten Jahrhundert. Herausgegeben von James N. Bade. Bremen: Edition Temmen, 1998, S. 195–202. Die wichtigste Quelle zum Leben von Julius von Haast ist die Biographie seines Sohnes: HEINRICH FERDINAND VON HAAST: The Life and Times of Julius von Haast. K.C.M.G., Ph.D., D.Sc., F.R.S., explorer, geologist, museum builder. Wellington 1948. Weitere Quellen sind unter anderem: PETER B. MALING. "Haast, Johann Franz Julius von", from the Dictionary of New Zealand Biography. Te Ara—the Encyclopedia of New Zealand, updated 8-Oct-2013, URL: http://www.TeAra.govt.nz/en/biographies/1h1/haast-johann-franz-julius-von; WOLFHART LANGER: Der Bonner Neuseelandforscher Sir Johann Franz Julius von Haast (1822–1887). In: BONNER HEIMAT- UND GESCHICHTSVEREIN E.V. (Hg.): Bonner Geschichtsblätter 39, Bonn 1989, S. 273–293 sowie http://de.wikipedia.org/wiki/Julius_von_Haast. SIMON THODE äußert sich gegenüber Haast und sein Leben in Deutschland sehr kritisch. So zweifelt er unter anderem Haasts abgebrochenes Geologiestudium an (Vgl. THODE, SIMON: Bones and words in 1870s New Zealand: the moa-hunter debate through actor networks. In: *The British Journal of the History of Science* Vol. 42, Issue 02, June 2009, pp. 225–244, p. 230).

3 http://www.TeAra.govt.nz/en/biographies/1h1/haast-johann-franz-julius-von, Zugriff 20.08.14.

4 Die „Novara-Expedition" war eine groß angelegte Weltumsegelung der österreichischen Kriegsmarine in den Jahren 1857–59, die von der Kaiserlichen Akademie der Wissenschaften in Wien vorbereitet wurde. Ihre viel beachteten wissenschaftlichen Ergebnisse wurden in einem mehrbändigen Werk (insgesamt 20 Bände) veröffentlicht.

5 http://www.TeAra.govt.nz/en/biographies/1h1/haast-johann-franz-julius-von, Zugriff 20.08.14.

Gletscher", nach dem österreichischen Kaiser, der ihn 1875[6] mit der Erhebung in den Ritterstand belohnte.

Haast war 1862 einer der Gründer des „Philosophical Institute of Canterbury" in Christchurch, das die wissenschaftlich interessierten Bewohner der Region zu einem Austausch anregen wollte. Diese Gesellschaft wurde ein großer Erfolg.

Haast betrieb eine umfangreiche Korrespondenz mit Gelehrten in Europa und Amerika. Besonders intensiv war sein Austausch mit der alten Heimat. Zu seinen Briefpartnern in Deutschland gehörten unter anderem der Dresdner Arzt, Künstler, Naturphilosoph und Präsident der „Leopoldinisch-Carolinischen Akademie der Naturforscher Leopoldina", Carl Gustav Carus und dessen Sohn Gustav Albert, der Ornithologe und Weltreisende Otto Finsch, der Reeder Johann Caesar Godeffroy, der Berliner Ingenieur Franz Reuleaux sowie der Dresdner Museumsdirektor Adolph Bernhard Meyer.[7]

Mit vielen seiner Briefpartner tauschte er neuseeländische Vogelbälge, Fossilien (hier besonders Knochen der ausgestorbenen Riesenvögel) Gesteinsproben, und Pflanzen gegen ähnliche Stücke aus der alten Welt. Auf diese Weise konnte Haast eine beträchtliche Sammlung anlegen, die er gern in einem Museum unterbringen wollte. 1870 war es dann soweit, das „Canterbury Museum", dessen erster Direktor er wurde, öffnete in Christchurch seine Tore.[8]

Sein größtes Pfund, mit dem er wuchern konnte, war eine Wagenladung Moa-Knochen, die ihm 1866 ein Farmer überließ. Dieser hatte in einem Sumpfgebiet auf seinem Land in Canterbury, dem Glenmark Swamp, eine große Menge Knochen der ausgestorbenen Riesenvögel gefunden und Haast Zugang zur Fundstelle und den Knochen gewährt sowie Hilfe bei der Ausgrabung angeboten.[9] Haast schätzte, dass es sich bei dem Fund im Sumpf um die Knochen von etwa eintausend Moas und zahllosen anderen Vögeln handelte.

Seit die ersten Knochen des riesigen Laufvogels in Neuseeland entdeckt wurden, bestand ein großes Interesse unter europäischen und neuseeländischen Wissenschaftlern, diese zu untersuchen und für ihre Sammlungen zu erwerben.[10] Ebenso wie Vogelbälge

---

6 http://www.TeAra.govt.nz/en/biographies/1h1/haast-johann-franz-julius-von, Zugriff 16.09.14.

7 Die umfangreiche Korrespondenz von Haasts in mehreren Sprachen und sein Nachlass ist als Mikrofiche in der Alexander Turnbull Library in Wellington, Neuseeland, archiviert: Haast family Papers 1843–1887, MS-Papers-0037. Dort liegen insgesamt 380 Ordner.

8 Vgl. FISHER 1998, S. 199–201; THODE 2009, S. 230; http://www.TeAra.govt.nz/en/biographies/1h1/haast-johann-franz-julius-von, Zugriff 20.08.14.

9 Vgl. THODE 2009, S. 230.

10 Die erste Rekonstruktion eines möglichen Aussehens des Moas aus nur wenigen Knochen gelang dem Mediziner, Biologen und Paläontologen Richard Owen (1804–1892) in den 1840er Jahren, Kustos der „Hunterian Collection" im „Royal College of Surgeons", London, und späterem Leiter der Naturkundlichen Sammlung am British Museum. Owen initiierte später die Gründung des Museums of Natural History in London. Vgl. http://en.wikipedia.org/wiki/Richard_Owen, Zugriff 1.10.2014.

der durch eingeschleppte europäische Raubtiere – wie Ratten, Katzen, Wiesel usw. – sehr schnell stark dezimierten neuseeländischen Vogelwelt, waren jene Knochen begehrte Objekte im internationalen Handel.

In Neuseeland selbst entbrannte in den 1870er Jahren eine heftig geführte Diskussion zwischen zwei verschiedenen Lagern darüber, wer die ersten Einwohner Neuseelands gewesen sein könnten und seit wann der Moa ausgestorben sei. Diese so genannte Moa-Jäger-Debatte entspann sich, nachdem im März 1871 Julius Haast vor dem „Philosophical Institute of Canterbury" einen Vortrag[11] gehalten hatte, in dem er die These vertrat, dass die Erstbesiedlung Neuseelands einer paläolithischen Nicht-Māori-Urbevölkerung zuzuschreiben sei, die auch die Moas ausgerottet hätten. Als Beweis für seine These dienten ihm Steinwerkzeuge, die an verschiedenen Plätzen, an denen Moas zerlegt und verzehrt wurden, gefunden worden waren. Dabei handelte es sich um roh zugehauene Steinsplitter aus Quarzit, Feuerstein und Schiefer, die nicht vergleichbar waren mit den fein polierten Steinwerkzeugen, die die Māori im 19. Jahrhundert verwendeten.

Ein Lager der so genannten Moa-Jäger mit einer großen Anzahl von Steingeräten wurde 1869 an der Mündung des Rakaia südlich von Christchurch gefunden. Über ein Gebiet von 20 Acres Land [ca. 81.000 m²] waren Erdöfen verteilt und die Knochen von Moas und anderen Tieren zu Abfallhaufen aufgeschüttet.[12] Auf diese Fundstelle berief sich Haast in seiner noch im gleichen Jahr erfolgten Veröffentlichung des genannten Vortrags von 1871 in den *Transactions and Proceedings of the New Zealand Institute*. Er schrieb:

> "Scattered over the ground an enormous quantity of pieces of flint are strewed, proving that the manufacture of rude knives or flakes must have been carried on upon the spot for a considerable period of time. The most primitive form of stone implement, and of which a great number is found lying all over the ploughed ground, consist of fragments of hard silicious sandstone, broken off apparently with a single blow from large boulders, and for the manufacture of which considerable skill must have been necessary. The boulder was always selected in such a form that if fractured in the right way it would yield a sharp cutting edge. […] These primitive knives are mostly three to four inches long and two to three inches broad, possessing a sharp cutting and sometimes serrated edge; but there are also some of larger dimensions, being six inches long and nearly four inches broad. Some of them have evidently been much used. They were probably employed for cutting up the spoil of the chase, and severing the sinews."[13]

Aus dem Fakt, dass einige Werkzeuge aus Obsidian, den es nur auf der Nordinsel gibt, auch auf der Südinsel gefunden wurden und dass man andererseits auch im Norden Moa-Knochen der gleichen Art wie auf der Südinsel entdeckte, schloss Haast, dass es in

---

11 Der Vortrag erschien in den *Transactions and Proceedings of the New Zealand Institute*, 1871, vol. 4, pp. 66–90.
12 Vgl. DUFF 1977, p. 195.
13 HAAST 1871a, vol. 4, p. 82f.

Über Moa-Jäger und ihre Werkzeuge

der Zeit der Moa-Jäger die Cook-Straße, die beide Inseln voneinander trennt, nicht gegeben haben könne. Da sich die Hersteller der gefundenen Steinmesser auf einem so niedrigen Stand der Zivilisation („such a low state of civilization")[14] befunden hätten, wären sie schwerlich in der Lage gewesen, Boote zu bauen, um von Insel zu Insel zu gelangen. Er schrieb:

> "In any case, we may safely conclude that the human races in the southern hemisphere are of far greater antiquity than might appear at first sight, and, instead of migrations, possible and impossible, to explain the peopling and repeopling of New Zealand, geological changes might afford a more satisfactory explanation. If we admit the former existence of land in the Pacific Ocean, either as a continent or large island, where now the boundless ocean rolls, and if we further suppose this land inhabited by *autochthones*, of whom we find remnants all over the island, either still existing or extinct, and only proving their former existence by their works of art, the whole problem is solved. Such an explanation is, moreover, in better accordance with the present state of geological and ethnological science."[15]

Er verglich die gefundenen Steinmesser mit den aus dem „Nach-Pliozän" („post-pliocene")[16] stammenden Steinwerkzeugen, die in Frankreich und anderen Gebieten Europas gefunden worden waren und schloss daraus, dass der Moa ein Zeitgenosse der Riesentiere dieser Epoche in der nördlichen Hemisphäre gewesen sei.[17]

Die an solchen Lagern auch gefunden Nephrit-Beile und polierten Steingeräte (allerdings fehlen diese am Rakaia gänzlich), wie sie die Māori noch im 19. Jahrhundert verwendeten, erklärte er damit, dass die späteren Einwanderer die gleichen Lagerplätze benutzt hätten. Dass diese nicht für das Aussterben der Moas verantwortlich seien, schloss Haast daraus, dass der Riesenvogel in der Mythologie der Māori nicht vorkomme:

> "Another argument in favour of this supposition, that the *Dinornis* must have become extinct much earlier than we might infer from the occurence of bones lying amongst the grass, is the fact proved abundantly by careful inquiries, that the Maoris know nothing whatever about these huge birds, although various statements have been made to the contrary, lately repeated in England …"[18]

---

14 Haast 1871b, p. 84.

15 Haast 1871b, p. 84, Hervorhebung im Original.

16 Haast 1871b, p. 84.

17 Haast meinte wahrscheinlich das Pleistozän, die Eiszeit, die dem Pliozän folgte. Das Pliozän begann vor etwa 5,3 Millionen Jahren und endete vor etwa 2,5 Millionen Jahren. Typische Vertreter der europäischen Tierwelt waren zu dieser Zeit Mammuts, Großkatzen, Nashörner, Gazellen, Giraffen usw. (siehe http://de.wikipedia.org/wiki/Plioz%c3%a4n, Zugriff 3.9.2014). Allerdings gab es zu dieser Zeit noch keine Menschen. Der Homo Sapiens wanderte in Europa erst vor etwa 40 000 Jahren ein. Das Pleistozän begann vor etwa 2,5 Millionen Jahren und endete um 10 000 v. u. Z., mit der letzten Eiszeit. Die Großsäuger Europas (z. B. die Mammuts) hatten zum Teil bis dahin überlebt. (siehe http://de.wikipedia.org/wiki/Pleistoz%C3%A4n, Zugriff 3.9.2014).

18 Haast 1871, p. 71.

Haast bezog sich auf die Arbeiten des Missionars und Naturforschers WILLIAM COLENSO, der in den 1830er Jahren in Neuseeland ankam und in den 1840ern seine ersten Schriften veröffentlichte. Dieser hatte festgestellt, dass mit der Ausnahme weniger Personen kaum Wissen über den Moa in der Māori-Bevölkerung vorhanden war.[19]

Haasts Gegner in dieser Auseinandersetzung war JAMES HECTOR (1834–1907), der Vorsitzende des „New Zealand Geological Survey" und Leiter des „New Zealand Institute" in Wellington. Hector, ein Schotte, der in Edinburgh Medizin studierte, aber auch Vorlesungen in Zoologie und Geologie besuchte, nahm 1857 an einer Expedition nach Westkanada teil. Seine gute Reputation nach dieser Reise brachte ihm die Mitgliedschaft in der „Royal Society of Edinburgh" und der „Royal Geographic Society" ein. 1861 wurde er für den Posten des Direktors des „Geological Survey of Otago" vorgeschlagen, der stark schottisch geprägten Provinz im Süden der neuseeländischen Südinsel. Hector ging 1862 in Dunedin an Land, als sich die Stadt durch die Entdeckung von Gold in Otago gerade zur größten Stadt Neuseelands entwickelte. Als Hector zum Direktor des nationalen „Geographical Survey" berufen wurde, ging er nach Wellington, das nach Auckland zur neuen Hauptstadt Neuseelands wurde.[20]

Hector und seine Anhänger vertraten die Auffassung, dass die Moa-Jäger die Vorfahren der heutigen Māori seien. Im gleichen Band der *Transactions*, in dem Haast seine Theorie dargelegte, veröffentlichte Hector den Vortrag, den er im September 1871 vor den Mitgliedern des „Otago Institutes" gehalten hatte.[21] Er war davon überzeugt, dass alle Objekte, die an den alten Lagerplätzen gefunden wurden – Knochen von Moas, Hunden und Menschen, rohe und polierte Steinwerkzeuge – zusammengehörten. Er nahm die große Menge an Eierschalen an den Lagerstellen als Beweis, dass Moa-Eier eine große Delikatesse gewesen sein mussten, und dass durch den exzessiven Verzehr dieser Eier der Vogel sehr schnell ausgestorben sei.[22]

Haast hielt dagegen, dass das Finden von Moa-Knochen, Eierschalen und polierten Steinwerkzeugen am gleichen Platz kein Beweis dafür sei, dass sie auch miteinander verbunden waren. Es könne nicht bewiesen werden, dass die Māori den gleichen Platz später nicht aufgesucht hätten. Jegliche Ähnlichkeit zwischen den Māori- und den Moa-Jäger-Lagern würde nur bedeuten, dass die Moa-Jäger bei einer früheren Einwanderungswelle aus Polynesien nach Neuseeland gekommen seien und somit einen ähnlichen kulturellen Hintergrund hätten, sich aber im Grad der erreichten „Zivilisation" unterschieden.[23]

---

19 COLENSO 1846, pp. 81–107.

20 Vgl. THODE, 2009, S. 231.

21 HECTOR 1871, pp. 110–120.

22 HECTOR 1871, p. 116. Zu einem ähnlichen Ergebnis kam eine internationale Forschergruppe, die Moa-Knochen und Eierschalen mit modernsten Mitteln untersuchte. Siehe OSKAM *et al.* 2012, pp. 41–48.

23 HAAST 1871b, p. 105.

Diese Auseinandersetzung wurde während der gesamten 1870er Jahre sehr heftig geführt und endete erst nach von Haasts Tod 1887. An dieser Stelle soll nicht die gesamte Debatte erörtert werden; sie ist gut dokumentiert und ausgewertet.[24] Vielmehr kam es mir hier darauf an aufzuzeigen, vor welchem theoretischen Hintergrund die Aufnahme der roh behauene Steinwerkzeuge von der Rakaia-Mündung und Shag Point[25], einem weiteren großen Moa-Jäger-Lager, in die Sammlung des Dresdner Völkerkundemuseums stattfand.

Wie der Brief- und Objektaustausch zwischen Julius von Haast und ADOLPH BERNHARD MEYER, dem ersten Direktor des Königlichen Zoologischen und Anthropologisch-Ethnographischen Museums Dresden, zustande kam, ist leider nicht mehr komplett zu rekonstruieren, denn der Briefwechsel ist nicht vollständig erhalten. Einige der Briefe von A.B. Meyer an von Haast befinden sich in der „Alexander Turnbull Library" in Wellington.[26] Einige Briefe von Haasts an Meyer dagegen sind im „Sächsischen Staatsarchiv Dresden" erhalten.[27]

Aus dem Brief, den Meyer am 22. Juni 1880 an von Haast als Antwort auf dessen, leider nicht vorliegendes Schreiben vom April desselben Jahres schickte, ist zu entnehmen, dass von Haast Meyer eingeladen hatte, mit ihm in wissenschaftlichen Austausch zu treten, und ihm Artefakte und andere Objekte aus Neuseeland angeboten hatte. Meyer erwartete zum Zeitpunkt seines Schreibens eine Sendung von Haasts, die einen konservierten Nestorpapagei und Haarproben von Māori enthalten sollte.[28] Meyer schrieb:

„*Dresden, 22. Juni 1880*
Kzool. Mus.
Hochgeehrter Herr College,
freundlichen Dank für Ihre Zeilen vom 23. April & Ihr gütiges Angebot.
Von Neuseeland wären ethnographische Objekte von Nephrit, Knochen etc. sowie alles Ethnographische (Schnitzereien in Holz) + Anthropologische für diese Abteilungen des unter meiner

---

24 Vgl. THODE 2009, dort finden sich weitere Quellen zur Analyse der Debatte.

25 Shag Point ist an der Mündung des Shag River an der südlichen Ostküste der Südinsel in Otago. Später wurde dort eine groß angelegte archäologische Grabung durchgeführt. Die dabei gemachten Funde werden im Otago Museum aufbewahrt. Siehe SKINNER 1924, pp. 11–24; TEVIOTDALE 1924, pp. 1–10.

26 Haast family Papers 1843–1887, MS-Papers-0037, German Letters, Folder 201, A.B. Meyer 1880–1883, ohne Seitenangabe.

27 Sächsisches Staatsarchiv, Ordner Senckenberg/Museum für Tierkunde, Nr. 30, Briefwechsel, wissenschaftliche Korrespondenz, 1880–1890, ohne Seitangabe.

28 Aus einem späteren Brief vom 25.01.1881 (siehe weiter unten), in dem sich Meyer für die Haarproben und den Nestorpapagei (*Kaka*) bedankt, geht hervor, dass er beides bestellt hatte.

Leitung stehenden Museums sehr erwünscht & findet sich gewiss unter unseren Doubletten (speciell Neu Guinea) manches dagegen für Sie.
Es soll mich herzlich freuen, mit Ihnen in wissenschaftlichen Verkehr zu treten & danke ich für jetzt schon im Voraus für den Nestor meridionalis[29] in Spiritus & für die Maori Haare.
Stets gern zu ihren Diensten bin ich mit ausgezeichneter Hochachtung
Ihr ergebenster
AB Meyer"[30]

Leider liegt auch hier das zugehörige Antwortschreiben nicht vor. Am 11. Oktober 1880 schrieb Meyer einen weiteren Brief an von Haast, in dem er Objektwünsche für das Dresdner Museum formulierte:

„*Dresden, 11. Oct. 1880*
Kzool. Anthr. & Ethn. Mus.
Verehrtester Herr College,
Ich wage eine kühne Bitte im Interesse unseres jungen Ethnographischen Museums.
Ist es möglich, ein gutes Nephrit Tiki Tiki sowie ein großes Mere von Nephrit & Steinbeile aus demselben Material, sowie ein Stück Rohmaterial von Nephrit (wenn auch klein) zu erhalten? Mir ist wohl bekannt dass es schon lange schwer hält [sic!] diese Objekte von den Eingeborenen zu erhalten, allein besitzt nicht Ihr Museum Doubletten? Ich bin sicher daß unsere Regierung ein Opfer nicht scheuen würde um diese Objekte zu erwerben & daß sie Ihre Bemühungen daraufhin auch zu schätzen wissen wird.
Endlich nenne ich noch Hatteria[31] *als Desiderat!*
In der Hoffnung, daß Sie mir diese Wünsche nicht versagen wollen & daß es möglich sein wird, wenn auch nicht alle, so doch einige zu befriedigen verbleibe ich ganz zu Ihren Diensten
Ihr hochachtungsvollst ergeb.
A. B. Meyer"[32]

Ende des Jahres 1880 waren in Dresden die gewünschten Haarproben angekommen. Meyer bedankte sich in seinem nächsten Schreiben dafür. Er hatte in Dresden begonnen, eine umfangreiche Sammlung von Haarproben aus aller Welt anzulegen. Der Nestorpapagei scheint allerdings verzögert angekommen zu sein:

---

29 Der *Nestor meridionalis* oder *Kaka* ist neben dem *Kea* der zweite heute noch lebende Nestorpapagei Neuseelands. Siehe: http://de.wikipedia.org/wiki/Kaka, Zugriff 16.09.2014.

30 Haast family Papers 1843–1887, MS-Papers-0037, German Letters, Folder 201, A. B. Meyer 1880–1883, o. S.

31 Hatteria ist die heute extrem seltene neuseeländische Brückenechse *Tuatara* (http://en.wikipedia.org/wiki/Tuatara, Zugriff 17.9.2014).

32 Haast family Papers 1843–1887, MS-Papers-0037, German Letters, Folder 201, A. B. Meyer 1880–1883, o. S.

„Dresden, 25. Januar 1881, K. Zool. Anthr. & Ethn Mus
Verehrtester Herr College,
Herzlichen Dank im Namen des Museums für die gütige Übersendung der Maori Haarproben. Ich bedauere, daß Sie Mühe davon hatten, allein um so schätzenswerter sind mir diese Proben.[33] Es ist zu wichtig, dgl. zu besitzen, denn wenn man sieht wie die meisten Anthropolog. Schriftsteller über die Haare der Melanesier schreiben & Theoreme aufbauen, ohne die Objekte zu kennen, so gruselt Einen.
[…] London habe ich geschrieben wegen der Kiste mit Nestor in Spiritus & werde Ihnen nach Empfang berichten. Jedenfalls im Voraus besten Dank. Sollten Sie so gütig & […] geneigt sein unserem Museum von dort Einiges zukommen zu lassen so werde ich einen speciellen Bericht darüber an die Regierung aufmachen und bin sicher daß dieselbe Ihnen ihre Anerkennung nicht versagen wird.
Ich erwähnte in meinem letzten Schreiben schon Einiges & Sie haben die Güte zu sagen daß sie nach Rückkehr der Slgen aus Melbourne sehen wollten ob Sie uns etwas zuweisen könnten. Das wäre ja sehr schön, da wir von Neuseeland schlecht vertreten sind. Es fehlen uns alle Schnitzwerke, alle Steinwaffen & Idole nebst deren Rohmaterial – alles zu wichtige & unentbehrliche Objekte. Von Zoologischen Desideraten nannte ich schon Hatteria & Sie fragen wegen Dinornis Resten[34] gütigst an.
Ich kaufte vor einigen Jahren von […] Finsch Reste folgender Arten:
Dinornis maximus 1 Bein ohne Fuss nur 4 Wirbel
Dinornis gracilis 2 Beine ohne Füsse und nur ein paar Wirbel
Meionornis didiformis Beine, Becken, nur wenige Wirbel
Meionornis casuarinus ziemlich vollständig
Palapteryx elephantophus [sic!][35] 1 Bein
Euryapteryx rheides ziemlich gut
Sie sehen aber, daß wir eigentlich nur von 2 Arten paßabele [sic!] Ex. besitzen & daher für alles Weitere sehr dankbar wären.
Ich empfehle unser Museum im Bezug auf alles die Moas betreffende ganz speciell Ihrer Fürsorge da man fürchten muss je länger man es aufschiebt sich damit zu versehen, daß es desto schwieriger werden wird.
Kann ich Ihnen mit irgendetwas dienlich sein so bitte ich ganz über mich zu verfügen. Von Neu Guinea Vögeln besitzen wir schöne Doubletten aber auch sonst bin ich bereit Ihren Wünschen nach Kräften nachzukommen.

---

33 Haast schickte Haarproben von in Christchurch lebenden Māori, darunter mehrerer Kinder. Da der Kopf und insbesondere Haare für Māori zum Bereich des *tapu* gehören – zum Heiligen, das nicht berührt werden darf – war es sehr schwer, traditionell lebende Māori dazu zu bewegen, ihr Haar abzuschneiden und wegzugeben. Vgl. BEST 1934, p. 84.

34 Moa-Knochen.

35 Wohl *Pachyornis elephantopus*.

*Mit dem Ausdrucke freundschaftlichster Hochachtung
Ihr ganz ergebener AB Meyer"*[36]

Im oben zitierten Brief fragt Meyer explizit nach Knochen des Moa, die mittlerweile in Europa beliebte Sammlerstücke geworden waren. Von Haast schickte an das Dresdner Museum die gewünschten Objekte, soweit es ihm möglich war. Diese wurden auf die verschiedenen Abteilungen des Museums Naturkunde, Völkerkunde und Anthropologie aufgeteilt. Er erhielt von Meyer im Austausch dagegen ebenfalls eine beachtliche Zahl an Stücken für sein Museum. Da das „Königliche Zoologische und Anthropologisch-Ethnographische Museum Dresden" später in ein Museum für Tierkunde und ein Museum für Völkerkunde getrennt wurde, sind die Sammlungen heute über zwei Häuser verteilt.

In den Akten der Dresdner völkerkundlichen Sammlung findet sich die Eingangsbescheinigung der 1881 von von Haast eingegangenen Objekte mit einigen Ergänzungen aus dem folgenden Jahr:

„*2 Nephrit-Meissel von Neu Seeland
1 Nephrit Tiki von Neu Seeland
1 Nephrit Block von Neu Seeland*[37]
*2 Steinbeile von Viti
1 Steinbeil von Salomo Inseln
2 Maori Steinmesser
2 Abgüsse von Maori Steinmessern
1 Maori Schädel
10 Haarproben*[38]

*Tausch von Haast 1882
70 Steinsplitter*[39] *(zu Dinornis-Resten gehörig)*"[40]

Meyers Wunsch, die allgemein begehrten Objekte aus Nephrit zu erhalten, wurde demnach noch 1881 erfüllt. Er publizierte sie 1883 im Band III der Veröffentlichungen des Dresdner Museums unter dem Titel „Jadeit- und Nephrit-Objecte. B. Asien, Oceanien und Afrika."[41]

---

36 Haast family Papers 1843–1887, MS-Papers-0037, German Letters, Folder 201, A. B. Meyer 1880–1883, o. S.
37 Der Nephrit-Block wurde laut Erwerbsakte 1907 an das mineralogische Museum in Dresden im Tausch abgegeben.
38 Der Schädel und die Haarproben werden in der Anthropologischen Sammlung des Museums für Völkerkunde Dresden aufbewahrt.
39 Die Werkzeuge der Moa-Jäger wurden gemeinsam mit Moa-Knochen dem Museum überlassen. Es befinden sich heute allerdings zwei mehr als hier genannt in der Sammlung des Völkerkundemuseums.
40 Erwerbsakten des Museums für Völkerkunde zu Dresden bis 1945, H1_0004_a, o. S.
41 MEYER 1883, S. 58–63, Tafel 6, Abb. 1–6.

Über Moa-Jäger und ihre Werkzeuge 61

Zwar zeigt sich Meyer in seinem Brief vom Januar 1881 an allem den Moa Betreffenden interessiert, es fällt aber schwer, darin mehr als einen zoologischen Sammelwunsch zu sehen, denn nur die Überreste des Vogels waren schwer zu bekommen, nicht aber die groben Steinwerkzeuge der Moa-Jäger. Aus dem Briefwechsel lässt sich nicht rekonstruieren, ob von Haast diese Werkzeuge im Jahr 1882 von sich aus als Vorleistung für eine gewünschte Gegenleistung verschickte oder ob es eine entsprechende Anfrage von Meyers Seiten gab. Sie wurden denn auch nicht publiziert. Allerdings finden sie sich einzeln inventarisiert im Bestandskatalog. Es handelt sich dabei um:

1 Steinmesser der Moajäger, Süd Rakaia, Canterbury, Südinsel
1 Steinmesser der Moajäger, Nord Rakaia, Canterbury, Südinsel
4 Steinmesser der Moajäger, Neue Mündung des Rakaia, Canterbury, Südinsel
48 Steingeräte der Moajäger (Messer?), Shag Point, Otago, Südinsel
10 Steinmesser der Moajäger, Shag Point, Otago, Südinsel
3 Bruchstücke von Steinmessern der Moajäger, Shag Point, Otago, Südinsel
2 Steinmesser der Moajäger, Shag Point/ Shag River, Otago, Südinsel
1 Axtklinge (?) der Moajäger, Shag Point, Otago, Südinsel
2 Steingeräte (Abfall?) der Moajäger, Shag Point, Otago, Südinsel

Im Austausch für von Haasts Sendungen nach Dresden schickte Meyer auf dessen ausdrücklichen Wunsch archäologische Artefakte aus Europa und Amerika sowie Vogelbälge (Papageien und Eisvögel, darunter sehr seltene Exemplare), insgesamt 128 Objekte. Eine Liste der versandten Objekte liegt dem Brief an von Haast bei, den Meyer am 22. Dezember 1882 schrieb.[42] Den Wert der Sendung bezifferte Meyer auf 1 000,00 Mark. Die Kiste wurde von Hamburg aus nach London geschickt und von dort mit der „New Zealand Shipping Company" nach Neuseeland verschifft.

Die archäologischen Objekte, die Meyer nach Christchurch schickte, waren: 43 Steinbeile aus Schleswig, 3 Steinbeile von Seeland, 2 Steinbeile von Rügen, 2 Steinbeile von Osterfeld, 2 Steinbeile aus Deutschland, 1 Abguss eines Steinbeiles aus Mexiko (dessen Original im Dresdner Museum aufbewahrt wird), 3 „Thonobjekte" aus der Lausitz, 3 „Thongefäße" aus Serkowitz bei Dresden, 3 „Thongefäße" aus Tolkewitz bei Dresden sowie 3 „Thongefäße" aus Schleswig.[43]

In einem Brief, den Meyer – möglicherweise fälschlich – auf den 3. Juni 1883 datiert hat, bedankt er sich für die Moa-Knochen und Steingeräte und verspricht, seinerseits, archäologische Artefakte zu schicken. Er weist allerdings auf die Schwierigkeiten hin,

---

42 Haast family Papers 1843–1887, MS-Papers-0037, German Letters, Folder 201, A. B. Meyer 1880–1883, o. S.

43 Wie aus dem nächsten zitierten Schreiben Meyers an Haast zu entnehmen ist, hatte Meyer diese prähistorischen Objekte extra für den Austausch beschafft, da das Dresdner Museum keine Archäologica sammelte.

solche per Tausch für von Haast zu beschaffen – ganz offensichtlich deshalb, weil sie nicht zum Sammlungsschwerpunkt des Dresdner Museums gehörten.

„*Dresden, den 3. Juni 1883 [?]*[44]
KMuseum
Verehrtester Herr v. Haast
Ich empfing Ihr […] Schreiben vom 11. April nachdem wenige Tage vorher die Sendung Moa Reste und sonstige praehistorische Sachen eingetroffen waren für welche ich Ihnen verbindlichsten Dank sage. […]
Ich werde als nächstes eine Sendung ethnologischer Objecte aus Afrika, Asien & Amerika an Sie abgehen lassen. Leider haben Sie mir wegen des Tellers von Meißener Porzellan nicht wieder geschrieben so daß ich ihn nicht beipacken kann. – Praehistorische Objekte kann ich schwerer erhalten im Tausche doch will ich sehen was ich thun kann & sollen Sie jedenfalls durch meine Sendung zufriedengestellt sein. Zool. Sachen zu senden wird mir allerdings leichter. Endlich habe ich viele Doubletten von Vögeln von Neuguinea, Celebes etc., zweitens Nester und Eier hiesiger Vögel die Sie doch wohl dort nicht haben im Museum. Also über diese können Sie wenn Sie wollen mich noch informieren […].
Mit herzlichen Grüßen Ihr aufrichtigst ergeb
AB Meyer"[45]

Von der zeitlichen Abfolge her müsste der Brief von Haasts, auf den Meyer hier Bezug nimmt, bereits im April 1882 abgesandt worden sein, denn schon 1881 erreichten die gewünschten ethnographischen und anthropologischen Objekte Dresden. Die 1882 eingetroffenen „prähistorischen Sachen" hätte von Haast dann wahrscheinlich etwa zeitgleich mit seinem Brief vom April 1882 abgeschickt. Darauf hätte Meyer im Juni 1882 mit dem zuletzt zitierten Brief geantwortet, in dem er u.a. auf seine Schwierigkeiten hinweist, die von Haast als Gegenleistung für die Sendung gewünschten Archäologica (als Direktor eines nicht-archäologischen Museums) von anderen Museen einzutauschen. Im Dezember 1882 war er dann letztendlich doch in der Lage, unter anderem auch diese Art von Objekten nach Christchurch zu schicken.

Wie dem auch sei, aufgrund der in Neuseeland und Dresden vorgefundenen Archivalien muss man annehmen, dass sich Meyer gegenüber von Haast – außer für anthropologische Objekte – nur für solche Sammlerstücke interessierte, die zu seiner Zeit allgemein begehrt waren, nicht aber für die groben Steinwerkzeuge der Moa-Jäger und dem-

---

44 Hier hat sich wohl Meyer beim Datum verschrieben. Logischer wäre, dass der Brief bereits 1882 in Christchurch ankam.
45 Haast family Papers 1843–1887, MS-Papers-0037, German Letters, Folder 201, A. B. Meyer 1880–1883, o. S.

nach wohl auch nicht für von Haasts Hypothese zu einer sehr frühen ersten Besiedelung Neuseelands durch Nicht-Māori.⁴⁶

Nach 1883 lässt sich kein Schriftverkehr mehr nachweisen. Den weiteren aus diesem Jahr datierenden Briefwechsel beherrschte von Haasts Wunsch, vom Dresdner Glasbläserkünstler Leopold Blaschka Modelle von Meerestieren (Korallen und Polypen) zu erlangen, die Meyer ihm vermitteln sollte. Da Blaschkas Arbeit weltweit gefragt war und er laut Meyers brieflicher Mitteilung auch ein etwas exzentrischer Mann war, der nicht jeden Auftrag annahm, gestaltete sich dieses Unterfangen etwas schwierig und langwierig.⁴⁷

Die Moa-Jäger-Debatte, die von Haasts Leben in den 1870er Jahren bestimmte, spiegelt sich also nicht unmittelbar in den Briefen zwischen von Haast und Meyer aus den frühen 1880er Jahren wider. Ersterer hatte schon zuvor mehr und mehr die Argumente seiner Gegner dafür akzeptieren müssen, dass die Moa-Jäger in nicht so weit zurückliegender Zeit gelebt hatten, wie er glaubte. Von Haasts Wunsch nach prähistorischen europäischen Objekten lässt allerdings darauf schließen, dass er nach wie vor das Ziel verfolgte, die Zeitalter Paläolithikum, Neolithikum, Bronzezeit und Eisenzeit auch in Neuseeland nachzuweisen.⁴⁸

Die von Haast 1871 vorgebrachte Auffassung war schon im Jahr 1872 geschwächt worden, als sein Mitarbeiter ALEXANDER MCKAY in der Nähe von Sumner, einem Vorort von Christchurch, in einer Höhle mit Moa-Knochen und Eierschalen neben den roh behauenen Steinsplittern auch polierte Steinwerkzeuge fand, die sich nicht in zwei unterschiedliche Kulturen aufteilen ließen. Da am Rakaia keine polierten Steinbeilklingen gefunden wurden, nahm Haast an, dass die Fundstelle am Rakaia die ältere sei. Allerdings wurden die Moas, die in Sumner gefunden wurden, als eine größere Spezies der Vögel identifiziert (*Dinornis robustus*). Daraus aber schlossen McKay und andere Spezialisten, dass es sich bei der Sumner-Fundstätte um ein älteres Moa-Jäger-Lager handelte. Das Fehlen von polierten Steinklingen im jüngeren Lager am Rakaia begründete McKay damit, dass die Jäger dort sorgsamer mit diesen polierten Werkzeugen umgegangen seien

---

46 Es wäre spekulativ anzunehmen, dass Meyer zwischen dem Eintreffen der Sendung Haasts von 1881 und dem Erhalt der groben Steinwerkzeuge im Jahr 1882 einen weiteren, heute nicht mehr erhaltenen Brief an Haast geschrieben habe, in dem er möglicherweise nach den groben Steinwerkzeugen gefragt haben könnte.

47 Siehe Briefe Meyer an Haast, 28. Januar 1882, 22. Dezember 1882, 3. Juni 1883 (oder 1882?), 2. Dezember 1883. Haast family Papers 1843–1887, MS-Papers-0037, German Letters, Folder 201, A. B. Meyer 1880–1883. Dass das Modell letztendlich in Christchurch ankam, bestätigte mir Roger Fyfe, *Senior Curator Human History* am *Canterbury Museum* bei meinem Besuch 2013. Leider konnte er mir kein Bild zur Verfügung stellen. Nähere Angaben zu Leopold Blaschka und seinen Sohn Rudolph findet man unter http://de.wikipedia.org/wiki/Glasmodelle_der_Blaschkas, Zugriff 30.9.2014.

48 THODE 2009, S. 232.

als die in Sumner. Mit der Veröffentlichung seiner Ergebnisse 1874 in den *Transactions and Proceedings*[49] stellte er sich also öffentlich gegen Haast, was dieser ihm nie verzieh.[50]

In seiner nächsten Veröffentlichung 1874 erkannte Haast an, dass die grob behauenen Steinsplitter und die polierten Klingen durchaus zur gleichen Kultur gehören könnten, und billigte den Moa-Jägern damit einen höheren Stand von „Zivilisation" zu als noch 1871. Er schrieb:

> "But now, as it were at once, the Moa-hunters disappear from the scene; but not without affording an insight into their daily life, by leaving us some of their polished and unpolished stone implements, a few of their smaller tools, made of bone, a few personal ornaments, as well as fragments of canoes, whares, and of wooden spears, fire-sticks, and other objects too numerous to mention; but by which the fact is established that they had reached already a certain state of civilization, which in many respects seems not to have been inferior to that possessed by Maoris when New Zealand was first visited by Europeans."[51]

Durch Vermittlung des Präsidenten der „Royal Society of London", Sir Joseph Hooker, kam es zu einer langsamen Annäherung der neuseeländischen Wissenschaftler. In den Jahren nach 1874 wurden zahlreiche Funde gemacht, die Hectors Theorie unterstützten, dass die Moa-Jäger die Vorfahren der heutigen Māori seien und diese erst vor mehreren hundert Jahren eingewandert waren. Haast machte daraufhin weitere Zugeständnisse an seine Gegner.[52]

Ein vollständiger Konsens darüber, wer die ersten Bewohner Neuseelands und Jäger der Moas waren, wurde nie wirklich geschlossen. Neben den beiden erwähnten Standpunkten vertrat eine Gruppe von Wissenschaftlern eine dritte These, nämlich die, dass eine erste Gruppe von Einwanderern aus Melanesien gekommen sei. Die Bewohner der 800 km östlich vor Neuseeland liegenden Chatham Inseln, die Moriori, galten für sie als bis heute lebende unmittelbare Nachfahren dieser frühen Einwanderer:[53]

> "The idea of a distinct race did not hinge entirely on Haast's proposal. This proposal existed alongside the idea of an earlier race often identified with the Moriori of the Chatham Islands. The existence of this race, often perceived as of mixed or Melanesian ethnicity or origin, was supported by Māori traditions that were later expanded upon by the ethnologist S. Percy Smith and his allies."[54]

---

49 McKay 1874, pp. 98–105.
50 Vgl. Thode 2009, S. 238.
51 Haast 1874, p. 82. „Whare" ist die Māori-Bezeichnung für „Hütte" oder „Haus".
52 Vgl. Thode 2009, S. 240; Haast 1879, pp. 150–153.
53 Zur Frage der Herkunft der Moriori entwickelte sich eine ähnliche, lang geführte Debatte in Neuseeland, die hier nicht Gegenstand der Erörterung sein soll. Vgl. u. a. King 1990 und 2000.
54 Thode 2009, S. 240.

Die nächsten Jahrzehnte nach von Haasts Tod beherrschte die Auseinandersetzung über die verschiedenen Einwanderungswellen die wissenschaftliche Diskussion in Neuseeland. Dabei griff man auf von Haasts Theorie zurück. THODE schreibt dazu:

"The Great Fleet and the theories of the Melanesian Settlement of New Zealand dominated study in the first half of the twentieth century and much of their archaeological foundation came from Haast's identification of two distinct cultures, primarily in the existence of two distinct sets of stone implements."[55]

1897 schickte von Haasts Nachfolger, Frederick Wollastone Hutton, eine Sammlung Steinwerkzeuge der Moriori von den Chatham-Inseln nach Dresden. Dabei handelte es sich um 2 Steinkeulen, 13 Steinklingen von Äxten oder Meißeln, 1 Steinspitze eines Drillbohrers, 3 Steinmesser und 1 Ohrgehänge aus Muschel.[56] Dass Hutton die Objekte nach Dresden schickte, kann als Hinweis darauf gedeutet werden, dass von Haasts Überlegungen zu einer frühen Einwanderung von Nicht-Māori nach Neuseeland noch über seinen Tod hinaus nachwirkte.

Welche Bedeutung haben diese, vom Dresdner Museum seinerzeit offenbar nicht wirklich gewünschten und heute auf den ersten Blick uninteressant wirkenden Objekte? Sie sind Dokumente für eine lange nachwirkende Hypothese zur Besiedlungsgeschichte Neuseelands. Gleichzeitig ist die Moa-Jäger-Debatte ein aufschlussreiches Beispiel für Theoriegeschichte, nämlich für eine Änderung der Interpretation von archäologischen Funden aufgrund von später gefundenem archäologischen Vergleichsmaterial. Der Archäologe ROGER DUFF wies in seinem 1950 erstmals erschienenen Buch „The Moa-Hunter period of Maori culture" nach, dass die Steinwerkzeuge, die an den Moa-Jäger-Lagern gefunden wurden, eindeutig in den Steinwerkzeug-Komplex der ostpolynesischen Völker gehörten und entsprechende Messer und Objekte in Abschlagtechnik, aber auch Querbeile, die am Rakaia und Shag Point gefunden wurden, auch auf der Osterinsel, auf Pitcairn und auf Hawaii vorkamen. Mittlerweile sind sich die Archäologen einig, dass zumindest die Bewohner der Südinsel Neuseelands von ostpolynesischen Inseln um das Jahr 1300 einwanderten.[57] Letztendlich sind die Steinwerkzeuge der Moa-Jäger interessante Dokumente für die Alltagskultur der Māori in der Zeit vor der europäischen Kolonisation.

---

55 THODE 2009, S. 241.

56 Es ist leider aufgrund fehlender Briefe nicht nachvollziehbar, warum Hutton diese Objekte nach Dresden schickte. Vielleicht hatte Meyer um Objekte der damals als rätselhaft erscheinenden Moriori gebeten.

57 Vgl. dazu u. a. DUFF 1977 und BUCKLEY 2010, pp. 1–18.

Zusammenfassung

Das Museum für Völkerkunde Dresden besitzt eine kleine, unscheinbare und kaum beachtete Sammlung von Steinwerkzeugen der Māori aus Neuseeland. Diese Steinmesser datieren in die Frühphase der Besiedlung Neuseelands durch die Māori und wurden in großer Menge an Rastplätzen gefunden, an denen Moas geschlachtet, zerlegt und wohl auch verzehrt wurden. Beim Moa (*Dinornithiformes*) handelt es sich um verschiedene Gattungen eines flugunfähigen Riesenvogels, der in Neuseeland seit mehreren Jahrhunderten ausgestorben ist.

Die Steinmesser schickte Julius von Haast, der damalige Direktor des „Canterbury Museum" in Christchurch, gemeinsam mit wertvollen Nephrit-Objekten und kunstvollen Schnitzereien in den Jahren 1881 und 1882 an Adolph Bernhard Meyer, den Direktor des „Königlichen Zoologischen und Anthropologisch-Ethnografischen Museums Dresden". Von Haast erhielt dafür im Austausch Objekte, die die Sammlung des „Canterbury Museum" bereicherten.

Während für den Dresdner Museumsdirektor diese Sammlung von archaisch wirkenden Steinwerkzeugen wohl weniger wichtig war – er erwähnte sie in der Publikation der Māori-Sammlung seines Museums nicht –, maß Julius von Haast diesen Artefakten eine hohe Bedeutung bei. Sie waren in den 1870er Jahren die Grundlage für einen zum Teil sehr emotional geführten Streit zwischen den führenden Wissenschaftlern Neuseelands, der sich bis nach Europa auswirkte. Dabei ging es um eine Gegenthese zu der heute allgemein anerkannten Vorstellung von der Besiedelungsgeschichte Neuseelands. Ausgangspunkt der damaligen Debatte war die Frage, wer zu welchem Zeitpunkt den Moa ausrottete.

Der deutsche Geologe Julius von Haast suchte Beweise für seine These, dass sich die Phasen der menschlichen Entwicklung, wie sie die evolutionistischen Paläontologen für Europa ausgemacht hatten (die Abfolge von Paläolithikum, Mesolithikum, Neolithikum usw.), genauso auf die südliche Hemisphäre anwenden ließen. Demzufolge waren nach von Haasts Auffassung die Moa-Jäger mit ihren einfachen Werkzeugen viel früher als die Māori eingewandert, die er einer jüngeren Einwandererwelle zuordnete. Seine Gegner vertraten die Auffassung, dass die Moa-Jäger die Vorfahren der Māori seien.

Auch wenn von Haast später selbst seine Meinung änderte, hatte dieser Streit noch lange Auswirkungen auf die wissenschaftlichen Hypothesen zur Besiedelungsgeschichte Neuseelands.

Summary

The Museum für Völkerkunde Dresden has a small, inconspicuous and hitherto barely researched collection of stone tools from the Māori of New Zealand. These stone knives date back to the early phase of the settlement of New Zealand by the Māori and were found in large numbers at resting places where moa were slaughtered, cut up and probably also consumed. Moa (*Dinornithiformes*) were various species of large flightless birds, which have now been extinct in New Zealand for several centuries.

Julius Von Haast, the then director of the "Canterbury Museum" in Christchurch, sent these stone knives, together with valuable nephrite objects and masterful carvings, to Adolph Bernhard Meyer, the Director of the "Königliches Zoologisches und Anthropologisch-Ethnographisches Museum Dresden" (Royal Zoological and Anthropological-Ethnographic Museum Dresden) in 1881 and 1882. In exchange, von Haast received objects that enriched the collection of the "Canterbury Museum".

While this collection of archaic-looking stone tools was probably less important to the Dresden museum director—he did not mention it in the publication of his museum's Māori collection—Julius von Haast attached great significance to these artefacts. In the 1870s, they were the basis for a sometimes very emotional dispute between New Zealand's leading scientists, which had repercussions as far away as Europe. What was at issue was a counter-thesis to today's generally accepted idea of New Zealand's settlement history. The starting point of the debate at the time was the question of who exterminated the moa and when.

The German geologist Julius von Haast sought evidence for his thesis that the phases of human development as identified by evolutionary palaeontologists for Europe (the sequence of Paleolithic, Mesolithic, Neolithic, etc.) were equally applicable to the southern hemisphere. According to Haast, the moa hunters with their simple tools immigrated much earlier than the Māori, whom he assigned to a more recent wave of immigration. His opponents held the view that the moa hunters were the ancestors of Māori.

Even though von Haast himself later changed his mind, this controversy long continued to have an impact on the scientific hypotheses regarding the settlement history of New Zealand.

Literaturverzeichnis

Best, Elsdon: The Maori as he was: A brief account of life as it was in pre-European days. Dominion Museum, Wellington 1934

Buckley, Hallie R.; Tayles, Nancy; Halcrow, Siân E.; Robb, Kasey and Fyfe, Roger: The people of Wairau Bar: a Re-examination. In: *Journal of Pacific Archaeology*, vol. 1, no. 1, Dunedin 2010, pp. 1–18

Colenso, William: An account of some enormous fossil bones, of unknown species of the class Aves, lately discovered in New Zealand. In: *Tasmanian Journal of Natural Science,* vol. 2, Hobart 1846, pp. 81–107

Duff, Roger: *The Moa-Hunter Period of Maori Culture*. E.C. Keating, Government Printer, Wellington 1977 (3rd edition)

Fisher, Rodney: Sir Julius von Haast. In: James N. Bade (Hg.):Eine Welt für sich. Deutschsprachige Siedler und Reisende in Neuseeland im neunzehnten Jahrhundert. Edition Temmen, Bremen 1998, S. 195–202

Haast, Julius: Moas and Moa Hunters. Address to the Philosophical Institute of Canterbury. In: *Transactions and Proceedings of the New Zealand Institute*, vol. 4, Wellington, 1871a

– : Third paper on the Moas and Moa hunters. In: *Transactions and Proceedings of the New Zealand Institute*, vol 4, Wellington, 1871b, pp. 84–107

– : Researches and excavations carried on in and near the Moa-bone Point Cave, Sumner Road, in the year 1872. In: *Transactions and Proceedings of the New Zealand Institute*, vol 7, Wellington 1874, pp. 54–85

– : Notes on an ancient manufactory of stone implements at the mouth of the Otokai Creek, Brighton, Otago. In: *Transactions and Proceedings of the New Zealand Institute*, vol. 12, Wellington 1879, pp. 150–153

Hector, James: On recent Moa remains in New Zealand. In: *Transactions and Proceedings of the New Zealand Institute*, vol. 4, Wellington 1871, pp. 110–120

King, Michael: A land apart—The Chatham Islands of New Zealand. Photographs by Robin Morrison. Random Century, Glenfield 1990

King, Michael: Moriori: a people rediscovered. Penguin Books, Auckland 2000

Publikationen aus dem Königlichen Ethnographischen Museum zu Dresden 3. Jadeit- und Nephrit-Objecte. B. Asien, Oceanien und Afrika. Herausgegeben mit Unterstützung der Generaldirection der Königlichen Sammlungen für Kunst und Wissenschaft zu Dresden von Dr. A. B. Meyer, K. S. Hofrath, Director des K. Zoologischen und Anthropologisch-Ethnographischen Museums zu Dresden. Mit 4 Tafeln Lichtdruck, Verlag von A. Naumann & Schroeder, Königl. Sächs. Hofphotographen, Leipzig 1883

Langer, Wolfhart: Der Bonner Neuseelandforscher Sir Johann Franz Julius von Haast (1822–1887). In: Bonner Heimat- und Geschichtsverein e. V. (Hg.): *Bonner Geschichtsblätter* 39, Bonn 1989, S. 273–293

Meyer, Adolf Bernhard (Hg.): Jadeit- und Nephrit-Objecte. B. Asien, Oceanien und Afrika. In: Königliches Ethnographisches Museum zu Dresden. III. Verlag von A. Naumann & Schroeder, Königl. Sächs. Hofphotographen, Leipzig 1883, S. 58–63, Tafel 6, Abb. 1–6

McKay, Alexander: On the identity of the Moa-hunters with the present Maori race. In: *Transactions and Proceedings of the New Zealand Institute*, vol. 7, Wellington 1874, pp. 98–105

Oskam, Charlotte; Allentoft, Morten E.; Walter, Richard; Scofield, R. Paul; Haile, James; Holdaway, Richard N.; Bunce, Michael and Jacomb, Chris: Ancient DNA analyses of early archaeological sites in New Zealand reveal extreme exploitation of moa (Aves: Dinornithiformes) at all life stages. In: *Quarternary Science Reviews*, vol. 52, Oxford (?) 2012, pp. 41–48

Skinner, Harry D.: Results of the excavations at the Shag River sandhills. In: *Journal of the Polynesian Society*, vol. 33, Auckland 1924, pp. 11–24

Teviotdale, David: Excavations near the mouth of the Shag River. In: *Journal of the Polynesian Society*, vol. 33, Auckland 1924, pp. 1–10

Thode, Simon: Bones and words in 1870s New Zealand: the moa-hunter debate through actor networks. In: *The British Journal of the History of Science*, vol. 42, issue 02, June 2009, Cambridge, pp. 225–244

von Haast, Heinrich Ferdinand: The life and times of Julius von Haast. K. C. M. G., Ph. D., D. Sc., F. R. S., explorer, geologist, museum builder. Wellington 1948

Archive:

Alexander Turnbull Library, Wellington, New Zealand, Haast family Papers 1843–1887, MS-Papers-0037, German Letters

Archiv des Museums für Völkerkunde Dresden, Erwerbsakten bis 1945, Julius von Haast, ohne Seitenangaben

Sächsisches Staatsarchiv Dresden, Ordner Senckenberg/Museum für Tierkunde, Nr. 30, Briefwechsel, wissenschaftliche Korrespondenz, 1880–1890, ohne Seitenangaben

Internetquelle

MALING, PETER B. "Haast, Johann Franz Julius von", from the Dictionary of New Zealand Biography. Te Ara – the Encyclopedia of New Zealand, updated 8-Oct-2013, URL: http://www.TeAra.govt.nz/en/biographies/

Petra Martin, Dresden

Individuum und Typus.
Zur „Rassenbüsten"-Sammlung am Museum für Völkerkunde Dresden

> „Das Bedürfniss, die anthropologischen Typen bildlich darzustellen, ist in dem Masse gewachsen, als die wissenschaftliche Forschung über den Menschen sich vertieft hat."

Das schreibt 1884 der Berliner Pathologe und Anatom Rudolf Virchow (1821–1902) im Vorwort eines Kataloges von Otto Finsch über „Gesichtsmasken von Völkertypen", um weiter auszuführen, dass im Gegensatz zur Zeichnung, Fotografie oder Bildhauerkunst nur die Abformung von Gesichtern und Köpfen die Feinheit der Proportionen präzise wiederzugeben vermöge.[1] Als wahrhafte Abbilder von Menschen schienen die aus der Abformung entstandenen Positivabgüsse eine sichere Grundlage anthropologischer Forschung zu sein, die sich im 19. Jahrhundert auf naturwissenschaftlicher Basis den Fragen nach der Herkunft des Menschen und der Kausalität seiner biologischen Variabilität zu widmen begann. Es galt die Vielfalt der Erscheinungsformen zu ordnen, zu strukturieren und zu typologisieren. Nicht dem konkreten Menschen, dessen individuelle Züge in den Lebendmasken erscheinen, galt das wissenschaftliche Interesse, sondern der Analyse seiner Kopfmaße, Hautfarbe und seines Gesichtsausdrucks. In der Zuordnung zu einem *Typus* wurde das Individuum unter Benutzung seiner selbst negiert.

Auch wenn erst durch Virchows Initiative die Abformung zu einer anthropologischen Methode der Datenerhebung wurde, so hatten sich Lebendmasken von außereuropäischen Menschen lange zuvor einen Platz in den Gelehrtensammlungen erobert. Das Museum für Völkerkunde Dresden, das aus dem 1875/1878 gegründeten Königlichen Zoologischen und Anthropologisch-Ethnographischen Museum hervorging, bewahrt in seinen anthropologischen Sammlungen heute noch etwa 130 (von ehemals 185) meist kolorierte und auf Sockel gesetzte Lebendabgüsse. Diese überwiegend zwischen 1878 und 1920 akquirierte Sammlung konnte 1978 durch die Übernahme eines Teils der

---

[1] Finsch 1884, S. V.

privaten Sammlung von CARL GUSTAV CARUS (1789–1869) bereichert werden. Die vielgestaltige Sammlung eint, dass sie aus dem Bedürfnis der Klassifikation der Spezies Mensch entstand, gebraucht und auch missbraucht wurde. Ihre Entstehung spiegelt das Wissenschaftsverständnis des 19. und beginnenden 20. Jahrhunderts wider, ihr musealer Einsatz die jeweiligen Bildungs- und propagandistischen Anliegen. In ihrer Ästhetik sind die Abgüsse Grenzgänger zwischen Kunst und Wissenschaft.

Weitgespannte Forschungsinteressen veranlassten den Universalgelehrten, Arzt und Maler Carl Gustav Carus zum Aufbau einer eigenen Studiensammlung mit Schädeln und Gipsabgüssen von bedeutenden europäischen Persönlichkeiten, devianten (psychisch oder in ihrem Sozialverhalten gestörter) Menschen und solchen außereuropäischer Herkunft. Carus' Bestreben, aus der kranioskopischen und physiognomischen Individualität auf die geistig-seelische Beschaffenheit zu schließen, führte ihn letztlich zu spekulativen, romantisch-naturphilosophischen Überlegungen zur Klassifikation der Menschheit. In der „Denkschrift zum Hundertjährigen Geburtsfeste Goethe's" (1849) entwirft Carus erstmals sein auf planetaren Konstellationen basierendes rassentheoretisches Modell, das er in späteren Werken vertieft. Es sei der stete Wechsel von Licht und Finsternis, der *„in merkwürdiger Symbolik"* seine Entsprechung in einer *„Viergliederung der Menschheit"* habe, die Carus – nach dem Lauf der Sonne – *„Tagvölker", „Nachtvölker", „östliche"* und *„westliche Dämmerungsvölker"* nennt und zugleich in ein hierarchisches Verhältnis setzt.[2] Nur die *„Tagvölker"* von mehr oder minder weißer Färbung seien als *„eigentliche Blüthe der Menschheit"* kulturtragend und zu höchster Geistesentwicklung befähigt.[3] Ihr Gegenpol sind nach Carus die *„Volksstämme, welche dem Lichtmangel – der Nacht des Planeten entsprechen; es können keine andern hierher gezogen werden als die körperlich und geistig unvollkommner ausgestatteten Neger – der äthiopische Stamm; – sie sind die Nachtvölker – durch dunkle oft vollkommen schwarze Färbung bezeichnet."*[4] Den Übergang zwischen den beiden Antipoden bilden die *„Dämmerungsvölker"*, wobei er zu den östlichen die Völker *„des mongolischen Stammes"* mit gelblicher Färbung und zu den westlichen, die dem *„Untergang geweihten"* amerikanischen *„Stämme"* mit rötlicher Färbung zählt.[5] Dieser Gliederung der Menschheit in vier Stämme oder Völker folgt auch das Verzeichnis seiner rund 300 Positionen umfassenden „Cranioskopischen und Chirognomischen Sammlung", das erstmals 1863 und vier Jahre später in zweiter Auflage erschien. Die Nachauflage enthält nur wenige Änderungen, die – bis auf eine Ausnahme – eher marginal sind. In dem Verzeichnis von 1867 gesellt sich nun jedoch als Nachtrag zur „*Nachtvölker*"-Sammlung mit dem Gipsabguss eines Gorillaschädels der *„menschenähn-*

---

2   CARUS 1849, S. 13.
3   CARUS 1849, S. 15, 85.
4   CARUS 1849, S. 14.
5   CARUS 1849, S. 15.

lichste Affe".⁶ In Anlehnung an die vergleichend-anatomischen Studien des Amsterdamer Anatomen Petrus Camper (1722–1789) über „*Neger*" und verschiedene Affenarten meinte auch Carus die Relation der „*Nachtvölker*" zum Tierreich aus der Schädelform belegen zu können. Camper hatte ein Verfahren zur Messung des Gesichts- und Profilwinkels entwickelt und nach dem Maß der Prognathie eine Stufung von niederen Tierformen über Affen zum „Neger" und Europäer vorgenommen. Darauf rekurrierte Carus, indem er „*das Verhältniss des Schädelbaues zu den Kiefergegenden, welches durch den Camper'schen Gesichtswinkel sich ausdrückt [...] in den Nachtvölkern am meisten thierähnlich, in den Tagvölkern am rein-menschlichsten [...]*" bewertete.⁷

Von den 122 Büsten und Gesichtsabformungen seiner Sammlung sind allein 114, überwiegend namentlich ausgewiesene Persönlichkeiten, den „Tagvölkern" zugeordnet. Darunter befinden sich zwei Lebendmasken von Johann Wolfgang von Goethe (1749-1832), der – nach dessen Verehrer Carus – ein „*vollkommener Prototyp aus den Tagvölkern, und zwar aus einem ihrer edelsten Zweige, d. i. dem Zweige der Germanen*" sei, was auch den Titel der „Denkschrift" erklärt.⁸ Die wenigen Abgüsse der anderen „Menschheitsstämme" entbehren weitgehend eines individuellen Bezugs, der in Anbetracht ihrer Funktion als generalisierte „Gegentypen" nicht notwendig zu sein schien. Die „Nachtvölker" vertreten drei Gipsbüsten, die als „Neger" (Nr. 54 der Carus-Sammlung), als 14-jähriger „Hottentott-Buschmann" (Nr. 248) und als 13-jähriges „Hottentott-Buschmann-Mädchen" (Nr. 249) gelistet sind. Unter den „Oestlichen Dämmerungs-Völkern" befinden sich die Büsten eines „Neu-Seeländers" (Nr. 59) und einer „Chinesin" (Nr. 277). Drei weitere Gipsbüsten sind unter den „Westlichen Dämmerungs-Völkern" als „Azteken-Knabe" (Nr. 250), als „Indianischer Häuptling aus dem Charugas-Stamm" (Nr. 90) und als „Indianer aus Bolivia" (Nr. 83) aufgeführt.⁹

Während Carus' Thesen in der anthropologischen Literatur kaum zitiert worden sind, boten sie reiches Potenzial für die Rassenideologie des deutschen Imperialismus

---

6 Carus 1867, S. 10.
7 Carus 1849, S. 21.
8 Carus 1849, S. 101.
9 Carus 1867, S. 10-13. Nach Wustmann 1999, S. 279, ist die Büste Nr. 83 im Übernahmeverzeichnis der Carus-Sammlung als „Kopf des Senaqué" ausgewiesen. Die Angaben zu den Nummern 83 und 90 lassen vermuten, dass es sich um Angehörige der Charrúa, den Kaziken Vaimacá Pirú (1778–1833) und den Medizinmann Senaqué, handelt, die 1833 nach Paris verschleppt und dort zur Schau gestellt worden sind. Beide entzogen sich der entwürdigenden Situation durch Verweigerung der Nahrungsaufnahme. Der einbalsamierte Leichnam von Vaimacá Pirú war 169 Jahre im Musée de l'Homme ausgestellt, bevor er im Juli 2002 nach Uruguay zurückgeführt worden ist. Ausführlicher dazu siehe: http://www.uruguayinfo.com/geschichte/geschichte-uruguays-die-ureinwohner-uruguays-charruas-minuanes-und-guaranies.html.

und Kolonialismus.¹⁰ Es ist wenig überraschend, dass seine rassentheoretischen Werke während des Nationalsozialismus Nachauflagen erfuhren.

Die Gelehrtensammlung von Carus gelangte erst 1978 an das Museum für Völkerkunde Dresden und hat daher keinerlei Bezug zu dessen museumsdidaktischen Anliegen im 19. Jahrhundert. Hier erfolgte der systematische Aufbau einer Gipsbüstenkollektion genau einhundert Jahre zuvor. 1878 eröffnete das neu gegründete Königliche Zoologische und Anthropologisch-Ethnographische Museum seine Ausstellungstätigkeit im Dresdner Zwinger, für dessen Schausammlungen es authentischer, plastischer Abbilder außereuropäischer Menschen bedurfte. Noch im gleichen Jahr konnte eine erste Serie von 21 kolorierten Lebendmasken aus feinstem Alabastergips von der renommierten Pariser Werkstatt „Maison Tramond" erworben werden. Dieses um 1870 von Pierre Jean Martin Gustave Tramond (1846–1905) gegründete Atelier an der Rue de l'Ecole de Medécine war für seine didaktisch wertvollen human-anatomischen Modelle und Präparate in Europa weit bekannt. In engem Zusammenwirken mit der medizinischen Fakultät in Paris, von der er humanes Material bezog, spezialisierte sich Tramond auf die Präparation von Knochenstücken und die Herstellung von Wachsmoulagen.¹¹ Den von der „Maison Tramond" jahrelang kommerziell vertriebenen Gesichtsabgüssen von Bewohnern überwiegend pazifischer Regionen lagen Abformungen zugrunde, die vierzig Jahre zuvor erfolgt waren. Sie gehen auf den Phrenologen PIERRE-MARIE ALEXANDRE DUMOUTIER (1791–1871) zurück, der als Naturwissenschaftler von 1837 bis 1840 die französische Marineexpedition zum Südpol unter dem Kommando des Admirals Dumont d'Urville (1790–1842) begleitet hatte. Mit den geografischen und ethnografischen Erkundungen verband sich auch der kolonialpolitische Auftrag, die potenzielle „*Zivilisierbarkeit*" der „*Wilden*" einzuschätzen.¹² Dumoutier bediente sich der seinerzeit noch als innovativ geltenden Methode des Abformens, um in repräsentativer Auswahl präzise Abbilder der kontaktierten Völker zu erhalten. Kurz nach seiner Rückkehr wurden die mitgebrachten 51 Abgüsse in Toulon ausgestellt, wo sie Tausende von Besuchern anzogen, das Lob der „Académie des Sciences" fanden und zu Spekulationen über die Kausalität der differierenden Charakteristika ozeanischer Völker anregten.¹³ Die anthropologischen Erkenntnisse der Weltreise wurden von dem an der Expedition unbeteiligten Zoologen ÉMILE BLANCHARD (1819-1900) publiziert, der dem damals in Frankreich vorherrschenden

---

10 Vgl. STUBBE 1989, S. 44–53.
11 BARBIAN 2010, S. 26. Tramond stand in enger Verbindung zu dem an der Pariser Universität wirkenden Arzt, Anatomen und Anthropologen Pierre Paul Broca (1824–1880), auf den die Entwicklung von Messinstrumenten für die Kraniometrie sowie von rassenkundlichen Bestimmungstafeln für Haut- und Augenfarben zurückgeht.
12 STAUM 2003, S. 109.
13 STAUM 2003, S. 113, 115.

polygenistischen Denken verhaftet war. Auf Dumoutier selbst geht nur der „Atlas anthropologique" zurück, der die Gipsbüsten-Kollektion auf großformatigen Lithografien interpretationsfrei in sachlich-geografischer Ordnung unter Angabe aller individuellen Daten der Portraitierten präsentiert.¹⁴ Im Gegensatz zu Blanchard war Dumoutier von der Einheit der menschlichen Spezies und von dem gleichen mentalen Potenzial jedes Individuums fest überzeugt. Seine (weitgehend unveröffentlichten) Aufzeichnungen zeugen jedoch auch von den konventionellen Vorurteilen, insbesondere gegenüber dunkelhäutigen Menschen, die – so Dumoutier – eher instinktiv und unreflektiert agieren würden und denen es daher unmöglich sei, das europäische Niveau der Vollkommenheit zu erreichen.¹⁵

Im „Atlas anthropologique" weisen die Dumoutier-Büsten keine Farbfassung auf, was darauf hindeutet, dass dem mehr an der Schädelbildung interessierten Phrenologen Dumoutier dieses Oberflächenmerkmal von geringerer Bedeutung erschien. Die wenig differenzierten und dadurch unnatürlich wirkenden Farbtöne sind offensichtlich eine spätere Zugabe bei den Nachgüssen der „Maison Tramond".

Nach dieser ersten Akquise erklärte der damalige Direktor des Dresdner Museums, ADOLF BERNHARD MEYER (1840–1911), „nach der Natur colorirte Gypsabgüsse von Racenköpfen" zu den dringenden Desiderata jeder anthropologischen Sammlung.¹⁶ In den folgenden dreißig Jahren konnten mehr als 160 Abgüsse erworben werden, von denen fast 60 auf die Gipsformerei von „Castan's Panopticum" in Berlin zurückgehen. Zugleich sind diese eng mit dem wissenschaftlichen Wirken von Rudolf Virchow und der von ihm dominierten Berliner Gesellschaft für Anthropologie, Ethnologie und Urgeschichte (BGAEU) verbunden. Virchow führte in die von ihm propagierte physische Anthropologie die metrisch-morphologische Methode, die Vermessung des Menschen, ein und entwickelte zum Teil selbst ein dafür geeignetes Instrumentarium. Aus den Daten mehr oder weniger zahlreicher Individuen wurden die statistischen Mittelwerte (Indizes) ermittelt, die Auskunft über den Typus einer Ethnie oder „Rasse" gaben. In seinen Instruktionen für Reisende empfahl Virchow mindestens acht, bei mehr Zeit auch dreißig weitere Maße am menschlichen Körper zu nehmen, Haut, Haar und Knochen – besonders Schädel sowie Hände und Füße – zu sammeln, die Farben von Haut und Augen zu erfassen, und Notizen darüber zu machen, welche Körperverhältnisse eher als individuell und welche eher als typisch angesehen werden können. Er empfahl fernerhin Abformungen von Gesicht, dem ganzen Kopf, Händen, Füßen und den Zähnen, wobei die „*Reinheit der Rasse vorzugsweise zu beachten sei*".¹⁷

---

14 BLANCHARD 1854.
15 STAUM 2003, S. 113, 115.
16 MEYER, Circular Nr. 1, 1881, zit. nach WUSTMANN 1999, S. 289.
17 VIRCHOW 1875, S. 581, 584–585, 590.

Es lohnt, anhand der Sitzungsprotokolle der BGAEU einen genaueren Blick auf die Auswahlkriterien für Gesichtsabformungen im Kontext der Typisierung zu werfen. Die jeweiligen Reisenden selektierten – erfahrungsbasiert oder intuitiv – die in einer Gruppe als „typisch" erscheinenden Individuen. Von diesen war wiederum – vielfach aus kulturellen Gründen – nur ein Bruchteil bereit, sich der unangenehmen, etwa vierzig Minuten benötigenden Prozedur zu unterziehen. Die Herstellung einer Lebendmaske kann nicht ohne Zustimmung des Betroffenen erfolgen, sie setzte Kooperation voraus, die entweder durch Bezahlung, durch Nötigung, bei längeren Kontakten aber auch als Freundschaftsdienst zu erlangen war.[18] Mitunter gelangten von einer Reise nur drei Exemplare nach Berlin, bei denen Zweifel blieben, *„ob der Reisende wirklich ein so typisch entwickeltes Exemplar gewählt habe, dass dessen Anblick genügte, die Stammeseigenthümlichkeit voll zur Erscheinung zu bringen."*[19]

Zur Lösung dieses Dilemmas wurden Reisende zu seriellen Kollektionen von einer Gruppe angehalten. Es fanden sich nicht viele, die auf ein derartig aufwendiges und auch kostspieliges Unterfangen eingingen. Einer war der Kaufmann, Zoologe und Ethnologe Otto Finsch (1839–1917), der 1879 bis 1882 mit Unterstützung der Humboldt-Stiftung eine Südseereise angetreten hatte, von der er unter anderem 164 Abgüsse, darunter 155 Gesichtsabformungen mitbrachte. Diese würden, so schreibt er 1884 in seinem Reisebericht, *„5 Menschenrassen von 31 Haupt-Inseln oder Gruppen und 61 verschiedenen Localitäten"* repräsentieren.[20] Von den untersuchten Individuen seien 15 *„typisch"* und vier *„reine Typen"*.[21] Noch zwei Jahre zuvor stand Finsch jeder Form von Typisierung ablehnend gegenüber: *„Überhaupt sind alle diese Charaktere: Grösse, Färbung, Mund, Nase, Ausdruck u. s. w. so variabel, dass ich darauf keine Rassen-Charaktere basiren kann [...]. Ich habe mit dem Buche in der Hand die Charaktere der genannten Rassen verglichen und gefunden, dass Alles im Grossen und Ganzen unrichtig ist: es stimmt nicht!"*[22] Stattdessen betonte Finsch die enorme Variabilität der einen menschlichen Spezies, die keine Grenzen, sondern gleitende Übergänge vom Papua bis zum Europäer schaffen würde.[23] In vertrautem Kreise äußerte Finsch salopp, dass er sich zutraue, *„jede beliebige Anzahl deut-*

---

18 Viele Reisende berichteten sehr freimütig über Schwierigkeiten, Misserfolge, aber auch Erfolge beim Abformen. Zwei Beispiele seien hier erwähnt: Laut Finsch 1884, S. 25 bereitete es besondere Mühe, Maori zur Kooperation zu bewegen, was letztlich nur durch Vermittlung eines schon länger in Neuseeland lebenden Freundes gelang; auf S. 33 erwähnt er einen strafgefangenen Chinesen, der sich der Prozedur nicht verweigern konnte. Schellong 1891, S. 209 berichtet von anfänglichen Schwierigkeiten, die Papua von der Gefahrlosigkeit der Prozedur zu überzeugen, dann aber – angesichts des hohen Gegenwertes (Handeisen, Beil, Axt) – von zunehmendem Anerbieten.
19 Finsch 1884, S. VI.
20 Finsch 1884, S. 78.
21 Finsch 1884, S. 27.
22 Finsch 1882, 164.
23 Finsch 1882, S. 166.

scher Landsleute in Mustertypen von Papuas zu verwandeln"*, wenn man ihm *„den nötigen Farbentopf und einige Perücken dazu gäbe."*[24] Der Sinneswandel des jeder Form von Typisierung abgeneigten Finsch findet möglicherweise eine Erklärung in der ihm eigenen Geschäftstüchtigkeit. Er war am Umsatz der Abgüsse beteiligt, die auf Empfehlung von Virchow in „Castan's Panopticum" entstanden und nach seinen Farbvorlagen koloriert wurden. Es scheint, als wäre er dem ausdrücklichen Wunsch nach Typisierung nachgekommen, zu der er mit Virchow gelegentlich korrespondierte.[25] Es ist ein besonders pikantes Detail, dass Finsch die *„reinen Typen"* der Javaner nicht *in situ*, sondern in Gefängnissen und Krankenhäusern während eines einmonatigen Aufenthaltes in Batavia (das heutige Jakarta) auswählte.[26]

Virchow hatte Finschs kolorierte Büsten den Museen und Schulen empfohlen. Die Gesamtserie konnte für 1 600 Mark und eine Kleinserien mit einer Auswahl von sechs *„Rassetypen"* für 50 bis 80 Mark erworben werden.[27] Das Dresdner Museum nahm etwa 70 Gipsbüsten in seinen Bestand auf.

Die Zusammenarbeit von Virchow mit „Castan's Panopticum" bezog sich jedoch nicht nur auf die Herstellung von Kernformen und den Guss der Positive. Das 1869 nach dem Vorbild der englischen Wachsfigurenkabinette gegründete Unternehmen der beiden Bildhauer-Brüder Gustav und Louis Castan (1836–1899; 1828–1909) war im Ausstellungsgeschäft tätig. Ihre Berliner Etablissements und deren Dependancen in anderen Städten und Ländern, in denen in bunter Mischung Wissenschaft und Kultur für jedermann vermittelt wurde, zogen im Laufe der Jahre ein Millionenpublikum an. Zwischen 1882 und 1911 organisierten die Brüder nach dem Vorbild des erfolgreichsten deutschen „Völkerschau"-Veranstalters Carl Hagenbeck (1844–1913) 27 eigene Völkerschauen.[28] Zwischen Virchow und der BGAEU einerseits und Castan und Hagenbeck andererseits kam es zu einer fruchtbaren Symbiose. Den Anthropologen und Ethnologen versprachen die Auftritte der „Exoten" ein reiches Studienmaterial, das vermessen, fotografiert und abgeformt werden konnte. Den Unternehmern der Völkerschauen wiederum verlieh das Interesse der Gelehrten den Anstrich von Seriosität, was zu steuerlichen Begünstigungen oder polizeilichen Sonderbehandlungen, wie im Falle einer *„anrüchigen"* Harem-Ausstellung, führen konnte.[29]

---

24   Lebenserinnerungen von Dr. med. Otto Schellong diktiert und geschrieben im Jahr 1944, unveröffentlichtes Manuskript, 14.9.1885, zit. nach: FRIEDERICI 2014, S. 5.

25   FINSCH 1880, S. 35.

26   FINSCH 1884, S. 27, 30.

27   FRIEDERICI 2014, S. 13; Meyers Konversationslexikon, Bd. 9, 4. Aufl., Leipzig u. a. 1885–1892, S. 1027 (Korrespondenzblatt).

28   BLANCHARD 2012, S. 98.

29   ZIMMERMANN 2001, S. 18; DREESBACH 2005, S. 285–287.

Ebenso selektiv wie auf Reisen war die Gewinnung der vermeintlich für ein Volk, eine Gruppe oder „Rasse" repräsentativen Gesichtsabformungen unter den bei Völkerschauen ausgestellten „exotischen" Menschen. Als Hagenbeck 1885 die „*Neger von Darfur*" (Sudan) in Berlin präsentierte, nahm Virchow an sieben Teilnehmern Vermessungen vor und ließ – mit dem Einverständnis Hagenbecks (!) – durch die Gipswerkstatt in "Castan's Panopticum" von vier der „*besonders charakteristischen Personen*", die als „*ausgezeichnete Repräsentanten des eigentlichen Negertypus*" angesehen werden können, Abgüsse herstellen.[30] Dass die jeweiligen Impresarios bei der Auswahl geeigneter Teilnehmer für eine Völkerschau vor allem die europäischen Stereotype vom „Wilden" oder „Naturvolk" zu bedienen suchten oder diese nach ihrer Eignung für zirzensische Darbietungen und für die körperliche Andersartigkeit thematisierenden „Freak"-Schauen trafen, lässt die auf diese Weise ermittelten „Typen" als reines Konstrukt erscheinen.[31]

Während für Virchow und die meisten Gelehrten seines Umfeldes die Abformung von Gesichtern (und anderen Körperteilen) ein wichtiges metrisch-morphologisches Analysemittel war, das zudem durch physiognomische Ausdeutung Aufschlüsse über Charaktereigenschaften zu geben vermochte, wurde genau das von einigen der „Abformer" infrage gestellt. Sehr deutlich äußerte der Anthropologe, Ethnologe und Fotograf RICHARD NEUHAUSS (1855–1915), der selbst 1884 während einer Forschungsreise im Pazifik zwanzig Gesichter abgeformt hatte, seine Zweifel am wissenschaftlichen Wert der Lebendmasken:

> „*Die Porträtähnlichkeit der Masken ist eine ziemlich mangelhafte. Die Züge sind nicht selten verzerrt. Augen und Nase leiden am meisten unter der Ungunst der Verhältnisse. Die Augen sind krampfhaft zugekniffen; die Nase ist häufig gebogen und zwar lediglich durch die Schwere des aufgetragenen Gypses. […] Der Mund erscheint in den Masken bis 9 mm breiter, als er in Wirklichkeit ist. […] Die untere Nasenbreite, gemessen vom äusseren Ansatze des einen Nasenflügels bis zu dem des anderen, ist in der Maske ebenfalls bis 8 mm breiter, als in der Natur. […] Die Entfernung der inneren Augenwinkel lässt sich annähernd aus der Maske bestimmen; diejenige der äusseren dagegen nicht. Die obere Gesichtsbreite (Wangenbeine) und die intramaxillare Breite sind nicht zu messen. Die Jochbreite ergibt einen bis 6 mm grösseren Werth als bei dem Lebenden.*"[32]

Mit anderen Worten: Der den Masken zugedachte Zweck, ein objektives Analyseinstrument zu sein, wird von Neuhauss entschieden infrage gestellt.[33] Dessen ungeachtet lobt Virchow die vorzüglich gelungenen Abgüsse, anhand derer er ein Verfahren entwickelte, aus dem der Nutzen der Lebendmasken für „*zuverlässige anthropologische Studien*"

---

30 VIRCHOW 1885, S. 491, 493.
31 DREESBACH 2005, S. 65; THODE-ARORA 1989, S. 82–90.
32 NEUHAUSS 1885, S. 27.
33 Kritisch äußert sich auch O. SCHELLONG, der Abformungen auf Neuguinea vornahm, zur Genauigkeit der Maskenmaße, hält jedoch die Abweichungen für tolerierbar. Siehe: SCHELLONG, 1891, S. 210f.

unschwer zu erkennen sei: Die Linearzeichnung, mit der sich die dreidimensionale Maske in ein zweidimensionales Bild verwandeln ließ, würde nun die *„rein statuarischen Proportionen"* des Gesichts klar zum Ausdruck bringen.³⁴

Auch von anthropologischer Seite wurde gelegentlich Kritik an der Typisierung geäußert. Otto Ammon hält das Auffinden von *„rassereinen"* Individuen, *„Typen"*, für eine Illusion und schreibt:

> *„Alle Völker sind gekreuzt. […] Trotzdem haben manche Forscher nicht von dem Glauben lassen wollen, es müssten […] noch „reine Typen" anzutreffen sein […]."*³⁵ Stochastisch ermittelt er, dass, *„wenn man alle Merkmale eines rassereinen Typus kennen würde, […] man bereits nach 300 Jahren deren Vereinigung in einem Individuum vergeblich suchen, da nur noch 1 Individuum auf eine Millionen kommen würde"*.³⁶

Ammons Kritik bezieht sich vornehmlich auf die Typus-Findung in der deutschen Bevölkerung, was impliziert, dass dieselbe bei der mitunter angenommenen Ahistorizität von „Naturvölkern" zielführender seien könnte.

Bereits im Jahr 1891, vierzehn Jahre nach Beginn der Ausstellungstätigkeit des Königlichen Zoologischen und Anthropologisch-Ethnographischen Museums, musste die bis dahin in einer Bogengalerie neben dem Glockenspielpavillon des Dresdner Zwingers präsentierte Sammlung der Gipsabgüsse aus Platzgründen anderen Beständen weichen. Obwohl kontinuierlich erweitert, blieb ihre Rolle in den folgenden 27 Jahren eher marginal, da sie nur temporär, im Wechsel mit anderen Sonderausstellungen, Aufstellung fanden.³⁷ Auch wenn keine Fotografie die Präsentationsart belegt, so verdeutlicht doch der Erhalt zahlreicher originaler Etiketten die damaligen museumsdidaktischen Intentionen. Gezeigt wurden nicht Individuen, was zumindest mit Bezug zu den Finsch-Büsten angesichts seiner publizierten Dokumentation möglich gewesen wäre, sondern „Typen", die stellvertretend Einwohner einer Insel, eines geografischen Großraums, ethnohistorische Gruppen oder vermeintliche Rassen repräsentierten. Konsequenterweise wurde so der 20-jährige Balla aus Kapateong in Neuirland zum *„Neuirländer"*, der 29-jährige Madakitschi aus Nagasaki zum *„Japaner"* schlechthin. Einige Individuen wurden – wenn sie genügend Merkmale einer Gruppe auf sich zu vereinen schienen – als Prototypen der *„Altmongolen"*, *„Altmelanesier"*, *„Australneger"* oder als Vertreter der *„Aethiopiden"*, *„Bantuiden"* oder *„Sudaniden Rasse"* ausgewiesen.³⁸

---

34 Neuhauss 1885, S. 34 (Kommentar von Virchow zum Vortrag von Neuhauss).
35 Ammon 1900, S. 679.
36 Ammon 1900, S. 685.
37 Israel und Neumann 1976, S. 8.
38 Zu Personen- und Herkunftsangaben siehe: Finsch 1884, S. 33, 59; zu den Prototypen siehe: Wustmann 1999, Abb. 42, 44, 46.

In der Publikationstätigkeit der jeweiligen am Museum beschäftigten Anthropologen ist bis 1920 keine wissenschaftliche Nutzung der Abformungen im Sinne einer rassenkundlichen Analyse nachweisbar. Sie fokussierten ihre Anstrengungen auf die Auswertung des ungleich reicher vorhandenen kraniologischen Materials. Erst durch BERNHARD STRUCK (1888–1971), der zwischen 1913 und 1937 – zunächst als Hilfsassistent, seit 1923 als Kustos der anthropologischen Abteilung – am Museum tätig war, gewannen auch die Gipsbüsten zur Analyse und Typologisierung an Bedeutung. Im anthropologischen Katalog des Museums ist jedoch sein Bestreben erkennbar, bislang „namenlosen" Büsten ihre Individualität zurückzugeben.[39] Es gelang Struck, die ohne nähere Informationen erworbenen Lebendmasken der *„Neger von Darfur"*, inklusive der zugehörigen Hand- und Fußabformungen, zu recherchieren und mit Hagenbecks Völkerschau im Jahr 1885 zu korrelieren. Anhand der erfassten Maßangaben des Kopfes ließ sich der Abguss des damals zur Schau gestellten und abgeformten Berg-Nuba namens Murgân Hassan identifizieren. Nach Struck illustriere die Büste in überzeugender Weise die *„obernubische Dolichokephalie [lange Kopfform]"* und fand als *„Typus A"* (eines von drei Typen) Eingang in seine Arbeit über „Somatische Typen und Sprachgruppen in Kordofan".[40]

Lediglich sechs Büsten sind in Strucks Amtszeit angekauft worden. Darunter befinden sich fünf Abformungen von im Original in Bronze oder Marmor ausgeführten Skulpturen des Berliner Bildhauers RUDOLF MARCUSE (1878–1940), die eine neue Facette der Rekrutierung anthropologischen Studienmaterials eröffnen. Während des Ersten Weltkrieges galt den in deutschen Lagern internierten *„farbigen Hilfsvölkern"*[41] das Interesse von Künstlern und Wissenschaftlern. Der Berliner Anthropologe und Ethnologe FELIX VON LUSCHAN (1854–1924) erwartete *„von der wissenschaftlichen Arbeit in Gefangenenlagern [...] eine große Summe an Belehrung"*.[42] Marcuse war mehrere Jahre im Kriegsgefangenenlager in Wünsdorf tätig, die genaue Anzahl der dort entstandenen Werke ist unbekannt. Es erscheint als merkwürdige Koinzidenz, dass Marcuse auch der Schöpfer eines Denkmals für Carl Hagenbeck, den Erfinder der kommerziellen Völkerschauen, in Hamburg-Stellingen war.

Die „Prisoner-of-War"-Skulpturen Marcuses waren ursprünglich für das von Ludwig Justi (1876–1957), Direktor der Nationalgalerie Berlin, überdimensioniert geplante, aber nie ausgeführte Reichskriegsmuseum bestimmt, in dem auch eine anthropologische

---

39 Katalog der Anthropologischen Sammlung, MVD, Eintrag zu Kat. Nr. A 2502.

40 STRUCK 1920/21, S. 163.

41 Die während des Zweiten Weltkrieges eingesetzten „Hilfstruppen" aus den Kolonialgebieten Englands und Frankreichs lösten in Deutschland eine heftige Debatte zu völkerrechtlichen Fragen aus, da man „einer wilden Rasse [...] nicht zutrauen kann, daß sie gemäß dem Geiste und der Humanität Krieg führen werde.", siehe BELIUS 1915, S. 16.

42 LUSCHAN 1917, S. 110.

Übersicht aller Völker und „Rassen" vorgesehen war.⁴³ Die Auswahl der Werke für das Dresdner Museum muss Struck anhand einer Publikation Marcuses – „Völkertypen" – getroffen haben, die möglicherweise begleitend zu einer Ausstellung im Berliner Künstlerhaus erschien. Die Kunstblätter bilden 37 Büsten ab, deren Originaltitel die Porträtierten lediglich als Angehörige verschiedener Nationalitäten, nicht als Individuen, ausweisen. Struck korrespondierte dazu mit Marcuse, wodurch er nicht nur die Namen, sondern auch Alter, Berufe, Sprachen und weitere Details erfuhr.⁴⁴

Zu einer Ausstellung der Marcuse-Büsten scheint es – wenn überhaupt – nur kurzzeitig gekommen zu sein. Mit der Vorbereitung von Renovierungsarbeiten im Zwinger und der nachfolgend geplanten Erweiterung der Ausstellungsfläche für die völkerkundliche Abteilung war 1929 die Überführung der Anthropologica in die ehemalige Gärtnerwohnung im Orangeriegebäude an der Herzogin Garten verbunden, wo sie – weitgehend verpackt – in den nachfolgenden Jahren jeglicher musealen Nutzung entzogen blieben. Lediglich drei der Lebendmasken aus der Finsch-/Castan-Kollektion flankierten als „Rassentypen" oder „Völkertypen" die Neuirland- und Neuguinea-Schausammlung. Das änderte sich erst unter dem Direktorat des nationalsozialistisch gesinnten Zoologen Hans Kummerlöwe (1903–1995), dem 1936 die Leitung des Museums für Tierkunde und Völkerkunde übertragen wurde und in dessen kurze Ägide die dem Zeitgeist entsprechenden ersten Sonderausstellungen zur europäischen Rassenkunde fallen. Eine ideologisch motivierte Neubewertung der gesamten anthropologischen Bestände erfolgte durch Michael Hesch (1893–1979), der auf Empfehlung von Bernhard Struck 1939 dessen Nachfolge als Kustos der anthropologischen Sammlung angetreten hatte und zwei Jahre später zum Direktor ernannt wurde. Umgehend und mit Nachdruck forderte Hesch geeignete Räume zur Wiedereinrichtung einer Schausammlung, deren Fehlen *„[…] im nationalsozialistischen Deutschland, wo die Erziehung nach dem Willen des Führers durch den Rassegedanken ausgerichtet wird, nicht zu verantworten"* sei.⁴⁵ Die Wiederausstellung der *„Rassenschädel"* und der *„Abgüsse von Rassenköpfen"* erachtete er als geradezu zwingend notwendig für die *„koloniale Aufklärungsarbeit und zur Veranschaulichung der Rassenverhältnisse in den deutschen Kolonien"*. Seine Pläne orientierten sich an dem Beschluss der Reichsleitung des Rassenpolitischen Amtes und des Reichsministers für Wissenschaft, Erziehung und Volksbildung zur Errichtung eines Rassenmuseums in

---

43 Zu Marcuse und POW-Skulpturen siehe: http://www.victorwerner.be/index.cfm?page=Collection&cat=6103.

44 Katalog der Anthropologischen Sammlung, Einträge zu den Kat. Nrn. A 4406–A4410. Ein Brief Marcuses vom 24.12.1920 wird hier nur erwähnt. Das Original ging vermutlich im Krieg verloren. Kriegsverlust ist auch die Büste A 4407 von Samba Djálo, ein Fulbe aus Französisch-Westsudan, von dem das Lautarchiv (Preußischer Kulturbesitz Berlin, PK 1583) ein Tondokument bewahrt (persönliche Mitteilung von Britta Lange am 5. Mai 2017).

45 Wissenschaftliches Archiv MVD, Akte Haushalt/Anthropologie, Brief von M. Hesch an H. Kummerlöwe vom 21.5.1939, S. 2.

Berlin, der – so Hesch – auch für Dresden wegweisend sein sollte.[46] Um seinem Fachgebiet mehr Gewicht zu verleihen, beantragte er bereits ein halbes Jahr nach seinem Amtsantritt, den Terminus „Rassenkunde" in die seit 1921 geführte Institutionsbezeichnung „Staatliche Museen für Tierkunde und Völkerkunde" zu integrieren. Doch bereits drei Monate später – wohl auch ermutigt durch den Erfolg der gerade zu Ende gegangenen *Deutschen Kolonial-Ausstellung* in Dresden (Juni-September 1939), an der das Museum durch Einrichtung von Schauräumen beteiligt war – legte er den Entwurf für ein eigenständiges, aus dem Museumsverbund gelöstes „Staatliches Museum für Erb- und Rassenbiologie" (alternativ auch „Staatliches Museum für Rassenkunde und Rassenpflege") vor. Der vom Rassenpolitischen Amt der NSDAP, Gauleitung Sachsen, befürwortete Entwurf gliedert die geplante Schausammlung in dreizehn Bereiche, die die „klassischen" rassenkundlichen Themen in idealer Weise mit der nationalsozialistischen Ideologie („Rassenhygiene" und „-pflege", Beziehungen zwischen „Rasse, Seele und Kultur" sowie deren „Entartungen") verbinden sollten. Besonderen Wert legte Hesch auf die Feststellung, dass der „*Judenfrage*" in dem neuen Museum breiter Raum gewidmet werden würde.[47] Zwar fand sich für die veranschlagte Ausstellungsfläche von mindestens 1500 bis 2000 Quadratmetern zunächst kein adäquates Gebäude – eine räumliche und inhaltliche Anbindung an das Hygienemuseum wurde ebenso wie die vorübergehende Unterbringung in Schloss, Johanneum oder Taschenberg-Palais mit Aussicht auf einen Neubau nach dem Krieg verhandelt, dennoch war die im Behördenschriftwechsel *„Staatliches Rassenkundemuseum"* genannte Institution seit 1940 durch Neuerwerbungen in einem planvollen Aufbau. So bewilligte die vorgesetzte Dienstbehörde, das Sächsische Ministerium für Volksbildung, im Dezember 1940 die Herstellung von dreißig lebensgroßen „Rassenplastiken" für 12 000 Reichsmark, was zwei Dritteln des Jahresetats für Neuerwerbungen aller staatlichen Museen (mit Ausnahme der Gemäldegalerie) entsprach.[48] Den Auftrag erhielten Dresdner Bildhauer, von denen einige bereits vierzehn lebensgroße idealtypische „Rassenfiguren" für die *Kolonialausstellung* unter Anleitung Heschs geschaffen hatten.[49] Neben ihrer Ergänzung durch die bislang fehlenden Geschlechtspartner war nun die Fertigung von sechs Paaren zu den *„am deutschen Volkstum beteiligten*

---

46 Wissenschaftliches Archiv MVD, Akte Haushalt/Anthropologie, Brief von M. Hesch an H. Kummerlöwe vom 18.7.1939.

47 Wissenschaftliches Archiv MVD, Akte Haushalt/Anthropologie, Brief von M. Hesch an H. Kummerlöwe vom 3.10.1939, *Stellungnahme zu dem Vorschlag Dr. Knorr bzgl. räumlicher Angliederung der Anthropologischen Abteilung an das Hygienemuseum*, S. 1–6, hier S. 6.

48 Wissenschaftliches Archiv MVD, Akte Haushalt/Anthropologie, Brief von Dedering (Sächs. Min. f. Volksbildung) an M. Hesch vom 14.12.1940.

49 Aufträge ergingen an: Ernst Hermann Grämer (1899–1966), Walter Reinhold (1898–1982), Friedrich Press (1904–1990), Kurt Loose (1913–2011), Hans Tröger (1894–1963), Eduard R. Binder (1869–?), Willi von Poswik (?), Ansorg (?), siehe Wissenschaftliches Archiv MVD, Akte Haushalt/Anthropologie, Korrespondenzen Hesch mit Künstlern und dem Sächs. Min. für Volksbildung, 1940–1942.

Rassen" sowie von zwei Paaren der „*beiden hauptsächlichsten Judentypen*" vorgesehen. Damit würde – so der damalige, die Mittel beantragende Direktor Kummerlöwe – eine „*für ganz Deutschland, ja ganz Europa einmalige Rassentypenschau*" errichtet werden.[50] Die Werke der nach Maßvorgaben arbeitenden Künstler wurden bereits im Schaffensprozess einer Evaluation unterzogen, in die Hesch korrigierend eingriff, wenn die Proportionsverhältnisse im Körperbau nicht exakt dem konstruierten Idealtypus der jeweiligen „Rasse" entsprachen.[51]

Seit 1941 konzentrierte Hesch sich auf den Erwerb von Grafik und Gemälden von „*Volkstypen*", da Darstellungen von Künstlerhand vermeintlich lebendiger und überzeugender als die Fotografie das Wesentliche und Kennzeichnende der rassischen Merkmale beim Menschen zu verdeutlichen vermögen.[52] Die zunehmende Verquickung von „Rasse", „Kunst" und „Seele" gipfelte in seinem (bewilligten) Antrag auf Übernahme einiger der beschlagnahmten und vom Sächsische Ministerium für Volksbildung sichergestellten „*entarteten*" Kunstwerke, „*[…] die im Museum für Rassenkunde zur Veranschaulichung abartiger, dem deutschen Wesen fremder Darstellung in der Kunst verwendet […] oder […] gegenübergestellt werden [können] mit künstlerischen Darstellungen, die unserem deutschen Wesen entsprechen, wodurch die fremdrassischen seelischen Voraussetzungen für das Zustandekommen solcher entarteter Kunst hervorgehoben werden*".[53]

Es ist folgerichtig (und erscheint fast symbolisch), dass keines der von Hesch erworbenen Werke für das in Dresden geplante große „Rassenkundemuseum" das Ende des Zweiten Weltkrieges und mit ihm den Untergang des nationalsozialistischen Deutschlands überlebt hat.

Die älteren anthropologischen Sammlungen – darunter die Gipsbüsten – haben, von einigen Verlusten abgesehen, die Kriegsereignisse an Auslagerungsorten überstanden. Nach dem Ende des Zweiten Weltkrieges stellte sich jedoch die Frage nach ihrem künftigen Verbleib. Der zuletzt (seit 1942) unter dem Namen „Museum für Tierkunde, Rassenkunde und Völkerkunde" geführte Museumsverbund war aufgelöst und mit dem „Museum für Tierkunde" und dem „Museum für Völkerkunde" durch zwei selbständige Institutionen ersetzt worden. Die Einrichtung eines eigenen Museums für die anthropologischen Sammlungen verbot sich vor dem Hintergrund ihres stattgehabten rassenideo-

---

50 Wissenschaftliches Archiv MVD, Akte Haushalt/Anthropologie, Brief von H. Kummerlöwe an das Sächs. Min. f. Volksbildung vom 29.6.1939.

51 Die nachträgliche Korrektur des „Ostbalten", dessen Schulterbreite um 7 cm vom Idealtypus differierte, führte zu einem Rechtsstreit. Siehe Wissenschaftliches Archiv MVD, Akte Haushalt/Anthropologie, Brief von W. v. Poswik an Sächs. Min. f. Volksbildung vom 1.8.1941.

52 Wissenschaftliches Archiv MVD, Akte Haushalt/Anthropologie, Jahresbericht des Museums für Rassenkunde für die Etatjahre vom 1. April 1942 bis 31. März 1944, S. 1–4, hier S. 1.

53 Wissenschaftliches Archiv MVD, Akte Haushalt/Anthropologie, Brief von M. Hesch an das Sächs. Min. f. Volksbildung vom 4.10.1941.

logischen Missbrauchs. Für das damals zuständige Ministerium für Volksbildung galt es zu klären, ob die Bestände eher unter naturwissenschaftlichen oder unter kulturhistorischen Gesichtspunkten zu betrachten seien. Es folgte der Argumentation der Kunsthistorikerin/Japanologin ROSE HEMPEL (1920–2009), die das Museum für Völkerkunde zwischen 1947 und 1950 kommissarisch leitete. Sie schrieb im Februar 1949 an die Hauptverwaltung der Staatlichen Museen, Schlösser und Gärten:

> *„Die Einreihung des Museums für Anthropologie in die Tierkunde statt in die Völkerkunde würde die Betrachtung des Menschen nur als Lebewesen an sich ergeben und eine Einreihung in die Naturwissenschaften bedingen. Die Berücksichtigung der ethischen Belange erfordert eine direkte Verbindung mit der Völkerkunde."*[54]

Dem wurde stattgegeben und die anthropologische Sammlung seither als separater Bestand im Museum für Völkerkunde verwahrt. Fast drei Jahrzehnte verblieb sie weitgehend in den Kriegsauslagerungskisten, da das Museum keinen Anthropologen in seinem Mitarbeiterstab hatte. Erst 1976 ist eine solche Stelle bewilligt und mit der Anthropologin/Ethnologin INGRID WUSTMANN (1939–2007) besetzt worden. Ihrem 23-jährigen Wirken sind Inventur und fachwissenschaftliche Bearbeitung sowie die Einleitung von Restaurierungsmaßnahmen der teils schwer beschädigten Gipsbüsten zu danken. In ihre Amtszeit fällt auch die Übernahme der noch vorhandenen Bestände der eingangs erwähnten ‚Studiensammlung Carus' vom Ethnologisch-Anthropologischen Institut der Universität in Leipzig.[55]

Die Wiederzugänglichkeit der anthropologischen Sammlung ermöglichte es, im Verlauf der vergangenen beiden Jahrzehnte mit Leihgaben aus dem Bestand der sogenannten Rassenbüsten mehrere Ausstellungsprojekte zu unterstützen, die sich wissenschaftsgeschichtlichen Fragestellungen zur biologischen Klassifikation des Menschen widmeten. Die jüngste, 2016 realisierte Ausstellung – „Die Vermessung des Unmenschen. Zur Ästhetik des Rassismus" – bezog 42 Büsten aus der anthropologischen Sammlung des Museums für Völkerkunde ein.[56] Bei ihrer Präsentation wurde besonderer Wert darauf gelegt, die jeweiligen Büsten in ihrem Entstehungskontext zu erläutern, aber abweichend von den Intentionen der Abformer/Hersteller oder früheren Nutzer nicht als „typische" Vertreter einer geografischen Region, ethnischen Gruppe oder vermeintlichen „Rasse", sondern als Abbilder von Menschen mit ihren Individualnamen auszuweisen. Dennoch ist die Einbeziehung der Rassenbüsten in museale Präsentationen nicht unumstritten.

---

54 Hauptstaatsarchiv Dresden (HStADD), 11401, Landesregierung Sachsen, Ministerium für Volksbildung Nr. 2414, LIII, 1, Nr. 245, Hauptverwaltung der Staatlichen Museen, Schlösser und Gärten 1946–1950, S. 144, Brief des Min. f. VB an Hauptverwaltung vom 17.2.1949.

55 Zu den genauen Umständen der Übernahme der Carus-Sammlung aus Leipzig siehe MELZER 2009, S. 256–260.

56 „Die Vermessung des Unmenschen. Zur Ästhetik des Rassismus" – Eine Ausstellung von Wolfgang Scheppe mit den Staatlichen Kunstsammlungen Dresden, Kunsthalle im Lipsius-Bau, 13. Mai bis 7. August 2016.

Dem Wunsch nach Veranschaulichung historischer Rassenklassifikationen stehen verschiedene Gründe entgegen. Zum einen birgt die Wirkmacht der Bildwerke die Gefahr, Rassismus zu reproduzieren und dadurch das Ausstellungsanliegen zu konterkarieren. Zum anderen sprechen ethische Gründe gegen die Zurschaustellung der Abformungen. LANGE wies bereits 2011 darauf hin, in diesen kulturell sensible Objekte zu sehen, da sie „[…] meist in prekären Situationen, die von der Überlegenheit und Definitionsmacht der Wissenschaftler und Kolonialbeamten geprägt waren" entstanden sind.[57] Zum Teil stehen die Abformungen dem Weltbild und Werteverständnis einiger indigener Herkunftsgesellschaften diametral entgegen, weshalb der vom Deutschen Museumsbund herausgegebene Leitfaden für den Umgang mit Sammlungsgut aus kolonialen Kontexten den sorgsamen Umgang anmahnt, der auch Zugangsbeschränkungen einschließen kann.[58]

Zusammenfassung

Das Museum für Völkerkunde Dresden bewahrt in seinen anthropologischen Sammlungen etwa 130 meist kolorierte und auf Sockel gesetzte Lebendabgüsse, die überwiegend zwischen 1878 und 1920 akquiriert worden sind. Die Abformungen wurden während Forschungsreisen, sogenannten Völkerschauen und auch in deutschen Kriegsgefangenenlagern vorgenommen. Die vielgestaltige Sammlung eint, dass sie aus dem Bedürfnis der Klassifikation der Spezies Mensch entstand, gebraucht und während der Zeit des Nationalsozialismus auch missbraucht wurde. An Beispielen aus der Dresdner Sammlung zeichnet der Beitrag deren Entstehen sowie die jeweiligen Bildungs- und propagandistischen Anliegen nach.

Als wahrhafte Abbilder von Menschen schienen die aus der Abformung entstandenen Positivabgüsse eine sichere Grundlage anthropologischer Forschung zu sein, die sich im 19. Jahrhundert auf naturwissenschaftlicher Basis den Fragen nach der Herkunft des Menschen und der Kausalität seiner biologischen Variabilität zu widmen begann. Es galt die Vielfalt der Erscheinungsformen zu ordnen und zu strukturieren. Nicht der konkrete Mensch, dessen individuelle Züge in der Lebendmaske erscheinen, stand im Mittelpunkt des wissenschaftlichen Interesses, sondern seine Zuordnung zu einem *Typus,* der stellvertretend für eine geografische Region, eine ethnischen Gruppe oder eine vermeintliche *Rasse* stand. Zweifel an der Eignung von Lebendmasken für metrisch-morphologische Analysen wurden bereits in den 1880er Jahren geäußert. In der Publikationstätigkeit der jeweiligen am Museum beschäftigten Anthropologen ist bis auf eine Ausnahme keine wissenschaftliche Nutzung der Abformungen im Sinne einer rassenkundlichen Analyse nachweisbar. Auch in der Ausstellungstätigkeit spielten diese eine untergeord-

---

57 LANGE 2011, S. 34.
58 Leitfaden 2019, S. 18, 138.

nete Rolle, was vor allem auf begrenzte Platzkapazitäten zurückzuführen ist. Eine Neubewertung der *Rassenbüsten* erfolgte dagegen in den 1940er Jahren im Zusammenhang mit den (nicht verwirklichten) Planungen eines eigenständigen „Staatlichen Museums für Erb- und Rassenbiologie" in Dresden, dessen Entwurfsskizze rassenkundliche Themen mit der nationalsozialistischen Ideologie verband.

Die Sammlung wird seit 1949 im Museum für Völkerkunde Dresden als ein wissenschaftsgeschichtliches Zeugnis bewahrt, gepflegt und erforscht. In gelegentlichen Ausstellungen wurde ihr Entstehungskontext erläutert und die Büsten – abweichend von den Intentionen der Abformer/Hersteller oder früheren Nutzer – nicht als *Typen*, sondern als Abbilder von Menschen mit ihren Individualnamen ausgewiesen. Aus ethischen Gründen werden die Abformungen heute als kulturell sensible Objekte verstanden.

Summary

Among its anthropological holdings, the Museum für Völkerkunde Dresden has a collection of around 130 life casts, mostly coloured and mounted on pedestals, which were acquired primarily between 1878 and 1920. The casts were made during research trips, in so-called "human zoos," and also in German POW camps. This diverse assemblage is united by the fact that it was created, used and—during the Nazi era—also abused, out of a desire to classify and categorise the human species. Using examples from the Dresden holdings, the article traces the origins of this collection and shows how it was employed for educational and propaganda purposes.

As faithful reproductions of human beings, the positive casts produced from the plaster moulds seemed to be a secure basis for anthropological research, which in the nineteenth century began to take a scientific approach to investigating the questions of human origins and the causes of human biological variability. The aim was to order and structure the diversity of human forms. The focus of scientific interest was not the specific human being whose individual features appear in the life mask, but rather the assignment of each one to a *type* that was representative of a certain geographical region, an ethnic group or a supposed "race." Doubts about the suitability of life masks for metric-morphological analyses were already expressed in the 1880s. In the publication activities of the anthropologists employed at the museum, there is—with only one exception—no evidence of the casts being used in research for the purpose of racial analysis. They also played a subordinate role in exhibition activities, mainly due to limited space. In the 1940s, however, a re-evaluation of these so-called *Rassenbüsten* ("racial busts") took place in connection with the (never realised) plans for a separate "State Museum for Hereditary and Racial Biology" in Dresden, which was designed to combine racial anthropology with National Socialist ideology.

Since 1949, the collection has been preserved, maintained and researched as objects reflecting the history of science. In occasional exhibitions, the context in which they were created was explained and the busts—contrary to the intentions of the makers or erstwhile users of the casts—are presented not as *types* but as images of individuals, under their personal names. For ethical reasons, the casts are now understood as culturally sensitive objects.

Literaturverzeichnis

Ammon, Otto: Zur Theorie der reinen Rassetypen. In: *Zeitschrift für Morphologie und Anthropologie*, Bd. 2, H. 3, Stuttgart 1900, S. 679–685

Barbian, Birte: Die Geschichte der Anatomischen Sammlung des Institutes für Anatomie in Münster mit besonderer Berücksichtigung ihrer historischen Modelle und Präparate. Münster 2010

Belius, Hans: Die farbigen Hilfsvölker der Engländer und Franzosen. Berlin 1915

Blanchard, Émile: Voyage au Pole Sud et dans l'Océanie Anthropologie. Atlas anthropologique par Dr. Dumoutier. Paris 1854

Blanchard, Pascal u. a.: Human Zoos. The Invention of the Savage. Ausst.-Kat. Musée du quai Branly, Paris 2012

Carus, Carl Gustav: Denkschrift zum Hundertjährigen Geburtsfeste Goethe's. Ueber ungleiche Befähigung der verschiedenen Menschheitstämme für höhere geistige Entwickelung. Leipzig 1849

– : Verzeichnis der Cranioskopischen und Chirognomischen Sammlung des Geheimen Rath Dr. C. G. Carus. 2. Aufl., Dresden 1867

Dreesbach, Anne: Gezähmte Wilde. Die Zurschaustellung "exotischer" Menschen in Deutschland 1870-1940. Frankfurt am Main u. a. 2005

Finsch, Otto: Thätigkeit auf Jaluit. In: *Verhandlungen der Berliner Gesellschaft für Anthropologie, Ethnologie und Urgeschichte.* Berlin 1880, S. 34–36

– : Die Rassenfrage in Ozeanien. In: *Verhandlungen der Berliner Gesellschaft für Anthropologie, Ethnologie und Urgeschichte.* Berlin 1882, S. 163–166

– : Anthropologische Ergebnisse einer Reise in der Südsee und dem malayischen Archipel in den Jahren 1879–1882. Beschreibender Catalog der auf dieser Reise gesammelten Gesichtsmasken von Völkertypen. Berlin 1884

Friederici, Angelika: Otto Finsch – Lebendmasken aus der Südsee. In: *Castan's Panopticum. Ein Medium wird besichtigt*, Heft 20, Berlin 2014 (= D7), S. 5

Israel, Heinz und Neumann, Peter: Hundert Jahre Staatliches Museum für Völkerkunde Dresden. In: *Abhandlungen und Berichte des Staatlichen Museums für Völkerkunde Dresden*, Bd. 35, Berlin 1976, S. 7–16

Lange, Britta: Sensible Sammlungen. In: Margit Berner, Annette Hoffmann, Britta Lange: Sensible Sammlungen. Aus dem anthropologischen Depot. Hamburg 2011, S. 15–40

Leitfaden. Umgang mit Sammlungsgut aus kolonialen Kontexten, herausgegeben von Deutscher Museumsbund e.V., 2. Fassung. Berlin 2019

Luschan, Felix von: Kriegsgefangene: Ein Beitrag zur Völkerkunde im Weltkriege. Einführung in die Grundzüge der Anthropologie. Berlin 1917

Marcuse, Rudolf: Völkertypen. Eine Sammlung von Kunstblättern in Kupfertiefdrucktafeln. Leipzig o. J. (ca. 1918/1919)

Melzer, Kathleen: Die Cranioskopische und Chirognomische Sammlung des Geheimen Rath Dr. C. G. Carus. In: Petra Kuhlmann-Hodick und Gerd Spitzer [Hg.]: Carl Gustav Carus: Natur und Idee (Ausst.-Kat. der Staatlichen Kunstsammlungen Dresden). Dresden 2009, S. 252–260

Meyer, Adolf Bernhard: Circular Nr. 1, 1881, zit. nach: Ingrid Wustmann: Gesichter ethnischer Gruppen aus der anthropologischen Sammlung. In: *Abhandlungen und Berichte des Staatlichen Museums für Völkerkunde Dresden*, Bd. 50, Berlin 1999, S. 289

Meyers Konversationslexikon, Bd. 9, 4. Aufl., Leipzig u. a. 1885–1892

Neuhauss, Richard: Anthropologische Untersuchungen in Oceanien, namentlich in Hawaii. In: *Verhandlungen der Berliner Gesellschaft für Anthropologie, Ethnologie und Urgeschichte*. Berlin 1885, S. 27–35

Schellong, Otto: Beiträge zur Anthropologie der Papuas. In: *Zeitschrift für Ethnologie*. Berlin 1891, S. 156–230

– : Lebenserinnerungen von Dr. med. Otto Schellong diktiert und geschrieben im Jahr 1944, unveröffentlichtes Manuskript, 14.9.1885, zit. nach: Angelika Friederici: Otto Finsch – Lebendmasken aus der Südsee. In: *Castan's Panopticum. Ein Medium wird besichtigt*, Heft 20, Berlin 2014 (= D7), S. 5

Staum, Martin S.: Labeling People. French Scholars on Society, Race and Empire, 1815–1848. Montreal u. a. 2003

Struck, Bernhard: Somatische Typen und Sprachgruppen in Kordofan. Ein Beitrag zur Methodik der Typenanalyse. In: *Zeitschrift für Ethnologie*, 52/53, Heft 2/3, Berlin 1920/21, S. 129–170

Stubbe, Hannes: Hatten die Germanen graue Augen? Rassenpsychologisches bei Carl Gustav Carus 1789–1869. In: *Psychologie und Geschichte*, Jg. 1, Heft 3, Heidelberg 1989, S. 44–53

Thode-Arora, Hilke: Für fünfzig Pfennig um die Welt. Die Hagenbeckschen Völkerschauen, Frankfurt am Main u. a. 1989

Wustmann, Ingrid: Gesichter ethnischer Gruppen aus der anthropologischen Sammlung. In: *Abhandlungen und Berichte des Staatlichen Museums für Völkerkunde Dresden*, Bd. 50, Berlin 1999, S. 275–307

Virchow, Rudolf: Anthropologie und prähistorische Forschungen. In: Georg Balthasar Neumayer (Hg.): Anleitung zu wissenschaftlichen Beobachtungen auf Reisen. Berlin 1875, S. 571–590

– : Neger von Darfur. In: *Verhandlungen der Berliner Gesellschaft für Anthropologie, Ethnologie und Urgeschichte*. Berlin 1885, S. 488–497

Zimmermann, Andrew: Anthropology and Antihumanism in Imperial Germany. Chicago u. a., 2001

Archivakten

Wissenschaftliches Archiv des Museums für Völkerkunde Dresden (MVD),
- Akte Haushalt/Anthropologie
    - Korrespondenzen von Michael Hesch, von Hans Kummerlöwe und von W. v. Poswik, Ministerium für Volksbildung
    - Jahresbericht des Museums für Rassenkunde für die Etatjahre vom 1. April 1942 bis 31. März 1944
- Katalog der Anthropologischen Sammlung

Hauptstaatsarchiv Dresden (HStADD), 11401, Landesregierung Sachsen, Ministerium für Volksbildung Nr. 2414, LIII, 1, Nr. 245, Hauptverwaltung der Staatlichen Museen, Schlösser und Gärten 1946–1950, S. 144, Min. f. VB an Hauptverwaltung, 17.2.1949)

Internetquellen

zu Rudolf Marcuse:
    http://www.victorwerner.be/index.cfm?page=Collection&cat=6103 (letzter Zugriff: 29.4.2020)

zu den Charrúa-Büsten der Carus-Sammlung:
    http://www.uruguayinfo.com/geschichte/geschichte-uruguays-die-ureinwohner-uruguays-charruas-minuanes-und-guaranies.html (letzter Zugriff: 29.4.2020)

Silvia Dolz, Dresden

„Seelenfiguren" vom Bissagos-Archipel als Expeditionsertrag.
Vom Sammeln und vom Ideal der Vollständigkeit in der Forschung Bernhard Strucks

Mit 13 Abbildungen (Farbtafeln XIII–XXIV)

Eine ungewöhnliche Ausstellung mit dem Titel „Unbekannte Völker Westafrikas. Ethnographische Ausbeute der Expedition Bernatzik-Struck nach Portugiesisch-Guinea 1930/31" eröffnete am 7. Oktober 1931 im Dresdner Orangeriegebäude an der Herzogin Garten ihre Pforten. Im Juni zuvor waren siebzehn große Transportkisten mit 1751 Objekten angekommen.[1] Was die Besucher im Sonderausstellungsraum des Nebengebäudes des Museums für Völkerkunde Dresden, das seine Hauptausstellung im Zwinger präsentierte, zu sehen bekamen, waren nicht nur ausgewählte Exemplare einer Objektgattung, sondern ganze Reihen von Körben, Keramikgefäßen, Holzschalen, Holzlöffeln, Kalebassen, Hockern, Tanzmasken und Skulpturen. [Abb. 1, 2] Unter Letztgenannten stellte eine Gruppe von sechzehn „sitzenden Figuren" und sieben abstrakten Skulpturen, die als „Seelenfiguren" bezeichnet wurden, eine Besonderheit dar. Nach Beendigung der Sonderausstellung schon im November wurde der für das Dresdner Museum bestimmte Teil im Depot verstaut, der große Rest jedoch in den darauffolgenden Jahren an die völkerkundlichen Museen Berlin, Frankfurt am Main und Bremen verkauft.[2] Nicht nur in

---

1   Struck-Nachlass, Museum für Völkerkunde Dresden (im Folgenden: MVD), Briefwechsel mit Reichs-Kredit-Gesellschaft A. G. Berlin, 16.6.1936. Struck führt auf, dass für das Museum 311 Objekte mit einem Ankaufsetat von 2000 Reichsmark vom Sächsischen Ministerium für Volksbildung erworben wurden. 1440 Objekte waren Eigentum von Hugo Bernatzik, der den Erwerb privat finanziert hatte.

2   Die Anlage der Sammlung diente Bernatzik von vornherein der Refinanzierung seiner verauslagten Expeditionskosten. Struck und der Direktor des Dresdner Museums, Arnold Jacobi, waren ernsthaft bemüht, die Sammlung in Dresden zu halten, was jedoch aus finanziellen Gründen nicht gelang. Der größte Teil (lt. Verkaufsliste 811 Objekte) wurde somit 1936 an das Berliner Völkerkundemuseum verkauft, das Völkerkundemuseum Frankfurt erwarb 1934 eine Sammlung von 90 Objekten und

Dresden, sondern in ganz Deutschland erregte diese Expedition in ein bis dahin wenig beachtetes Gebiet Afrikas unter Leitung von Bernhard Struck (1888–1971), Kustos am Völkerkundemuseum in Dresden, und Hugo Adolf Bernatzik (1897–1953), Publizist und Fotograf aus Wien, Aufsehen und wurde ausführlich in der zeitgenössischen Presse kommentiert.[3]

Die erstaunliche Ausbeute der Forschungsreise nach Westafrika steht in einem komplexen historischen und politischen, aber auch museumsspezifischen und wissenschaftstheoretischen Zusammenhang. Das Sammeln von Kulturdokumenten hat besonders in Dresden eine lange und geschätzte Tradition, war es doch schon in seinen Anfängen in der zweiten Hälfte des 16. Jahrhunderts mit der Gründung der kurfürstlichen Kunstkammer am Dresdner Hof fest im politischen und gesellschaftlichen Selbstverständnis von Macht und Repräsentation verankert. Aus einer anfänglichen exotischen Neugier im Zuge der europäischen „Entdeckung der Welt" erwuchs im 18. und 19. Jahrhundert der Anspruch einer systematischen Dokumentation von Menschen und Kulturen nach dem Vorbild naturkundlicher Taxonomien. Die wissenschaftliche Erforschung der Beschaffenheit und des Werdens des Menschen selbst und seiner gesellschaftlichen wie kulturellen Bezüge brachte verschiedene wissenschaftliche Theorien und Untersuchungsmethoden hervor, die mehr oder weniger auch kolonialpolitischen Zielen dienen sollten. Ein wichtiger Beweggrund aus europäischer Weltsicht, für den Entwurf eines eurozentrischen Weltbildes war jedoch, alte Menschheitszustände sowie traditionelle und von außen kaum beeinflusste Kulturen aller Winkel dieser Erde vor ihrem Verschwinden so schnell und komplett wie möglich zu dokumentieren und dafür systematische Sammlungen von anthropologischen und kulturellen Belegen zu erstellen. Die europäische Erfindung der Institution „Museum", die sich mit besonderer Prägung auch in Dresden etablierte, entwickelte sich somit zum Hort des Bewahrens, aber auch des Bestaunens alles Fremden. Dies fand vor allem in einer Zeit tiefgreifender, vom Kolonialismus geprägter ökonomischer und gesellschaftlicher Prozesse in der zweiten Hälfte des 19. und zu Beginn des 20. Jahrhunderts statt, die in weiten Teilen der Welt einen umfassenden Kulturwandel in Gang gesetzt hatten. In jenen gesamtgesellschaftlichen Bezügen steht die Struck-Bernatzik-Expedition von 1930/31, die ohne eine tiefere Einsicht in wissenschaftshistorische und zeitbezogene Hintergründe nicht verständlich ist.

In einer 1930 verfassten Projektskizze zur Vorbereitung der Forschungsreise nach Westafrika begründete Bernhard Struck:

---

schließlich übernahm das Übersee-Museum Bremen 1942 einen weiteren Teil. Die Völkerkundemuseen in Wien (1956) und Zürich (Museum Rietberg 1973/74, Völkerkundemuseum der Universität Zürich 1977) kauften nach dem Tod von Bernatzik 1953 aus seinem Nachlass Objekte dieser Reise an. Struck-Nachlass, MVD, Archivlisten, Korrespondenz betr. Sammlung; Briefwechsel Struck-Jacobi vom 8.4.1931.

3   Struck-Nachlass, MVD, Sammlung von 48 Zeitungsausschnitten und Vortragseinladungen von 1930–1941 die Forschungsreise betreffend.

„Am äussersten Westrand des tropischen Afrika hat sich eine wenig bekannte Gruppe von Stämmen und Stammesresten erhalten, die den beherrschenden Völkern des Sudan gegenüber eine wesentlich ältere Schicht darstellen. Von ihrer Bedeutung für ein wissenschaftlich aussichtsreiches, den Negern als Gesamtheit betreffendes Problem ausgehend, wird der vorliegende Plan den verwandten Teilaufgaben eingegliedert und für seine Ausführung in Portugiesisch-Guinea ein eingehendes anthropologisches, ethnographisches und linguistisches Arbeitsprogramm dargelegt."[44]

Struck trachtete danach, eigenhändig Beweise hypothetischer „Urkulturen" in Afrika zu finden. In diesem Zusammenhang stand er den Gedanken des Anthropogeografen FRIEDRICH RATZEL nahe, der mit der Veröffentlichung seiner dreibändigen „Völkerkunde" ab 1885 ein prägendes historisches Afrikabild zeichnete. Ratzel schlug einen entwicklungsgeschichtlichen Bogen von den „Naturvölkern" zu den „Kulturvölkern" und betonte dabei besonders den Einfluss der natürlichen Lebensbedingungen. Für ihn schufen durch Wanderung oder „Kolonisierung" ausgelöste kulturelle Überschichtungen das zeitgenössische Kulturbild,[5] was jedoch auch den Umkehrschluss zuließ, dass es in geografischen „Rückzugsgebieten" noch Reste alter „Kulturschichten" geben könnte. Es war diese spezielle Verbindung zwischen Naturbeschaffenheit und Kulturgeschichte, die Struck neben seiner anthropologischen und ethnologischen Spezialisierung als auch in Geografie ausgebildeten Fachmann bewog, in eines dieser wenigen verbliebenen Rückzugsgebiete Afrikas zu reisen. Die Hoffnung war groß, mit der Dokumentation von noch existierenden „Altvölkern", die für ihn einem unausweichlichen Untergang entgegensahen, frühe Kulturschichten zu identifizieren. Dieses mit Vehemenz verfolgte Forschungsziel ist Teil eines gedanklichen Gesamtkonstrukts innerhalb der ethnologischen Theoriebildung, das zu Beginn des 20. Jahrhunderts im deutschsprachigen Raum das vorherrschende Erklärungsmuster zur historischen Bestimmung, Einordung und Verbreitung von Kulturen dieser Erde wurde und als Lehre von den „Kulturkreisen" bis in die Mitte der 1950er Jahre Bestand hatte. Dabei ging man von den substanziell wie räumlich abgrenzbaren Kulturschichten einer „Urkultur", „Primärkultur" und „Sekundärkultur" aus, die zwar evolutionär, aber nicht unilinear und chronologisch angeordnet, sondern durchaus zeitgleich und in komplizierten Überlagerungen existent gedacht wurden. Dem Auffinden von Kulturmerkmalen oder Merkmalskombinationen aus verschiedenen Bereichen (zum Beispiel materielle Kultur, Religion, Sprache) nach rein formellen und nach Qualitätskriterien, unabhängig von ihrer Funktion, galt die wissenschaftliche Aufmerksamkeit. Kriterien von Kontinuität und Quantität bestimmter Kulturmerkmale gehörten genauso zur Methode der auch als „Kulturhistorische Schule" bezeichneten Kulturtheorie wie das notwendige verbindende Element der Verbreitung von Merkma-

---

4 Struck-Nachlass, MVD, „Plan einer anthropologischen, ethnographischen und linguistischen Forschungsreise nach Süd-Senegambien (im besonderen Portugiesisch-Guinea)", unveröffentlichtes Manuskript, 1930, S. 1.

5 RATZEL (Bd. 1) 1885, S. 5–14, 19–20, (Bd. 3.) 1888, S. 270.

len zwischen den Kulturarealen, das als „Diffusion" bezeichnet wurde. Die empirische Forschung sowie die umfassende Anhäufung von Wissen und materiellen Belegen waren somit Teil der großen Gesamtaufgabe weltkulturgeschichtlicher Forschung jener Zeit. Ein vordringliches Ziel dabei war die Suche nach den „*originären Zuständen*" und „*reinen Formen*" in bestimmten lokalen und zeitlichen Bezügen. Es galt dazu, Wanderwege und Abfolgen so genau wie möglich zu rekonstruieren, um bis zu den angenommenen „reinen Urkulturen" vordringen zu können.[6] Dafür bedurfte es entweder materieller und immaterieller Kulturelemente mit Konstanz, um auf eine bestimmte zeitliche Tiefe schließen zu können, oder anderer konstanter Merkmale wie beispielsweise „rassischer Stabilitätsfaktoren". Bernhard Struck sah hier ein unabdingbares Betätigungsfeld, hatte er sich doch seit Beginn seiner wissenschaftlichen Laufbahn neben der Ethnologie und Linguistik auch mit Anthropologie befasst, um Korrelationen zwischen physisch-anthropologischen, ethnohistorischen, sprachhistorischen und sogar geografischen Gegebenheiten zu finden. Doch gerade hierin bestand ein methodischer Fehler, der der Möglichkeit eines ideologischen und politischen Missbrauchs von wissenschaftlichen Erkenntnissen Türen öffnete, nämlich, dass postulierte Fakten einer Disziplin einer anderen als wissenschaftliche Argumentation dienten. Auch die willkürliche Anhäufung von isolierten Merkmalen offenbarte sich im Folgenden als eine rein formelle Klassifizierung von Kultur in segmentierender Herangehensweise, was nicht dazu geeignet war, kulturelle Erscheinungsformen in ihrer wechselseitigen Bestimmtheit und Dynamik, ihren funktionalen Bezügen und in eigenständiger Wertigkeit zu verstehen und schließlich den Menschen unabhängig von seiner physischen Beschaffenheit und „völkischen" Subsumierung als kreativen und innovativen Akteur und Gestalter seiner eigenen Geschichte anzuerkennen.

Bernhard Struck formulierte im Forschungsplan zur Westafrika-Reise seinen gesamtwissenschaftlichen Ansatz wie folgt: „*Herausarbeitung der Einwirkungen fremder Kulturen und Rassen älterer und jüngerer Zeit auf die Negervölker (Hamitenproblem, asiatischer und mediterraner Einfluss)*" und „*Untersuchung der schwindenden Reste ihrer rassisch und kulturell älteren Vorbevölkerung (Buschmännern, Pygmäen)*". Schließlich ging es um „*das bisher weniger deutliche Problem der Gliederung und Schichtung der Neger selbst*".[7] Als Forschungsgegenstand sollte das „*westatlantische Kulturkonstrukt*" dienen, das Struck hypothetisch umriss, und dessen linguistisches Kennzeichen die „isolierenden Klassensprachen" waren. Diese durch Präfixklassen und eigene Wortstämme gekennzeichnete Sprachengruppe nimmt eine Sonderstellung innerhalb der stark differenzierten Sudansprachen ein. Man bezeichnete sie aufgrund ähnlicher Merkmale bei den Bantusprachen

---

6 Struck baute dabei auf der schon sehr früh formulierten „Survival-Idee" von Edward Burnett Tylor auf, der damit überkommene Kulturmerkmale aus alten Kulturen bezeichnete, die sich in den lebenden Kulturen erhalten hätten. Tylor [1865] 1964, S. 128–166, 232–241.

7 Struck 1930, S. 2.

auch als *Semibantu*, sah darin jedoch keine versprengten Ableger der Bantusprachen. Die vielmehr angenommenen gemeinsamen „ursudanischen" Wurzeln von Semibantu- und Bantusprachen[8] könnten sich in Rückzugsgebieten erhalten haben. Mehr noch, die vermutlich einst im westlichen Sudan weitverbreitete Semibantuzone, die nur noch in Randlagen existierte, wäre, so Strucks Annahme, auch kulturell und somatisch noch erkennbar.

> *„Es handelt sich durchweg um reine ‚Aethiopen' (Frobenius), also Völker einer von Fremdwirkung freien ursprünglichen Negerkultur, und bei allen Gruppen tritt, soweit Material vorliegt, wenigstens die eine Merkmalskombination sehr dunkler Hautfarbe mit geringer Dolichokephalie bis Mesokephalie [leicht längliche bis mittellange Schädelform], sich deutlich zwischen Guineaküste und innerem Sudan abhebend, in Erscheinung. Übereinstimmend in den drei Völkerwissenschaften ist also in den Semibantu eine wohlabgesetzte ältere Negerschicht zu erblicken, die in sich und in ihrem jeweiligen Verhältnis zu späteren Überlagerungen zu untersuchen die nächste Aufgabe sein muss, bevor mit Aussicht auf Erfolg an die Feststellung vorangehender noch älterer Rassen- und Kulturformen des Negers gegangen werden mag."*[9]

Nur in dieser zentralen westatlantischen Gruppe, zu der Ethnien wie die *Balante, Pepel, Mandyako, Bayot, Banyun, Fulup* und die *Bidyogo* zählen, sollten sich am wenigsten überlagernde Einflüsse sprachlicher, kultureller und anthropologischer Art durch die Westexpansion der *Mande*-Völker und *Fulbe* zeigen. Struck ging davon aus, dass die besondere Geografie des zerklüfteten Küstenstreifens mit dem vorgelagerten Bissagos-Archipel die Bedingung eines isolierenden Rückzugs der ältesten Bevölkerungselemente darstellte, was es nicht nur durch historische Studien, sondern auch durch linguistische und anthropologische Untersuchungen zu beweisen galt, und was darüber hinaus auch für den afrikanischen Gesamtzusammenhang von Bedeutung wäre. Sollte sich ein *„Eigenbestand in somatischer Hinsicht, im Kultur- und Sprachbesitz"*[10] herausstellen, dann könne dies dazu beitragen, das *„unter fremdrassigen Überschichtungen und in stufenreicher Sozialstruktur undeutbar gewordene Typengemisch der herrschenden Völker des Westsudans"* aufzulösen.[11] Noch im Vorfeld der Reise stellten für Struck einzelne Kulturelemente wie *„Mutterrecht, Bestattungs- und Ehegebräuche, temporal besehnter Bogen, dürftige Bekleidung, reicher Ring- und Behangschmuck oder Zierformen der Nahwaffen"* relativ stabile Klassifikationskennzeichen im Sinne eines Kulturkreises dar, was die *„westatlantischen Altvölker"* von den vermeintlich höheren Lebensformen der längst überschichteten *Mandingo* und *Fulbe* scheiden sollte.[12] In dieser derart beschriebenen Forschungsausrichtung wird Strucks konservativer kulturhistorisch-methodischer Ansatz – der dem Kulturzu-

---

8 Westermann 1927, S. 5–8 und 1949, S. 15.
9 Struck 1930, S. 3.
10 Struck 1930, S. 18.
11 Struck 1930, S. 17.
12 Struck 1930, S. 12–14.

sammenhang wenig Beachtung schenkte, jedoch mit dem vorherrschenden Forschungsstand seiner Zeit im deutschsprachigen Raum konform ging – deutlich.

Gemeinsam mit Hugo Bernatzik reiste Bernhard Struck schließlich am 11. November 1930 nach Portugiesisch-Guinea (das heutige Guinea-Bissau), wo sie am 2. Dezember eintrafen. Die Rückreise aus Bissau erfolgte aufgrund beginnender Aufstände gegen die portugiesische Kolonialverwaltung am 29. April 1931 unter schwierigen Bedingungen. Das Forschungsgebiet gehörte zur zentralen Gruppe der von Struck definierten „westatlantischen Kulturregion".[13] Diese reichte im Norden vom Gebiet der *Wolof* und *Serer* im Senegal bis zu der Heimat der *Temne, Bullom* und *Kissi* in Sierra Leone im Süden.[14] Die geplante Untersuchung von noch „*12 ganz wenig bekannten Alt- und Reststämmen*"[15] zwischen den Flüssen Gambia und Rio Company musste aus Kostengründen reduziert werden. Somit konzentrierte sich das Forschungsteam, zu dem neben Struck und Bernatzik auch dessen Frau Emmy Bernatzik (1904–1977) und zeitweilig die Fliegerin Elly Beinhorn (1907–2007) gehörten, auf das zentrale und nördliche Küstengebiet Portugiesisch-Guineas und dessen Küstenhinterland sowie auf das vorgelagerte Bissagos-Archipel. Schon während der Reise machte Struck gegenüber Arnold Jacobi (1870–1948), seinem Direktor in Dresden, erste Feststellungen:

> *„Einzelne Dörfer aller dieser Einwanderer habe ich von Sidengal [...] besucht und [...] eine bis auf das Dorf genaue ethnographische Mosaikkarte erhalten, die jeder Beschreibung spottet, etwa 30 auf den Karten nicht verzeichnete Dörfer bringen wird und doch noch wie unter einem Schleier die Grenzen der Urstämme aufzeigt. Wir sind etwa 30 Jahre zu spät gekommen und mussten sehen, zu retten was noch zu retten war."*[16]

Diese Einschätzung kann nicht treffender formulieren, wie sehr sich die Realität vom Erwarteten unterschied und wie dennoch die festgesetzte Forschungsstrategie beibehalten und mit Vehemenz verteidigt wurde, statt sich den veränderten Gegebenheiten anzupassen.

Die Gesamtheit der Ergebnisse dieses Unternehmens ist schwierig zu rekonstruieren. In einem zweibändigen Werk veröffentlichte Bernatzik 1933 eine populäre ethnografische Reisebeschreibung.[17] Aus seinem umfangreichen fotografischen Werk mit 1958

---

13 Struck lehnt sich hierbei an den von dem Afrikanisten Diedrich Westermann geprägten Begriff der „*westatlantischen Sprachgruppe*" an. WESTERMANN 1927, S. 143.

14 STRUCK 1930, S. 5, 7–8. Struck stand von 1926 bis 1941 mit dem deutlich jüngeren Hermann Baumann in einem einvernehmlichen wissenschaftlichen Austausch. Baumann formulierte und definierte später (1939/40) in seiner mit Richard Thurnwald und Westermann veröffentlichten „Völkerkunde von Afrika" die „*westatlantische Kulturprovinz*". BAUMANN u. a. 1939/40, S. 312–330.

15 STRUCK-NACHLASS, MVD, Struck 1939, S. 3.

16 STRUCK-NACHLASS, MVD, Brief an Jacobi vom 18.2.1931.

17 BERNATZIK 1933, 2 Bd.

Aufnahmen findet sich eine Auswahl im zweiten Band der Publikation. Dies stellt zusammen mit der ethnografischen Sammlung die greifbaren Ergebnisse der gemeinsamen Expedition dar. Struck hatte sich in einer wissenschaftlichen Arbeitsteilung vorrangig den linguistischen Studien von vierzehn Sprachen, der anthropologischen Untersuchung von „*454 Individuen*" und der geografisch-kartografischen Landesaufnahme von etwa 1 000 Kilometer Reiseroute und 200 Kilometer Küstenlinie gewidmet.[18] Bernatzik bemühte sich um die ethnografische Dokumentation (vor allem Siedlungsweise, Architektur, materielle Kultur, Wirtschaft, matrilineare Sozialorganisation, politische Struktur, religiöse Vorstellungen). Den Erwerb der Sammlung organisierten beide gemeinsam. Neben Strucks Beitrag zu den anthropologischen Ergebnissen[19] in Bernatziks Veröffentlichung geben ein unveröffentlichtes Manuskript von 1939 zur historisch-ethnografischen Situation, die sehr umfangreichen Wörtersammlungen, linguistischen Studien und Phonogramme, seine Tagebuchnotizen und Briefe Einblick in die Ergebnisse dieser Forschungsreise.

Von besonderem Interesse war das der Küste des damaligen Portugiesisch-Guinea vorgelagerte Bissagos-Archipel, eine Gruppe von 42 Inseln. Anfang der 1930er Jahre waren nur 12 Inseln bewohnt, viele mehr jedoch saisonweise bewirtschaftet. Die damals etwas mehr als 20 000 Einwohner bauten vor allem Reis an und versorgten sich mit Fisch. Wirtschaftliche Bedeutung erlangte schon am Anfang des 20. Jahrhunderts die einheimische Ölpalme *(Elaeis guineensis)*, aus deren Früchten das vor allem für die Ernährung wichtige rötliche Palmöl gewonnen wurde. Die Inseln galten jahrhundertelang als uneinnehmbar. Gründe dafür waren die schlechte Erreichbarkeit mit Schiffen aufgrund von Klippen, Untiefen und Gezeitenströmungen, aber vor allem war es die Streitmacht und die Wehrbarkeit der Bevölkerung, die unter dem Namen *Bidyogo*[20] bekannt wurde und die ihrerseits bis zum Beginn des 20. Jahrhunderts eine gewisse wirtschaftliche Unabhängigkeit und politische Stabilität bewahrte. Erstmalig erwähnt wurden die Inseln durch den Venezianer Luís de Cadamosto (1432–1488) im Jahr 1456, bald darauf 1460 beobachtete der Portugiese Pedro de Sintra bei einem Landgang auf einer Bissagos-Insel „*estatuas de idolos de madeira*".[21] Das ist die früheste Erwähnung von Holzskulpturen mit einem rituellen Bezug in der Region. In der Folgezeit entstanden europäische Niederlassungen an den Flussmündungen des Festlandes, die Teil eines Handelsnetzes der westafrikanischen Küste mit den Kapverdischen Inseln und vor allem Portugal waren. Vom 16. bis zum 19. Jahrhundert sind wiederholt Berichte über die unerschro-

---

18 Uhlig 1931, S. 202.
19 Struck 1933, Bd. 1, S. 249–278.
20 Mit linguistischer Genauigkeit recherchierte Struck, dass die Bewohner sich je nach Dialekt selbst *Bidjuga* oder *Budjagu* nannten. Die bei den Nachbarn bekannte Form *Bidyogo/Bidjogo* setzte sich jedoch für die Bezeichnung der Insel-Menschen durch. Struck 1939, S. 4.
21 Santos Lima 1947, S. 7.

ckenen, kriegerischen Seefahrer der Inseln erhalten geblieben, die mit großen „*Einbooten*" – mit über zwanzig Mann Besatzung und eindrucksvollen geschnitzten Büffelköpfen am Bug[22] – die Festlandküste erreichten, um Menschen und Vieh zu rauben. In geschickter Verhandlungsführung beteiligten sich die *Bidyogo* im 17. Jahrhundert als Mittelsleute am Sklavenhandel mit den Europäern und konnten die Inseln vor fremder Vereinnahmung bewahren. Eine wechselnde Vormachtstellung zwischen Portugal, Frankreich und England in dieser strategisch wichtigen Küstenregion führte jedoch immer wieder zu „Strafaktionen" gegen die Inselbevölkerung, die ihrerseits einen Anteil an der Ladung gestrandeter europäischer Segler requirierte. Gut dokumentiert ist ein solcher Einsatz eines auf Gorée, einer Insel vor der senegalesischen Küste, stationierten französischen Fregattenkapitäns namens Pierre Auguste Eugène Aumont von 1853, der von der Insel Caravela eine Skulptur erbeutete.[23] Im Jahr 1907 konnte sich die portugiesische Kolonialmacht auch auf den Inseln etablieren und griff erst damit grundlegend und nachhaltig in das Lebensgefüge der Menschen ein. Dazu gehörten Maßnahmen wie das Zerstören der prächtigen Kriegsboote, die Entwaffnung und die Einführung einer Steuer, die vor allem durch den Verkauf von Früchten der Ölpalmen beglichen werden musste. Bis zum Anfang des 20. Jahrhunderts gab es auf den Inseln keine übergreifende autochthone politische Einheit und laut Struck eine große kulturelle Verschiedenartigkeit, die auch mundartliche Sprachvarietät einschloss, sodass sich als *Lingua franca* die Kreolsprache durchzusetzen begann.[24] Die sprachliche Verschiedenheit machte es dem Linguisten Struck nicht leicht, seiner vordringlichsten Aufgabe nachzukommen, gleichartige kulturelle Merkmale auf den verschiedenen Inseln zu identifizieren und zu klassifizieren, stellten doch diese gemeinsamen Merkmale und deren sprachwissenschaftlicher Abgleich im Sinne der Kulturkreistheorie die empirische Basis der Hypothese dar, dass sich auf den Inseln im Unterschied zur Festlandbevölkerung eine alte, verdrängte Kulturschicht erhalten hätte. Struck maß somit der genausten Aufnahme aller materiellen Kulturgüter der Inseln und dem Zusammentragen einer Sammlung größte Bedeutung bei, um dies unter Beweis zu stellen.

Eine hervorgehobene Objektgruppe, die schon im 15. Jahrhundert Erwähnung fand und welche auch 1931 im Mittelpunkt der Dresdner Ausstellung stand, spielte im damaligen Erkenntnisprozess eine besondere Rolle. Der Historie und autochthonen Bedeutung der einmaligen, von Struck als „Seelenfiguren" bezeichneten Holzskulpturen der

---

22 BERNATZIK 1933, Bd. 2, Fig. 163–165.

23 Diese frühe Figur befindet sich heute im Musée du quai Branly in Paris. GALLOIS-DUQUETTE 2000, S. 155; 2001, S. 73.

24 Das portugiesische *Crioulo* basiert auf einer schon im 15./16. Jh. einsetzenden Vermischung mit afrikanischer Kultur und Sprache. Dieser soziokulturelle Prozess begann in Portugiesisch-Guinea und auf den Kapverdischen Inseln und dehnte sich auf Sierra Leone, São Tomé und Príncipe, Angola, Mosambik sowie auf Brasilien und Guyana in Südamerika aus.

Bissagos-Inseln steht deren Zuordnung und Klassifizierung als reine Artefakte und spezifisches Merkmal eines „afrikanischen Kulturkreises" oder einer „Kulturprovinz", die Teil eines universalen kulturhistorischen Konstrukts waren, gegenüber. Zwischen diesen beiden Stellenwerten hin- und hergerissen, die von ihrer Herstellung zu einem bestimmten religiös-rituellen Zweck auf einer afrikanischen Insel bis zum statistischen Beleg für afrikanische Kulturentwicklung innerhalb eines europäischen Welterklärungskonzeptes des frühen 20. Jahrhunderts reichen, entfaltete sich schließlich eine gleichermaßen große Beachtung, allerdings in vollkommen unterschiedlichen Wert- und Sinnzusammenhängen.

Struck und Bernatzik beobachteten auf fast allen besuchten Inseln Gebäude, sogenannte „*Fetischhäuser*" mit einer speziellen aus Lehm erbauten Innenarchitektur, die häufig mit geometrischen oder figürlichen Motiven farbig bemalt war. Die Ausstattung dieser religiösen Zwecken dienenden Häuser war sehr unterschiedlich, die meisten jedoch besaßen anthropomorphe Holzskulpturen, die inmitten eines bedeutungsvollen Ensembles von aus Lehm geformten Elementen, pflanzlichen und tierischen Schutz- und Opfergaben hervorragten. [Abb. 3] Die Forscher erfuhren, dass die Seele *(abata)* eines Menschen ihren Sitz in einer Figur *(arubu/erubu)* nimmt. Solche Figuren bestehen aus einem schwer zu bearbeitenden, termitenresistenten Eisenholz.[25] Ihre unterschiedliche Gestalt ordneten Struck und Bernatzik evolutiv verschiedenen Stilepochen zu.[26] Sehr abstrakte quaderförmige Exemplare sollten demnach die ältesten Figuren sein, ungefähr aus dem frühen 17. Jahrhundert, gefolgt von einer daraus hervorgegangenen halbfigürlichen Sockelskulptur. Die dritte und jüngste Gestaltung stellen naturalistische männliche oder weibliche, zumeist sitzende Figuren dar, die zum Teil eine europäische Kopfbedeckung in der Mode aus dem mittleren 19. Jahrhundert und eine Körperverzierung – eine Initiationsskarifizierung, die die Person als anerkanntes, vollwertiges Mitglied der Gemeinschaft ausweist – tragen. Die sitzende Haltung auf einem regionaltypisch gestalteten Hocker ist das Zeichen hohen Ranges. In der Wahrnehmung und im Denken seines wissenschaftstheoretischen Bezugssystems manifestierten sich für Struck in diesen Figuren die wichtigsten Symbole und Kennzeichen eines „religiösen Kultes", der zwar einen Schöpfergott *(nindu/ianu)* kenne, zu dem die Menschen jedoch nur über die „Seelenfigur" als Mittler Kontakt aufnehmen könnten.[27] Struck und Bernatzik ge-

---

25 GALLOIS-DUQUETTE konnte mindestens sieben Harthölzer auf den Inseln identifizieren, die zum Schnitzen benutzt wurden, darunter Afrikanisches Mahagoni *(Khaya senegalensis)*, Eisenholz *(Guibourtia copallifera)* oder Afrikanischer Palisander *(Pterocarpus erinaceus)*. Besonders Letzteres ist auf Carache nachgewiesen, der Insel, von der die gesammelten Seelenfiguren stammen. GALLOIS-DUQUETTE 1983, S. 178.
26 BERNATZIK 1933, Bd. 1, S. 197; Archiv MVD, Angaben von Struck zu den Objekten Kat. Nr. 47516–47518, 59061–59066.
27 BERNATZIK 1933, Bd. 1, S. 182, 197; GORDTS 1976, S. 10.

lang es, mindestens 34 „Seelenfiguren"[28] zu sammeln. Damit ist diese Sammlung von 1931 die größte je zusammengetragene Gruppe dieses Figurentyps weltweit.[29] Wir wissen nicht viel über die Begleitumstände des Sammelns. Anhand der veröffentlichten Angaben von Bernatzik[30] und Strucks Tagebuchaufzeichnungen und Briefen kann man jedoch schlussfolgern, dass die „Seelenfiguren" nicht unerlaubt die Besitzer wechselten, da den Forschern ein weiterer Aufenthalt und Kontakt auf den Inseln sonst mit Sicherheit nicht möglich gewesen wäre. Struck vermerkte, dass die Bezahlung mit portugiesischer Währung oder in Naturalien erfolgt und dies im *„Kassenbuch der Expedition"* verzeichnet sei.[31] Beide Forscher erwähnten wiederholt, welche Auswirkungen die Einverleibung der *Bidyogo*-Gesellschaft in das Kolonialsystem hatte. Auch die Kolonien gerieten in den 1920er und 1930er Jahren in den Sog der Weltwirtschaftskrise. Der Preis für Palmöl sank rapide, die Steuerlast wurde erdrückend und die Abhängigkeit der Inselbevölkerung von Waren aus dem überregionalen Handel nahm zu. Der Verkauf anderer Produkte als Palmfrüchte bot die Chance, die Not zu mildern. Dies allein erklärt jedoch nicht die Veräußerung von sakralen Gegenständen, Dinge, die für die Menschen der Bissagos-Inseln vermutlich hohen ideellen Wert besaßen. Auffällig ist, dass alle „Seelenfiguren" nur von einer Insel, von Carache, die große Sammlung von Alltagsgegenständen jedoch von fast allen besuchten Inseln stammt. Bernatzik gibt an, dass die Heiligtümer auf vielen Inseln nur dokumentiert und in einigen Fällen fotografiert wurden, da die Besitzer einem Verkauf nicht zustimmten.[32] Die außergewöhnlich große Gruppe von Figuren wurde in den beiden Dörfern Binte (Bitit) und Quere (Kére) auf Carache (Ankaras oder Karasch) ohne genaue Angaben zur konkreten Herkunft erworben. Offenbar waren jedoch viele Familien im Besitz solcher Figuren.[33] Eine Veräußerung könnte auf den Verlust ihrer spirituellen Wirksamkeit hinweisen, da auch die Seele nach Ansicht der *Bidyogo* sterblich ist. Voraussetzung dafür wäre der nicht ungewöhnliche Umstand, dass die sichtbaren Träger der spirituellen Kraft eher von untergeordneter Bedeutung und deshalb auswechselbar sind. Die damalige, einer wirtschaftlichen und gesellschaftlichen

---

28 Die genaue Anzahl ist nicht bekannt, da Bernatzik mindestens elf Figuren, die nicht offiziell verzeichnet waren, in seinen Privatbesitz übernahm. Sieben Figuren gingen nach seinem Tod in museale Bestände über (siehe Anm. 2).

29 Im Museu Nacional de Etnologia in Lissabon, der weltweit größten Sammlung der Bissagos-Inseln mit rund 900 Objekten aus allen Lebensbereichen, wird eine Gruppe von ca. 50 *iran*-Figuren aufbewahrt, darunter nur drei des hier vorgestellten Typs. Ich danke Ana Botas für die Information. Siehe auch *Peoples and Cultures* 1972 und OLIVIERA und BASTIN 1985.

30 Siehe auch BERNATZIK 1932, S. 200.

31 Leider konnte im Struck-Nachlass im Museum für Völkerkunde Dresden bisher kein Kassenbuch gefunden werden, der Vermerk ist in einem Brief Strucks an die Reichs-Kredit-Gesellschaft A. G. vom 16.6.1936 verzeichnet.

32 BERNATZIK 1933, Bd. 1, S. 226, 295.

33 BERNATZIK 1933, S. 197.

Krise gleichkommende Situation mit Armut, Hunger, Epidemien und Repressalien[34] wurde vermutlich wie häufig in Afrika mit der Unwirksamkeit magischer Schutzmittel und spiritueller Gegenmaßnahmen in Verbindung gebracht, was einen Wechsel von Riten, von wirkmächtigen Substanzen oder visuellen Erscheinungsformen zur Folge hat. Zusammen mit der Möglichkeit eines dringend notwendigen Einkommens könnte dies der Hintergrund für die Weggabe einer solch großen Anzahl von sakralen Objekten gewesen sein.

Wir wissen heute, dass die den Figuren von außen zugewiesene Bedeutung und Funktion, Träger von Seelen zu sein, zu einseitig ist. Der Sinn der unterschiedlichen Gestaltung, in der die europäische Kunstgeschichte eine abstrakte, realistische und naturalistische erkennt, bleibt spekulativ. Spätere Untersuchungen der 1970er Jahre konnten weder eine genealogische noch hierarchische Reihenfolge der drei Figurentypen ausmachen. Das heißt, auch die anderen Ortes durchaus bestätigbare Hypothese, dass die figürliche Abstraktion der „Idee Gottes" und die naturalistische Gestaltung personifizierten Ahnen am nächsten komme, war nicht nachvollziehbar. Es wurde eher eine parallele und undifferenzierte Nutzung gleichermaßen in einem Familien-, Dorf- oder Königsschrein und sogar eine gewisse Mobilität der Figuren zwischen diesen Heiligtümern festgestellt[35], was zeigt, dass es weniger um formelle Bedeutung und Unterscheidung, sondern um das „Amalgam" und die Essenzen des Heiligtums selbst ging. Aus diesem Grund wurden die Figuren äußerlich oft verändert und mit europäischen Stoffen ausgestattet, mit einer Patina aus Opfergaben bedeckt oder in einen verdeckten „Fetischraum" integriert.[36] Besonders die abstrakten Figuren dienten in horizontaler Position als Fläche zur Ablage von geopferten Nahrungsmitteln und weisen somit auf eine verschiedene praktische Verwendung hin.[37] [Abb. 4] All jene Objekte, die Träger von spiritueller Kraft sind, gelten als Mittler zwischen dem Schöpfer und den Menschen.[38] Sie werden in kreolischer Bezeichnung *ira* oder *iran* und im *Bidyogo*-Terminus *orebok* genannt. Die wichtige, substanziell hierarchische, aber nicht formelle Unterscheidung ist die zwischen jenen Objekten, die eine allgemeine spirituelle und magische Kraft wie den „Großen Geist der Erde" (*orebok ocoto* oder *ira grande do chao*) inkarnieren, und solchen, die untergeordnete spirituelle Wesen wie die „Seele" oder den „Geist von Ahnen", einen „Geist der Fruchtbarkeit" oder einen „Geist des Friedens" verkörpern.[39] In dieser Hierarchie

---

34 BERNATZIK 1933, S. 199; STRUCK 1939, S. 7.
35 GALLOIS-DUQUETTE 1976, S. 26–43 und 2001, S. 74.
36 BERNATZIK 1933, Bd. 2, Fig.157, 179, 207, 215, 221, 223; STRUCK-NACHLASS, MVD, Strucks Reisetagebücher, Nr. 8, S. 15; Heft „Formosa", S. 5.
37 GALLOIS-DUQUETTE 1983, S. 199, Fig. 131.
38 GORDTS 1976, S. 11; GALLOIS-DUQUETTE 2000, S. 180.
39 HELMOLZ unterscheidet diese Kategorien mit Begriffen wie *Eramindé* (Fetisch) und *Eraminhô* (Ahnen- oder Seelenfigur). HELMHOLZ 1972, S. 57; GALLOIS-DUQUETTE 1983, S. 192; dies. 2000, S. 181.

sind sie einem Familien-, Dorf- oder Königsschrein zugordnet. Für die verschiedenen lebensnotwendigen und lebenspraktischen Aufgaben verlassen die Figuren jedoch hin und wieder ihren Platz, um Schutz und Unterstützung zu bieten bei der Ernennung eines neuen Dorfoberhauptes, für eine erfolgreiche Ernte, bei der Beilegung von Konflikten, zur Heilung und bei der Krankenwache, für eine Strafverfolgung und schließlich für alle *rites de passage* wie Geburt, Initiation, Hochzeit und Tod.[40] Zu guter Letzt spiegelt die hierarchische Verortung der spirituellen Kräfte im Weltgefüge der *Bidyogo* die genealogische, matrilineare Struktur der Gemeinschaft wider.[41]

Aus der Gruppe von mindestens 34 sakralen Figuren von Carache wählte Struck nach der Rückkehr neun verschiedene Typs für die Sammlung des Dresdner Völkerkundemuseums aus (Katalognummern 47516–47518, 59061–59066) [Abb. 5–13]. Sie werden noch heute dort bewahrt. Mit der weiteren Veräußerung der Expeditionssammlung an verschiedene Museen und nach Verkäufen aus Bernatziks Nachlass kamen sieben Figuren in das Übersee-Museum Bremen, fünf in das damalige Museum für Völkerkunde Wien (heutiges Weltmuseum Wien), fünf in das Museum für Völkerkunde Berlin (heutiges Ethnologisches Museum, Staatliche Museen zu Berlin, Stiftung Preußischer Kulturbesitz) und zwei Figuren in das Museum Rietberg, Zürich. Die restlichen befinden sich in Privatbesitz.[42]

Einem realitätsfernen, historisch-additiven und verabsolutiert diffusionistischen Kulturkonzept verhaftet, verfolgte Struck subjektiv stringent nur das, was empirisch beweiskräftig war. Dafür wurden während der Reise zum Teil Hunderte Exemplare aus mehreren Objektgattungen zusammengetragen. Die einmalige Sammlung von „Seelenfiguren" ordnete Struck zudem den Stilperioden eines europäischen Kunstverständnisses unter[43] und glaubte, damit eine frühe Entwicklungsstufe möglicher *„Altvölker"* in der Region beweisen zu können. Er sezierte und segmentierte Kultur, dabei vernachlässigte er die Aufgabe, das Wesen von Kulturzusammenhängen oder kultureigene Wertigkeiten zu erkennen. Jene gesammelten „Seelenfiguren" wurden mit dem Resultat aus ihrem Gesamtzusammenhang herausgelöst, dass sie nicht nur in ihrer ideellen Bedeutung, sondern auch in ihrer Gestaltung und Ästhetik dem europäischen Verständnis verschlossen blieben. Doch nach einem kulturimmanenten Verständnis war nicht die Figur allein wichtig, sondern mit dieser die ihr verliehene, sie tragende und prägende spirituelle Substanz. Der selbst schon von Bernatzik erwähnte unspezifische *„Fetisch"*,[44] dem die „See-

---

40 HELMHOLZ 1972, S. 55; GORDTS 1976, S. 16–18.
41 HELMHOLZ 1972, S. 52; GALLOIS-DUQUETTE 2000, S. 156.
42 Auskunft von Doris Byer vom 1.5.2016, siehe auch Anm. 28.
43 BERNATZIK 1933, Bd. 1, S. 198, 301; STRUCK-NACHLASS, MVD, Struck, Vorlesung „Kunst der Naturvölker", unveröffentlichtes Manuskript 1943, S. 1–4.
44 BERNATZIK 1933, Bd. 1, S. 182, 196, 202–203, 207, 216–217, 225, 228–229.

lenfiguren" zugeordnet waren, stellt das eigentliche Zentrum, quasi das Tor zur jenseitigen Welt dar. Es ist die Gesamtheit der stofflichen und spirituellen Beschaffenheit eines sakralen Ortes, der nur zum Teil sichtbar ist, aus der die Menschen ihre stärkende Kraft und ihre ordnende Weltsicht gewannen. Die exzessive Sammlungsstrategie Bernhard Strucks orientierte sich an einem scheinbar unbestechlichen und doch fragwürdigen Ideal der Vollständigkeit. Eine solche schematische Anschauung führte jedoch dazu, Kultur nicht als Produkt kreativen Denkens, Handelns und Gestaltens im ständigen Austausch der Erfahrungen zu begreifen, sondern manifestierte quantitativ bestätigend sichtbare Kulturunterschiede in vermeintlich qualitativer und im biologischen Sinn vererbter Ursache.

Auch wenn Bernhard Struck sich mit subjektiven Bewertungen in seiner wissenschaftlichen Arbeit äußerst zurückhielt, war sein zeitgenössisches Umfeld längst bereit, in dieser einmaligen Ansammlung der „Seelenfiguren" als figürlichen „Idolen" den sich vervielfältigenden Beweis von kultureller Primitivität zu sehen und die Bestätigung eigener Überlegenheit zu finden.

Zusammenfassung

Gemeinsam mit dem österreichischen Publizisten und Fotografen HUGO BERNATZIK (1897–1953) reiste der Kustos am Dresdner Völkerkundemuseum BERNHARD STRUCK (1888–1971) von November 1930 bis April 1931 nach Portugiesisch-Guinea (heutiges Guinea-Bissau). Für den Ethnologen, Anthropologen und Linguisten Struck blieb es die einzige Feldforschungsreise, die zugleich in einem komplexen politischen, aber auch museumsspezifischen und wissenschaftstheoretischen Zusammenhang stand. Die empirische Forschung sowie die umfassende Anhäufung von Wissen und materiellen Belegen waren Teil der großen Gesamtaufgabe weltkulturgeschichtlicher Forschung jener Zeit. Ein vordringliches Ziel dabei war die Suche nach den *„originären Zuständen"* und *„reinen Formen"*, für die es materieller und immaterieller Kulturelemente mit Konstanz bedurfte, um auf eine bestimmte zeitliche Tiefe schließen zu können. Für den Anthropologen Struck waren die Korrelationen zwischen physisch-anthropologischen, ethnohistorischen, sprachhistorischen und sogar geografischen Gegebenheiten die beweiskräftigste Methode , das nie in Frage gestellte Erkenntnisziel zu erreichen.

Das westafrikanische Forschungsgebiet gehörte zur zentralen Gruppe der von Struck definierten *„westatlantischen Kulturregion"*, zu der vor allem das isoliert gelegene Bissagos-Archipel zählte. Strucks Absicht war es, gleichartige kulturelle Merkmale auf den verschiedenen Inseln zu identifizieren, um im sprachwissenschaftlichen und anthropologischen Abgleich zu beweisen, dass sich bei den Bewohnern der Inseln im Unterschied zur Festlandbevölkerung eine alte, verdrängte Kulturschicht erhalten hätte. Die akribische Aufnahme und das Sammeln von materieller Kultur waren dafür von großer Bedeutung.

Die von STRUCK als „Seelenfiguren" bezeichneten Holzskulpturen der Bissagos-Inseln, von denen er gemeinsam mit Bernatzik mindestens 34 sammelte, spielten im damaligen Erkenntnisprozess eine besondere Rolle. Für ihn stellten sie vorrangig statistische Belege und ein spezifisches Merkmal innerhalb eines universalen kulturhistorischen Konstrukts dar, zu dem der „afrikanische Kulturkreis" mit differenzierten „Kulturprovinzen" gehörte. Die unterschiedliche Gestalt der in drei Typen gegliederten „Seelenfiguren" ordnete Struck evolutiv verschiedenen Stilepochen zu. Die Betonung formeller Aspekte und die nach einem europäischen Welterklärungskonzept ausgerichtete Betrachtung und Schlussfolgerung ließen jedoch den autochthonen Zusammenhang außer Acht und erkannten nicht, dass es weniger um formelle Unterscheidung der Skulpturen, als vielmehr um ein „Amalgam" und die Essenz eines örtlichen Heiligtums an sich ging, das für die Menschen spirituelle Stärkung und ordnende Weltsicht zugleich bedeutete. Die übertriebene Sammlungsstrategie Bernhard Strucks im Sinne eines fragwürdigen Ideals von Vollständigkeit führte ihn nicht zu der beabsichtigten wissenschaftlichen Unbestechlichkeit auf Grund der Quantität von Belegen, sondern immer weiter in eine wissenschaftliche Sackgasse. Als eine fatale Schlussfolgerung offenbarte sich, dass Kultur nicht als kreativer und dynamischer Prozess verstanden werden konnte, sondern dass Kulturunterschiede in vermeintlich qualitativer und im biologischen Sinn vererbter Ursache manifestiert wurden – ohne dass schließlich jedoch das wissenschaftstheoretische Konstrukt von den „Urkulturen" Bestätigung fand.

Summary

In the company of the Austrian journalist and photographer HUGO BERNATZIK (1897–1953), the curator at the Dresden Völkerkundemuseum, BERNHARD STRUCK (1888–1971), travelled to Portuguese Guinea (now Guinea-Bissau) from November 1930 to April 1931. For the ethnologist, anthropologist and linguist Struck, it was his only field research trip that took place against a background of complex political, as well as museum-specific and scientific-theoretical, issues. Empirical research, along with the comprehensive accumulation of knowledge and material evidence, were at that time regarded as the pre-eminent tasks in the study of "world history." A top priority was to search for *"original states of affairs"* and *"pure forms,"* for which consistent material and immaterial cultural elements were required in order to be able to infer a certain chronological depth. The anthropologist Struck regarded the establishment of correlations between physical-anthropological, ethnohistorical, linguistic-historical and even geographical conditions to be the most conclusive method of attaining this objective—one that he never called into question.

The area of West Africa that he was researching belonged to the central group of what Struck defined as the *"West Atlantic cultural region,"* which included, in particular, the isolated Bissagos Archipelago. Struck's intention was to identify similar cultural features on the various islands in order to prove, by means of linguistic and anthropological comparisons, that the inhabitants of these islands, in contrast to the mainland population, had retained an ancient, repressed cultural stratum. The meticulous recording and collecting of material culture were of great importance for this.

The wooden sculptures of the Bissagos Islands, which Struck designated "Seelenfiguren" (soul figures) and of which he and Bernatzik collected at least thirty-four, played a particularly important role in the process of understanding and interpreting. Struck regarded these objects primarily as statistical evidence and as a specific feature within a historical and cultural construct, of supposed universal validity, to which the "African cultural area" with its distinct "cultural provinces" belonged. Struck assigned the various forms of the "soul figures"—which he sub-divided into three types—to different, evolving stylistic periods. However, the emphasis on formal aspects, as well as the analysis and conclusion based on a European concept for explaining the world, disregarded the autochthonous context and failed to recognise that differences in form between the sculptures were of lesser importance than the "amalgam" and their collective essence as a local sanctuary, which provided people with both spiritual sustenance and an ordered view of the world. Bernhard Struck's overblown collection strategy on the basis of a questionable ideal of comprehensiveness did not result in scientific incorruptibility on account of the vast quantity of evidence, as he had intended, but rather led him further and further into a scientific dead end. Rather than culture being understood as a creative and dynamic process, he reached the baleful conclusion that cultural differences were manifested on the basis of supposedly qualitative and inherited (in the biological sense) causes—although the theoretical construct of "primordial cultures" (*Urkulturen*) was ultimately never confirmed.

Literaturverzeichnis

BAUMANN, HERMANN u. a.: Völkerkunde von Afrika. Mit besonderer Berücksichtigung der kolonialen Aufgabe. Essen 1939/40, S. 312–330

BERNATZIK, HUGO A.: Äthiopen des Westens. Forschungsreisen in Portugiesisch-Guinea. 2 Bd., Wien 1933

– : Meine Expedition nach Portugiesisch-Guinea. In: *Atlantis*, Heft 4, Freiburg, Br., Zürich 1932, S. 197–211

GALLOIS-DUQUETTE, DANIELLE: Informations sur les arts plastiques des Bidjogo. In: *Arts d'Afrique noire*, Nr. 18, Arnouville 1976, S. 26–43

– : Dynamique de l'art Bidjogo (Guinée Bissau). Contribution à une anthropologie de l'art des sociétés africaines. Lisbonne 1983

– : The Bidjogo Peoples of Guinea Bissau. In: FRANK HERREMAN (Hg.): In the presence of spirits. African Art from the National Museum of Ethnology, Lisbon. Gent 2000, S. 154–182

– : Bidyogo Sculpture. In: *Sculptures*. Ausst.-Katalog Musée du Quai Branly, Paris 2001, S. 73–76

GORDTS, ANDRÉ: La statuaire traditionnelle bijago. In: *Arts d'Afrique noire*, Nr. 18, Arnouville 1976, S. 6–21

HELMHOLZ, ROBERT: Traditional Bijago Staturary. In: *African Arts*, Vol. 6, No. 1, Los Angeles, Calif. 1972, S. 52–57, 88

Herreman, Frank (Hg.): In the presence of spirits. African Art from the National Museum of Ethnolgoy Lisbon. Gent 2000

Oliviera, Ernesto Veiga de e Bastin, Mari-Louise (Eds.): Escultura Africana em Portugal. Ausst.-Katalog Museu de Etnologia, Lissabon 1985

Peoples and Cultures: exhibition, National Gallery of Modern Art, April-June 1972/Overseas Museum of Ethnology, Lisbon. Junta de Investigações do Ultramar, Lisboa 1972

Ratzel, Friedrich: Völkerkunde. 3 Bde., 1. Bd: *Die Naturvölker Afrikas*, Leipzig 1885, 3. Bd: *Die Kulturvölker der Alten und Neuen Welt*, Leipzig 1888

Santos Lima, Augusto J.: Organização económica e social dos Bijagós. Centro de Estudos da Guiné Portuguesa, No. 2, Lisboa 1947

Struck, Bernhard: Plan einer anthropologischen, ethnographischen und linguistischen Forschungsreise nach Süd-Senegambien (im besonderen Portugiesisch-Guinea). Unveröffentlichtes Manuskript im Struck-Nachlass MVD, 1930 (?), 26 Seiten

– : Anthropologische Ergebnisse aus Portugiesisch-Guinea. In: Bernatzik, Hugo: Äthiopen des Westens. Forschungsreisen in Portugiesisch-Guinea. Bd.1, Wien 1933, S. 249–278

– : Die Bissagos-Inseln in Westafrika und ihre Bewohner. Unveröffentlichtes Manuskript im Struck-Nachlass im MVD, Jena 1939, 37 Seiten

– : Vorlesung „Kunst der Naturvölker". Unveröffentlichtes Manuskript im Struck-Nachlass im MVD, 1943, S. 1–4

Tylor, Edward B.: Researches into the Early History of Mankind. [1865], Chicago 1964

Uhlig, Carl: Expedition Struck-Bernatzik. In: *Zeitschrift der Gesellschaft für Erdkunde*, Jg. 1931, Nr. 5/6, Berlin 1949, S. 220–221

Westermann, Diedrich : Die westlichen Sudansprachen und ihre Beziehung zum Bantu. (*Beiheft zu den Mitteilungen des Seminars für Orientalische Sprachen,* Jg. XXIX), Berlin 1927

– : Sprachbeziehungen und Sprachverwandtschaft in Afrika. *Sitzungsberichte der Deutschen Akademie der Wissenschaften zu Berlin, Philosophisch-historische Klasse,* Jg. 1948, Nr. 1, Berlin 1949, S. 1–27

Archivmaterialien

Struck-Nachlass im Archiv des Museums für Völkerkunde Dresden (MVD)

Fotoarchiv des Museums für Völkerkunde Dresden (MVD)

Silvia Dolz, Dresden

Bernhard Struck (1888–1971): „Afrika erkennen". Von Konstruktion und Dekonstruktion eines Weltbildes. Eine wissenschaftskritische Annäherung

Mit 7 Abbildungen (Farbtafeln XXV–XXXI)

Friedrich Bernhard Eduard Strucks wissenschaftliche Laufbahn nahm 1908 in Berlin ihren Anfang. [Abb. 1] Als Sohn des Kaufmanns Louis Struck und seiner Frau Edith, geb. Winkelmann, in Heidelberg geboren, begann er 1906 dort auch sein Studium im Hauptfach Geografie. Es folgte die Ausbildung in den Fächern Anthropologie, Völkerkunde, Geografie und Afrikanische Sprachen bis 1911 in Berlin. Schon während seines Studiums war Struck von 1908–1909 als Volontär und „wissenschaftlicher Hilfsarbeiter" bei Felix von Luschan, dem Direktor der Afrikanisch-ozeanischen Abteilung am Königlichen Museum für Völkerkunde in Berlin, beschäftigt.[1] Der bekannte Anthropologe und Universalgelehrte v. Luschan war Strucks wichtigster Lehrer und Mentor, zu dem er bis zu v. Luschans Tod 1924 einen intensiven kollegial-freundschaftlichen Kontakt pflegte. Aber auch v. Luschan schätzte Begabung, Wissen, Fleiß und berufliches Engagement des jungen Struck so sehr, dass er bis zu seinem Tod bemüht war, Struck als seinen Nachfolger im Ordinariat für Physische Anthropologie an der Philosophischen Fakultät der Universität Berlin und als Leiter der Anthropologischen Abteilung am Museum für Völkerkunde Berlin einzubringen.[2] Der von der Humanbiologie kommende und auf „anthropometrische Rassenkunde" ausgerichtete v. Luschan war in Berlin dabei, eine der größten deutschen ethnologischen und anthropologischen Sammlungen mit Belegobjekten von allen Erdteilen aufzubauen.[3] Diese rasante und enorme Zunahme von Untersuchungsmaterial forcierte im Fach Anthropologie am Anfang des 20. Jahrhun-

---

1 Lebenslauf von Bernhard Struck selbst verfasst, Briefwechsel mit Felix v. Luschan vom 13.09.1908, Nachlass Struck MVD; Nützsche 1996, S. 293–294.
2 Briefwechsel mit Felix v. Luschan von 1908–1924, Nachlass Struck MVD; Ruggendorfer/Szemethy 2009, S. 17–19.
3 Stelzig 2004, S. 91–92.

derts die Erforschung der Menschwerdung in der Naturgeschichte und die Bestimmung von Formengruppen entsprechend ihrer Häufung bestimmter Erbmerkmale. Das dazu notwendige Instrumentarium lieferte die Anthropometrie mit spitzfindigen, aber auch umstrittenen Methoden zur Erstellung statistischer Messwerte und deren Vergleichung. Die Diversität menschlicher, mit verschiedenen Erbmerkmalen ausgestatteter „Typen" beschäftigten aber nicht nur Humanbiologen, sondern zeitgleich auch Soziologen, Ethnologen und Historiker. Immer mehr Wissenschaftler sahen in der ersten Hälfte des 20. Jahrhunderts einen Zusammenhang zwischen biologischen und kulturellen Komponenten und versuchten soziale und gesellschaftliche Gegebenheiten mit der Zugehörigkeit zu einer „Rasse" zu erklären. Der biologische Determinismus nahm einen immer größeren Raum in der sozialwissenschaftlichen Forschung jener Zeit ein.

Die Prägung Bernhard Strucks auf die Anthropologie in dieser frühen Berliner Zeit blieb zeitlebens erkennbar. Sein zweites Standbein war die Ethnologie und die ebenfalls frühe Orientierung auf den Kontinent Afrika. Obwohl die beiden Fächer Anthropologie und Völkerkunde seine Hauptbetätigungsfelder sein sollten, stellten Geografie und die Afrikanische Sprachwissenschaft (Afrikanistik) zeitlebens grundlegende Erkenntnisbereiche für Struck dar, denen er zahlreiche Publikationen widmete.[4] In der Funktion einer wissenschaftlichen Assistenz konnte er ab 1913 seine anthropologischen und ethnologischen Studien am Königlichen Zoologischen und Anthropologisch-Ethnographischen Museum in Dresden fortsetzen. Nach dem Ersten Weltkrieg, an dem er als Kriegsfreiwilliger teilnahm, promovierte er 1921 an der Universität Tübingen zu einem anthropologisch-afrikanischen Thema, das den damaligen Kenntnisstand zur physischen Anthropologie Afrikas zusammenfasst.[5] 1923 rückte er in die Stellung eines Kustos an den inzwischen umbenannten Staatlichen Museen für Tierkunde und Völkerkunde in Dresden auf. Schon 1924 folgte seine Habilitation, die daraufhin seine parallel durchgeführte Lehre in den Fächern Anthropologie und Völkerkunde an der Technischen Hochschule Dresden beförderte. Bis 1936 verbrachte Struck in Dresden seine wissenschaftlich produktivste Zeit, die auch eine umfangreiche Publikationstätigkeit einschloss.[6] Im Herbst 1936 übernahm er den Lehrstuhl für Anthropologie und Völkerkunde an der Universität Jena.

Immer fokussiert auf die regionale Ausrichtung Afrika versuchte Struck die Erkenntnisbereiche von Anthropologie, Ethnologie, Geografie und Linguistik zielstrebig miteinan-

---

4 Nützsche 1996, S. 306–333. Wichtige Arbeiten sind: „Der Schlüssel der Sudansprachen" (1913), „Linguistische Kongostudien" (1913), „Die somatischen Typen und Sprachengruppen in Kordofan" (1921) oder „Systematik der nilotischen Völker und ihrer Abteilungen" (1929).

5 Das Thema von Strucks Dissertation lautete: „Versuch einer Karte des Kopfindex im mittleren Afrika".

6 Lebenslauf im Struck-Nachlass MVD; Nützsche 1996, S. 293–303.

der in eine Korrelation zu bringen. Dies wurde von den ebenfalls rasant anwachsenden ethnographischen Sammlungen befördert, mit denen er zuerst am Berliner Völkerkundemuseum und später auch in Dresden konfrontiert war. Die Zunahme von Sammlungsmaterial und Daten in vielen Wissenschaftsbereichen auf Grund europäischer Erschließungs- und Kolonialbestrebungen verlangte ein neues Stadium methodischer und theoretischer Durchdringung. Nicht nur die Fülle des osteologischen Materials und anthropologischer Messdaten, sondern auch Umfang und Vielfalt von Artfakten und ethnografischen sowie linguistischen Aufzeichnungen sprengten bisherige Ordnungssysteme und erschütterten gleichzeitig das Konstrukt eines universalen evolutionistischen Grundprinzips der abstrakten Entwicklung vom Niederen zum Höheren, vom Einfachen zum Komplizierten und Vollkommenen und vor allem von einer unilinearen Entwicklung von Mensch und Kultur. Die Kenntnisnahme von gesellschaftlich differenzierten Zivilisationen in anderen Erdteilen, so auch in Afrika, erforderten andere Erklärungsansätze für das eigene Weltbild. Die Zeit war gekommen, die als fremd angesehenen Gesellschaften und Kulturen in die Weltgeschichte aufzunehmen und darin einzuordnen. Dennoch lag gerade in dem frühen evolutionistischen Denkansatz aus dem 19. Jahrhundert[7] die Ursache für die Unterscheidung in niedere und höhere menschliche Entwicklungsstufen und resultierend daraus die Erklärung für eine Ungleichheit „menschlicher Rassen". Die Kontroverse über den Einfluss von Erbmaterial nicht nur auf menschliches Aussehen und Verhalten, sondern auch auf das kulturelle Erscheinungsbild führte zu einer zunehmenden Ausdifferenzierung des Wissenschaftszweiges Anthropologie. Eine angeblich naturwissenschaftlich begründete, biologische Systematik und Unterteilung der Menschheit in „Rassen" traf alsbald nicht nur in Deutschland, sondern auch in Frankreich, England und den USA auf psychologische, soziologische und ethnologische Denkansätze, die vermeintliche „rassische" Ursachen für differenzierte Verhaltensweisen und gesellschaftliche Gegebenheiten ins Feld führten. Dabei gab es schon früh durchaus auch scharfe Kritiker des biologischen Determinismus, wie z. B. der seit 1886 in den USA lebende und ab 1899 an der Columbia University in New York zum Professor für Anthropologie ernannte Franz Boas. Der Evolutionskritiker Boas verwarf als einer der ersten das Kriterium der „Rasse" für die Erforschung von Kulturen und trat für eine strikte Trennung der amerikanischen Cultural Anthropology und der Physical Anthropology ein.[8] In der vorherrschenden wissenschaftlichen Auffassung jener Zeit verfestigte sich jedoch das Konzept des biologischen Determinismus und es rückten zunehmend rassistische Erklärungsmodelle für gesellschaftliche und kulturelle Phänomene in den Vordergrund. Der gerade 26jährige Struck wies 1914 in einer öffentlichen Wortmeldung darauf hin, wie wichtig das Zusammengehen von Anthropologie und Völkerkunde sei, um Ursprünge menschlicher und kultureller Entwicklung aufzufinden. Beide

---

7 RAUM 1983, S. 276–277.
8 PÖHL/TILG 2011, S. 4, 97f.

Fachrichtungen standen für ihn dabei nicht in einem „Hilfswissenschaftsverhältnis".[9] In einem späteren Aufsatz zur „Anthropologie und Völkerkunde" hob er die Bedeutung der *„speziellen Anthropologie"* als *„psychische Anthropologie oder Ethnologie"* im Unterschied zur *„physischen Anthropologie"* hervor.[10] Dennoch waren Anthropologie und Völkerkunde für ihn zwei eigenständige Fachdisziplinen, die eine „Interessengemeinschaft"[11] darstellten und sich gegenseitig beförderten, um sowohl biologische als auch kulturelle Merkmale extrahieren, Typen klassifizieren und schließlich Urzustände auch räumlich isolieren zu können. Ausgehend von der biometrischen Methodik des Messens und Vergleichens war sich Struck gewiss, dass naturwissenschaftliche Objektivitätskriterien und Methoden auch für historische und sozialwissenschaftliche Analysen zu nutzen seien. Eine Voraussetzung für die Arbeit in beiden Fächern war somit die umfassende Gewinnung von objektivem Faktenmaterial. Sodann waren für Struck „… Kulturschichten und Kulturkreise ethnologische ‚Genotypen', die in einer ihrer unendlich vielen nach Menge und Zeitpunkt der Einmischung möglichen Verbindungen die einzigartige Kultur eines bestimmten Volkes zusammensetzten."[12]

Der junge Bernhard Struck wuchs in ein wissenschaftliches Umfeld hinein, das nun vor allem begann, die verschiedensten Menschengruppen der Erde nach festgelegten Kulturmerkmalen (wie z. B. Sprache, materielle oder geistige Kultur) zu erfassen. LEO FROBENIUS prägte als Erster 1897/98 den Begriff des „Kulturkreises".[13] Dies war die Geburtsstunde der kulturhistorischen Ethnologie, deren Gegenstand vorrangig die zahlreichen „schriftlosen Kultur- und Völkergemische" der Erde waren. Ein Ziel der neu zu erstellenden Ordnung und Klassifizierung bestand in der Abstraktion und Isolierung von „Urkulturen", wofür man (auch „rassische") Stabilitätsfaktoren von Kultur nachweisen wollte, deren Konstanz als Voraussetzung für die Kulturkreisaufstellung betrachtet wurde. Um „Urzustände" isolieren zu können, musste die Verbreitung (Diffusion) der Kulturen nachvollzogen werden.[14] Die zu untersuchenden Komponenten waren vor allem anthropologischer, materiell-kultureller und linguistischer Art. Darauf wird später genauer einzugehen sein.

Die bei Felix von Luschan erlernte Methode, die neben Datenerhebung das Vergleichen und Erstellen von Typologien und Chronologien und deren grafische und geometrische Darstellung umfasste, steht ganz am Anfang von Strucks wissenschaftlicher Arbeitsweise und prägt ihn sein gesamtes Arbeitsleben hindurch. Mit Hilfe von Tabellen, Diagrammen, Skizzen und Karten versuchte er, die zunehmende Datenfülle zu erfassen,

---

9   STRUCK 1914.
10 STRUCK 1919, S. 377.
11 STRUCK 1919, S. 378.
12 STRUCK 1919, S. 379.
13 FROBENIUS 1898, S. 193–194.
14 GRÄBNER 1905, S. 53; ANKERMANN 1905, S. 55, 74, 78, 82–83; HIRSCHBERG 1939, S. 321.

zu objektivieren und schließlich zu visualisieren. Diese Methode auf eine Gesellschaftsanalyse angewendet hatte jedoch ihre Grenzen, da sie das Statische betont und die Prozesshaftigkeit vernachlässigt oder ausschließt. Für Struck ist sie dennoch ein Instrumentarium, das die einzig gesicherten, nämlich die vermeintlich objektiven, empirischen Daten nicht nur fassbar, sondern auch in heuristischer Weise für Erkenntniszwecke nutzbar macht. Damit stand er in der Tradition der von Frobenius begründeten und von Gräbner, Ankermann und Schmidt weiterentwickelten Kulturkreislehre, nicht ohne sich dieser jedoch kritisch zu stellen. Dem von Frobenius entwickelten zyklischen Kulturverständnis im Sinne seines „Paideuma", nach dem Kultur als ein lebendiger, beseelter Organismus aufgefasst wird mit Entwicklungsstadien von Geburt bis zum Tod,[15] hält Struck entgegen: „Mir als Anthropologen überhaupt und zumal auf Grund meiner eigenen Arbeiten über die Zusammenhänge von Kulturschichten und den sie tragenden Rassetypen kann auch die Kultur der Idee nach kein solcher Organismus eigenen Ablaufs sein."[16] Teilaspekten der Kulturmorphologie von Frobenius ist Struck durchaus zugeneigt, wie er 1927 in einem Diskurs mit dem amerikanischen Anthropologen Melville J. Herskovits bekennt: "I think the most recent way of Frobenius, to start with the youngest strata and not with the meagre most primitive elements (as Graebner and the Moedlingers are doing), will give the better results and have, so far Africa is concerned, already done so …" und Struck äußert weiter: "Personally I do not deny to be a Kulturkreis man, though not strictly of the Graebnerian observance …"[17] Er bemerkte jedoch auf der Basis seines breiten Faktenwissens[18], wie starr und spekulativ häufig eine additiv-isolierende Zusammenstellung von Kulturmerkmalen eines Kulturkreises sein kann und forderte immer wieder die stärkere Einbeziehung der „Rassen- und Sprachforschung", um vor allem zeitliche Abläufe von unterschiedlichen Kulturströmen ermitteln zu können.[19] Nach Strucks historischem Verständnis und mit seinem umfangreichen Wissen über empirisches Faktenmaterial engte die in der Wiener Schule („Die Mödlinger"), als berühmtesten Ableger der Kulturkreislehre unter Pater Wilhelm Schmidt, gesehene universalhistorische Abfolge von Kulturkreisen mit relativ festgefügten kulturellen Komplexen offenbar wichtige Erkenntnismöglichkeiten ein, da die statisch abgeschlossenen Kulturräume mit der historischen Realität nicht übereinstimmten.[20]

---

15 Frobenius 1921, 1–13.
16 Struck-Nachlass MVD, „Bericht über die Ergebnisse einer Dienstreise …", 1922, S. 18.
17 Struck-Nachlass MVD, Briefwechsel mit Herskovits, 29.06.1927.
18 Struck-Nachlass MVD, Briefwechsel Luschan, 20.05.1912, 20.10. 1916, 27.09.1921; Drost 1971.
19 Dresdner Anzeiger 1923, S. 3; Struck 1933, S. 249–50, 274.
20 Haberland 1983, S. 323–326; Schlussfolgerung aus der Auswertung des Briefwechsels mit St. Gabriel-Mödling, dem Sitz der Wiener Schule, und Strucks verstärkten Orientierung auf das Institut für Kulturmorphologie um Frobenius.

So wie jedoch für Struck der Ausweg aus den starren Stufenschemata der Kulturkreise in einer verabsolutierten Empirie zu liegen schien, so sehr musste eine schier unendliche Variation von Daseinsformen, deren Vermischung und Komplexität schließlich jede Arbeitsweise überfordern, die nicht wieder verallgemeinernd und theoretisch abstrahierend zusammenfasst und rationalistisch reflektiert. Strucks Arbeitsweise offenbart seine beständige Sorge, falscher Interpretation und Spekulation zu unterliegen. Vermutlich ist das der Grund dafür, dass sich seine Arbeit zwar als ein enormer und bei Zeitgenossen geschätzter Wissensspeicher erhalten, aber anhand seiner Veröffentlichungen nicht als theorieprägend durchgesetzt hat. Als Theoretiker ist Struck somit in der Wissenschaftsgeschichte der Ethnologie nicht präsent. Zu Unrecht. Anhand seiner bekannten Studie „Chronologie der Benin-Altertümer" (1923) legte er nämlich gerade auf Grund seiner spezifischen Arbeitsweise einen wichtigen theoretischen Grundstein.

Mit einigen maßgeblichen Arbeitsfeldern soll im Folgenden Strucks theoretisch-methodischer Werdegang genauer beleuchtet werden, der fest in die wissenschaftliche Kontroverse und in die gesellschaftlichen und politischen Zeitbezüge, Erwartungshaltungen und Zwänge eingebunden ist. Drei Ansätze, die als Schwerpunkte seiner fachlichen Erkenntnisgewinnung zu gelten haben, sind die Benin-Chronologie, die thematisch-linguistischen Diagramme und Kartendarstellungen sowie die Guinea-Reise als seiner einzigen Feldforschung.

Die Benin-Chronologie als ethnohistorische Methode

Im Jahr 1923 veröffentlicht Struck eine Arbeit, die zu seinen bedeutendsten gehören wird: „Die Chronologie der Benin-Altertümer".[21] Diese Arbeit basiert auf den zu jener Zeit bekannten theoretischen und methodischen Erkenntnissen und involviert diese. Doch sie geht darüber hinaus. Die ihm eigene Akribie der lückenlosen Erschließung von zur Verfügung stehenden Quellen, d. h. sein Sach- und Faktenwissen und eine fundierte Quellenkritik, nutzten Struck hierbei. Man kann bei diesem Werk von einem frühen Anwendungsbeispiel ethnohistorischer Forschung ausgehen. Das Ziel war die Rekonstruktion „kultureller Manifestationen" schriftloser Gesellschaften an einem bestimmten Schauplatz in einer bestimmten Zeitspanne.[22] Obwohl v. LUSCHAN mit seinem Grundlagenwerk zur Beninkunst die Geschichtlichkeit des Benin-Reiches eingefordert hatte[23], war es Struck, der nun den konkreten Nachweis lieferte. Und mehr noch, am Beispiel seiner historischen Forschung zum Benin-Reich brachte er die bisherigen einengenden Konstruktionen afrikanischer schematischer Kulturkreise ins Wanken. Seine Arbeit

---

21 STRUCK 1923, S. 113–166.
22 WERNHART 1981, S. 239.
23 LUSCHAN 1919, S. 15.

machte deutlich, dass sich abstrakte universale Theorien durch die Überprüfung mit spezifischem Lokalwissen korrigieren lassen müssen.

Am Beispiel der Untersuchung des Ethnonyms der Bini, im südwestlichen Gebiet des heutigen Nigeria beheimatet, setzt sich Struck intensiv mit der Annahme von FROBENIUS auseinander, dass die staatstragende Bevölkerung des Benin-Reiches von Norden her eingewandert sei. Ein sprachwissenschaftlicher und genealogischer Vergleich zwischen der Benin- und der Nupe-Königslinie – letztere wird nördlich des unteren Nigerbogens in Nigeria verortet – fördert bei Struck hingegen zutage, dass Namensähnlichkeiten in beiden Gebieten unterschiedliche Ursprünge haben und in europäischen Quellen offenbar zu historisch nicht belegbaren Verknüpfungen führten.[24] Damit berührte Struck eine Kernthese der frühen Kulturkreisschemata in Afrika, nach der FROBENIUS mit seinem *„Westafrikanischen Kulturkreis"* und dessen *„malajo-nigritischen"* (indonesisch/ozeanischen) Merkmalen letztendlich den Anstoß zivilisatorischer Entwicklung Afrikas außerhalb Afrikas sah.[25] Die sensationelle Wahrnehmung einer „hochstehenden" Kultur im Süden Nigerias mit der Ankunft einer großen Zahl von „Bronzegüssen"[26] in Europa, die nach der militärischen Einnahme des Benin-Reiches im Jahr 1897 aufgefunden und zum großen Teil von den Briten nach London abtransportiert worden waren, beförderte selbst noch um die Mitte des 20. Jahrhunderts die Auffassung, dass die Benin-Kultur auf „stärkste Beeinflussung" einer neu- oder jungsudanischen Kultur mit Beziehungen zu alten orientalischen Kulturen oder alter Mittelmeereinflüsse zurückgehe.[27]

Der notwendige regionale Tiefgang und Strucks v. a. historische, geografische und sprachwissenschaftliche Fachkenntnisse waren äußerst hilfreich bei der Klärung lokaler Gegebenheiten und Ereignisse. Obwohl Struck die fehlende Zugänglichkeit und nicht ausreichende Auswertung von portugiesischen Archivquellen bemängelte, gelang es ihm, alle veröffentlichten schriftlichen Quellen über das Benin-Reich von nahezu des Beginns der europäischen Kontaktaufnahme an auszuwerten. Er sah diese in Relation zu Berichten von höfischen Überlieferungen, die zeitgenössische Reisende in Benin aufnahmen, zu denen Struck Kontakt hatte.[28] Eine äußerst vorsichtige Vorgehensweise war für Struck geboten, da das Benin-Reich selbst keine eigene Schrifttradition kannte. Die einzigen – damals zeitlich nicht datierbaren – materiellen Belege waren die zahlreichen „Bronzegüsse", hauptsächlich in Form von Reliefplatten und Skulpturen, und Elfenbeinschnit-

---

24 STRUCK 1923, S. 128–130.
25 FROBENIUS 1898, S. 265. Eine Verbindung westafrikanischer Zivilisationen mit denen des antiken Mittelmeerraumes vertrat Frobenius auch noch 1912 in seinem dreibändigen Werk „Und Afrika sprach", S. 94, 364ff., 372. In den 20er Jahren rückt Frobenius zumindest vom „malajo-nigritischen" Entwicklungsanstoß in Afrika ab.
26 Es handelt sich hierbei in der Regel um Messinggüsse.
27 HIRSCHBERG 1939, S. 323.
28 STRUCK 1923, S. 119.

zereien. Voraussetzung ihrer Klassifizierung und Periodisierung war die Erhellung des historischen Hintergrundes, gleichzeitig konnten umgekehrt narrative Elemente der Benin-Kunstwerke Rückschlüsse auf Zeitbezüge liefern. Strucks Hauptaugenmerk galt somit der Erarbeitung einer relativen Chronologie, die fehlende historische Angaben überbrücken konnte. Als Leitfaden sollte die Herrscherlinie oder königliche Ahnenfolge dienen, von der jedoch in Benin viele Varianten überliefert wurden. Übereinstimmende oder sich widersprechende Abfolgen verifizierte Struck durch einen sprachwissenschaftlichen Abgleich. Selbst offensichtliche Namensähnlichkeiten und damit verbundene verfestigte Überlieferungen hinterfragte er im geografischen und kulturellen Vergleich. So konnte er nachweisen, dass die von dem am Schauplatz anwesenden Portugiesen Duarte Pirie benannten *Igbon*, die als Besiegte im Krieg von 1515/16 auf alten Reliefplatten dargestellt sein sollen, nicht die wie bis dahin angenommene, im Osten des Benin-Reiches am Niger lebende Bevölkerung bezeichnet, sondern eine im Nordwesten Benins, nahe der Stadt Oyo lebende Yoruba-Gruppe meint. Dazu prüfte er die Verbreitung oder die Abwesenheit von auf den Platten abgebildeten Kulturelementen (Helm, Pferd, Körpertatauierung, selbst Penisfutterale) bei den relevanten Gemeinschaften.[29]

Die Verbindung von vielseitig reflektierten lokalgeschichtlichen Einzelinformationen mit den bildlichen und zum Teil narrativen Aussagen von gestalteten Messinggüssen und Elfenbeinschnitzereien ermöglichte eine Geschichtsbetrachtung über die reine Fakten- oder Ereignisgeschichte hinaus. Mit der Erschließung und Überprüfung einer relativ gesicherten königlichen Ahnenfolge – dazu verwendete Struck zwar statistische zeitliche Durchschnittswerte, berücksichtigte jedoch auch Ausnahmefälle[30] – im Abgleich und in Relativierung mit europäischen Berichten und historischen Überlieferungen benachbarter Herrschaftsgebiete versuchte Struck, Kulturabläufe darzustellen und näherte sich dabei einer Sozialgeschichte des Benin-Reiches an. Die mit bestimmten Herrschern in Benin zusammenhängenden sozialen und politischen Prozesse und besondere historische Ereignisse, wie innere Unruhen und Grenzkriege, Zeiten des wirtschaftlichen Aufschwungs und Handels, die Ankunft der Europäer und die vielfältigen Kontakte mit diesen, wirkten sich nach Struck auch auf die materielle Ausformung der überlieferten Königskultur in Form von Messinggüssen, Elfenbein- oder Holzschnitzereien aus. Mehrfach konnte er nachweisen, dass vor und neben dem europäischen Einfluss vor allem auch technologische und stilistische Anregungen aus dem nördlichen muslimischen Hausa- und dem Nupe-Gebiet kamen.[31] Der bemerkenswerte Erfolg dieses Einflusses konnte sich folgerichtig jedoch nur durchsetzen, weil – so Strucks Annahme – Kenntnis und Fertigkeiten der Bronzekunst schon lange zuvor im Benin-Gebiet vorhan-

---

29 STRUCK 1923, S. 123, 124.
30 STRUCK 1923, S. 131.
31 Struck 1923, S. 140–141.

den waren.³² Struck trug mit der Verdichtung der Historie des über mehrere Jahrhunderte einflussreichen Benin-Reichs in Westafrika dazu bei, die geschichtliche Eigenleistung lokaler Kulturentwicklung nicht nur allgemein zu erkennen, wie dies auch schon v. LUSCHAN festgestellt hatte³³, sondern konkret nachzuweisen. Er verknüpfte die identifizierten historischen Persönlichkeiten und die mit diesen verbundenen gesellschaftlichen Ereignisse mit den Aussagemöglichkeiten der Bronzegüsse, die realistische Momentaufnahmen jener Akteure oder Ereignisse sowie von externen und neuen Kulturelementen verkörpern. Hiermit wies er indirekt auf den selbstständigen schöpferischen Anteil künstlerischer und kultureller Produktion hin und stellte damit die von einigen Kulturkreistheoretikern vertretene Einlinigkeit zivilisatorischer Entwicklung aus einem hochkulturlichen Entstehungszentrum außerhalb Afrikas in Frage. Struck betonte den vielseitigen Austausch von Kulturmerkmalen nicht nur auf regionaler, sondern auch auf überregionaler Ebene. Kulturwanderungen und ihre Verläufe, sprich die Ausbreitung von Kultur, haben im Verständnis von Struck auf synchroner Ebene polyvalenten Charakter. Im diachronen Zeitablauf konstatiert Struck im Benin-Untersuchungsfall die „Degeneration" einer einst hochstehenden Kulturtradition auf Grund „fremder" Einflüsse und Vermischung. Im gedanklichen Hintergrund Strucks schwingt eine durchaus kulturmorphologisch geprägte Einstellung und Sichtweise mit, die in jener Zeit in Deutschland Einfluss gewann. Struck glaubte, die Degeneration durch einen vermeintlichen unaufhaltsamen Niedergang der Benin-Kunst anhand ikonographischer und stilistischer Kennzeichen (Anachronismen, rohe Ausführung und technische Fehler) nachzuweisen.³⁴ Obwohl er angab, dass nicht alle Benin-Kunstwerke der Herrscherchronologie zugeordnet und die Funktion vieler Objekte nicht geklärt werden könnten, zog der eigentlich akribische Empiriker auf Grund einer nicht vorurteilsfreien Grundeinstellung plötzlich falsche Schlussfolgerungen, indem er „Nichtwissen" teleologisch interpretierte oder nichtzuordenbare Werke doch wieder einem evolutionären, linearen Entwicklungsgedanken unterstellte. Die nach seiner Meinung seltsam gestalteten Gefäße, Sockel oder Skulpturen oder auch die Verwendung anderer Materialien als den „königlichen", wie Messing oder Elfenbein, wurden rein formell als untypische Degenerationen fehlgedeutet.³⁵

---

32 STRUCK 1923, S. 141.
33 Siehe Anm. 23.
34 STRUCK 1923, S. 143, 155, 158.
35 STRUCK 1923, S. 157–158. Es handelt sich bei diesen Objekten um symbolvolle Gegenstände im Gebrauch bestimmter Kulte, z. B. von Osun, die keinen realistischen Gestaltungsbezug haben oder einem naturalistischen Vorbild entsprechen. Dazu zählt er auch die „*… ganz schlechten und teilweise mit roh repoussiertem Messingblech überzogenen holzgeschnitzten Köpfe, die … an Stelle der aus Bronze gegossenen traten.*" S. 157. Es war Struck nicht bekannt, dass es sich hierbei um Objekte zwar mit gleicher Funktion und gleichem Sinnzusammenhang, aber in einem sozial differenzierten Gebrauch handelt, wo die Verwendung der dem Königshof vorbehaltenen Materialien, wie Messing und Elfenbein, nicht erlaubt war.

Die Präzisierung der konkreten Lokalgeschichte einer schriftlosen Kultur, die Struck mit der Regional- und Globalgeschichte verband, ist sein größtes Verdienst. Die Verbindung der synchronen mit der diachronen Zeitachse, als deren Resultat eine Chronologie des Benin-Reiches in Westafrika hervorging, befähigten Struck aufzuzeigen, dass sich die geschichtliche Identität der Benin-Kultur in ihrer Vernetzung mit anderen zeitgleichen Kultureinflüssen herausgebildet hat und dass äußere Anregungen zu eigenen neuen kulturellen Ausdrucksformen führten. Mit seiner methodischen Arbeitsweise der exakten Erschließung von Quellenmaterial und der Einbeziehung von Informationen aus Nachbardisziplinen eröffnete Struck eine realistische Sicht auf historische Phasen, die von Dynamik und Kulturwandel geprägt sind. Seine starke Verankerung in zeitgenössischen eurozentrischen Bezügen von Wahrnehmung und Werteprägung führte allerdings schließlich dazu, der Benin-Kultur keine eigenständige Wertigkeit zuzugestehen, was durch seine Einschätzung einer „degenerativen Entwicklung" zum Ausdruck kommt. Struck hatte am Anfang der 20er Jahre zur Zeit des Erscheinens der Benin-Chronologie seine wissenschaftliche Heimat in der kulturhistorischen Schule gefunden und sympathisierte mit kulturmorphologischen Ideen.[36] In der konkreten, detailkritischen Auseinandersetzung mit den abstrakten theoretischen Konzepten von festgelegten Form- und Qualitätskriterien der Kulturmerkmale oder den mechanistischen Überschichtungsmodellen von Kultur kam er am Beispiel seiner Benin-Studie zwangsläufig einer wissenschaftlichen Richtung und Arbeitsmethode sehr nahe, die sich erst Jahre später in der historischen Ethnologie als „Ethnohistorie" fest etablierte und bis heute für die Erforschung der Kulturgeschichte der Menschheit unverzichtbar ist.[37]

Thematische Diagramme und Kartendarstellungen als kulturhistorisch-diffusionistische Methode

Zu der anfangs stark vorherrschenden naturwissenschaftlich-biologischen Sicht- und Arbeitsweise von BERNARD STRUCK trat schon bald die historisch-empirische Orientierung, wie in seiner Benin-Studie belegt. Das Augenmerk auf die konkreten Einzelphänomene gerichtet, erkannte Struck in seiner Forschung die Bedeutung von Verbindungen und von Austausch zwischen Menschengruppen und Kulturen. Schon zuvor war bei FROBENIUS von „Verbindungszonen" und „Kulturmischungen" die Rede, für „Grenzakkulturationen und Diffusion" der Kulturkreise führt dieser eindrucksvolle Belege an.[38]

---

36 Struck war zwischen 1923–1926 gewähltes, korrespondierendes Mitglied des Forschungsinstituts für Kulturmorphologie (später Frobenius-Institut) in Frankfurt a. M., STRUCK-Nachlass MVD, Lebenslauf Struck.
37 WERNHART 1981, S. 234–235, STRECK 2000, S. 58.
38 FROBENIUS 1889, S. 267–271.

Durch die konkrete Forschung wurde offensichtlich, dass es nicht nur Entlehnungs-, Übertragungs- und Nachahmungsprozesse, sondern auch Migrations- und Vermischungsprozesse gibt. Das Auffinden des Einmaligen, d. h. die Suche nach einem Urzustand, und die konkrete Verbreitung von Präkulturen wurden in der sich entwickelnden Methode des Diffusionismus zum Hauptanliegen. Im Fachgebiet von Ethnologie und Ethnografie (als dem beschreibenden Wissenschaftszweig) waren die materiellen Objekte der Anfang des 20. Jahrhunderts stark anwachsenden Sammlungen in Ermangelung schriftlicher Quellen die wichtigsten Zeugnisse. Museumswissenschaftler, wie die in Berlin am Völkerkundemuseum tätigen Kustoden FRITZ GRÄBNER und BERNHARD ANKERMANN, begannen eine Beweisführung im Sinne der Kulturkreistheorie.[39] Auch Bernhard Struck nutzte ein Jahrzehnt später seine praktische museale Tätigkeit in Dresden zur Überprüfung dieses theoretischen Ansatzes. Ähnlichkeiten im materiellen Kulturbesitz und bald auch in geistigen und sprachlichen Ausdrucksformen verschiedener Regionen versuchte man durch Kriterien zu überprüfen, die nicht an Material bzw. Funktion gebunden waren, sondern an Form und Qualität. Kontinuität und Quantität waren schließlich bestätigende Kriterien. Die nach dieser Idee entwickelten Merkmalskombinationen bestimmter Areale waren die Ausgangsbasis der „Kulturkreise". Von Anfang an ist dabei die diffusionistische Methode ein inhärentes Merkmal der Kulturkreistheorie. Der kulturhistorische Ansatz liegt im Versuch, durch Wanderung hervorgerufene Überlagerungen von Kulturmerkmalen und deren zeitliche Abfolge zu bestimmen. Die Herausforderung lag in der Diversität und Vermischung von Völkern und Kulturen, die es zu entmischen und zeitlich zu stratifizieren galt. Historische Ursachen, Regelmäßigkeiten und Sinnzusammenhänge waren im theoretischen Konstrukt zweitrangige Fragestellungen.

Struck befasste sich sehr intensiv mit Versuchen von Kulturextrahierungen und Kulturabstrahierungen innerhalb der afrikanischen Kulturkreise.[40] Die Ausgangsbasis dafür waren sowohl das anthropogeografische Konzept von FRIEDRICH RATZEL, der anders als bei der bis dahin postulierten evolutionären unilinearen Entwicklung Kulturparallelen auf Grund eines Kulturaustausches und von Kulturüberschichtungen durch Wanderbewegung erblickte[41], als auch die auf Afrika angewandten Kulturentwürfe von LEO FROBENIUS, welcher eine *„äthiopische"* und eine *„hamitische Kultur"* ausmachte.[42] In der Folgezeit wurde ein universalhistorisches Primärkulturen-Konzept bestimmt, das eine wirtschaftlich-kulturelle Orientierung auf Jägertum, Hirtentum und Ackerbau vor-

---

39 GRÄBNER 1905, ANKERMANN 1905.
40 STRUCK-Nachlass MVD, Kulturspezifische Darstellungen auf von Struck selbst angefertigten Karten, Einzeluntersuchungen, z. B. „Ost- und Südafrikanische Zusammenhänge" und seine Untersuchungen zur „westatlantischen Kulturprovinz" als handschriftliche Manuskripte.
41 RATZEL, 1885, Bd. I, S. 14–20.
42 FROBENIUS 1933, S. 234–241.

schlug.⁴³ Diese Vorstellungen von stark voneinander differenzierten Kultursubstanzen prägte entscheidend das europäische Bild der Kulturgeschichte Afrikas im 20. Jahrhundert. Immer weiter verfeinert und verdichtet manifestierten sich ein *mutterrechtlich-agrarischer* („äthiopischer") und ein *vaterrechtlich-nomadischer* („hamitischer") Formenkreis. Große Aufmerksamkeit wurde zudem besonders im Umkreis der Wiener Schule unter P. W. SCHMIDT dem vaterrechtlich-totemistischen Jägerkomplex gewidmet.⁴⁴ Mit diesem glaubte man noch lange Zeit eine Frühform gesellschaftlicher Entwicklung vor sich zu haben. Strucks Ehrgeiz bestand in der Absicht, mit Hilfe seiner großen Detailkenntnis Präzisierungen der Formenkreise vorzunehmen, aber auch dem Verlaufsprozess ihrer Herausbildung nachzuspüren:

> „Anderer Meinung bin ich dagegen hinsichtlich der Auffassung der hamitischen Urkultur, deren Einheit für die festsässigen mutterrechtlichen Berber-Mediterranen und die nomadischen vaterrechtlichen Ost-‚Hamiten' ich nicht zugeben kann, obwohl ich mich gerade in dieser Anschauung kaum von früheren Forschern gestützt weiss. Zu vermissen ist eher eine weitere Gliederung der als aethiopisch zusammengefassten Erscheinungen der Negerkultur, obwohl ich die Schwierigkeiten einer solchen Aufgabe dauernd selbst verspüre und den geistigen Zusammenhang in der zeitlichen Folge durchaus zugebe."⁴⁵

Er stellte dabei grundsätzlich den methodisch-theoretischen Ansatz des Kulturkreiskonzeptes nicht in Frage, sondern baute immer wieder korrigierend an dem Theorie-Gebäude mit. Zu einer Zeit, als die alte Kulturkreislehre ihren Zenit schon überschritten hatte, befasste sich Struck Ende der 30er und Anfang der 40er Jahre des 20. Jahrhunderts mit einem mehrschichtigen Kulturkonzept, das sowohl anthropologische, ethnografische, linguistische und geografische Merkmalskombinationen vereint. Diese Kompilation umfasst sechs grundlegende „Kulturkomplexe" in Afrika, die er bemüht war wissenschaftlich zu überprüfen:

> „1. nigritische, die sich in der Hauptsache mit der älteren australischen Kultur deckt. 2. westafrikanische, die der ostafrikanischen entspricht, aber auch jüngere Elemente enthält und höchstwahrscheinlich aus Indonesien stammt. 3. eine Schicht, die vielleicht mit dem westpapuanischen Kulturkreis zusammenhängt; damit vermutlich gleichfalls aus Indonesien. 4. eine Schicht, die Analogien in Vorderindien hat, hauptsächlich im westl. Sudan vertreten, Heimat unbekannt. 5. eine hamitische oder altsemitische, im Sudan, Ost- und Südafrika. 6. eine neusemitische (arabische), in denselben Gebieten wie die vorige."⁴⁶

---

43 SCHMIDT/KOPPERS, 1924, III. Teil: Die menschliche Wirtschaft, S. 377–549.
44 SCHMIDT/KOPPERS 1924, S. 253, 474–483.
45 STRUCK, „Bericht über die Ergebnisse einer Dienstreise …" S. 21, STRUCK-Nachlass MVD, Briefwechsel mit dem Forschungsinstitut für Kulturmorphologie.
46 STRUCK-Nachlass MVD, Vorlesungsmanuskript Geschichte der Völkerkunde, 1941. STRUCK bezieht sich erweiternd auf die jüngst zuvor, von HERMANN BAUMANN veröffentlichte „Völkerkunde von Afrika", Abschnitt: „Die Kulturen Afrikas", S. 23–71.

Von zentralem Interesse waren die Fragestellungen nach den außerhalb Afrikas verorteten Ursprungsgebieten der Semiten und Hamiten, einschließlich deren Verbreitung und Vermischung innerhalb Afrikas, sowie nach den afrikanischen Ur- und Altkulturen. Zu den letzteren zählte Struck vor allem die *„Nigritische Kultur"* – ein Begriff, den er schon im Jahr 1909 geprägt hatte – und beschreibt die noch in seiner Zeit existierenden vermeintlichen Überbleibsel als ein `gemeinafrikanisches, z.T. auf kleine, vielfach abgelegene und von Kultur- und Völkerbewegung unberührte Gebiete beschränktes´ Phänomen.⁴⁷ Aus dieser grundlegenden `gemeinafrikanischen´ historischen Kulturschicht heraus erklären sich für Struck weitere Ableitungen unterschiedlicher Zeittiefe, wie die *„Bantu-Kultur"* und die *„Sudan-Kultur"*.

> „Was die … Bezeichnungen: ‚nigritische' bzw. ‚altsudanische' Kultur betrifft, so muss ich hier einschalten, dass ich im Laufe der Zeit zu der Anschauung gekommen bin, dass zwischen der nigritischen Kultur Afrikas und der von Ankermann ‚altsudanisch' genannten Schicht ein innerer Zusammenhang besteht, dass etwa diese altsudanische Kultur eine durch günstige physisch-geographische (Zwischengebiet des Aequatorialwaldes und der Wüste) und ethnische (Grenzzone gegen die Hamiten) Verhältnisse bereicherte und entwickelte Form der auch in diesem Gebiet genügend nachgewiesenen älteren nigritischen Kulturschicht darstellt."⁴⁸

Die grundsätzliche Schwierigkeit des kulturhistorischen Diskurses jener Zeit bestand in den sich überschneidenden Klassifizierungsmerkmalen immer wieder neu erfundener und neu benannter Formenkreise, bei der sich zunehmend die Erkenntnis einstellte, dass es keine klare Differenzierung auf Grund starker Vermischungen und überlagerter Kulturreste geben kann. Um das Problem zu klären, versuchte man neben kulturellen Merkmalen „rassische Stabilitätsfaktoren" heranzuziehen. Dies ist ein Feld, auf dem sich Bernhard Struck gut auskannte und welches er schon lange zuvor parallel untersucht hatte, wie seine anderen Fachgebiete auch, um Korrelationen zwischen physisch-anthropologischen, ethnohistorischen, sprachhistorischen und sogar geografischen Gegebenheiten zu finden.⁴⁹ Der Gefahr wissenschaftlicher Fehlinterpretation strebte Struck durch Überprüfung eines umfangreichen Datenmaterials aller relevanten Fachgebiete zu begegnen. Seine von Anbeginn an und konsequent verfolgte, integrative Arbeitsmethode kann als multidisziplinär beschrieben werden. Zu einer ergebnisoffenen, interdisziplinären Forschung kam es jedoch nicht, denn Struck war in einer teleologischen Weltanschauung und in sozialpolitischen Gegenwartsbezügen gefangen. Auf letzteres wird im abschließenden Kapitel noch einmal eingegangen werden müssen. Dass aber auch der akribische Empiriker und sich für wissenschaftlich unbestechlich haltende Bernhard

---

47 Struck, 1913, S. 22; Struck-Nachlass MVD, Vorlesung Trimester 1941, Geschichte der Völkerkunde.
48 Struck-Nachlass, Textkonvolut „Ost- und Südafrikanische Zusammenhänge", ohne Datum.
49 Struck, 1920/21, S. 129–170.

Struck seine vielversprechenden Potentiale nicht entfaltete, war einer Geisteshaltung geschuldet, die sich an der zeitgenössischen „Rassen- und Kulturlehre" orientierte. An dem vermeintlich wissenschaftlichen Konzept eines „Hamitentums" zeigt sich die Absurdität einer weltanschaulichen Verabsolutierung und ideologischen Zweckentfremdung von empirischer Wahrnehmung und heuristischer Aussage. Auch der Anerkennung und Verehrung seines Lehrers und Vorbildes Felix von Luschan ist es schließlich geschuldet, dass Struck gerade das Hamiten-Konstrukt als Ganzes nicht in Frage stellte. Im darwinistischen Sinn ging der Naturwissenschaftler von Luschan anfangs von einer evolutionistischen „Rassenlehre" aus, aus der sich die „Herrenrasse-Idee" mit einer angeblich erblich bedingten Privilegierung ableitet. Leider wurde nicht diese Schlussfolgerung an sich als falsch erkannt, sondern nur deren universaler Anspruch. Vor dem Hintergrund einer aufkeimenden „arischen" Rassenideologie am Anfang des 20. Jahrhunderts meinte von Luschan in der „Hamitenrasse" eine alte „Herrenrasse" zu erkennen ganz bewusst im Gegensatz und in Opposition zum für ihn wissenschaftlich nicht belegbaren, absurden „Ariertum".[50] In diesem Zusammenhang scheint die Konstruktion eines „Hamitentums", das neben der ursprünglich biblischen Ableitung der Kulturträger von einer Vermengung und gegenseitigen Abhängigkeit von kulturellen, sprachlichen und anthropologischen Komponenten lebt, als ein paternalistisches afrozentrisches Gegenkonzept zum „Ariertum" an Bedeutung zu gewinnen, auch wenn man den Ursprung des „Hamitentums" außerhalb Afrikas vermutete.[51] Walter Hirschberg und besonders Hermann Baumann, mit letzterem stand Struck von 1926 bis 1944 in einem freundschaftlich-kollegialem Austausch[52], betonten und erarbeiteten Ende der 30er Jahre, ausgehend von einem monozentrischen Ursprung von Kultur, ein Konzept der „Kulturprovinzen" mit einer ganzheitlichen Herangehensweise, das geografische Bedingungen und vermeintlich „rassische" Anlagen mit einschließt.[53]

> „Als Träger dieser Kultur [Kultur der großviehzüchterischen Hamiten] kommen die Osthamiten mit „äthiopischem Blut" in Betracht. Das Auftreten ihrer Physis wird geradezu als ein Kriterium für die mögliche Existenz ihrer Kultur und auch umgekehrt gewertet, ‚so dass hier die These von der Einheit der Kultur und des Blutes glänzend gerechtfertigt erscheint'."[54]

---

50 Luschan, 1927 (1922), S. 7, 97, 338; Im Briefwechsel an Struck ist unverkennbar, welche Ansichten v. Luschan bezüglich des aufkeimenden Antisemitismus vertritt, 1.3.1916, 3.9.1916, 5.2.1917, 25.1.1920, 26.7.1922, 29.9.1922, 22.1.1923.
51 Luschan, 1927(1922), S. 108–113.
52 Struck-Nachlass MVD, Briefwechsel Struck-Baumann von 1926–1944.
53 Hirschberg 1939, S. 317–325; Baumann, Thurnwald, Westermann 1940.
54 Hirschberg 1939, S. 321, sich auf H. Baumann beziehend.

Auch Struck bediente sich schließlich in voller Übereinstimmung dieses Konstrukts eines „hamitischen anthropologischen Typus", den er im afrikanischen Zwischenseengebiet und am Osthorn verortet und mit Sprachverhältnissen zur Deckung brachte.[55]

Bernhard Strucks Beitrag der Präzisierung und Modifizierung der afrikanischen Kulturareale, die sich mit einer Wissenszunahme immer weiter differenzierten, war eingebettet in die große Gesamtaufgabe weltkulturgeschichtlicher Forschung jener Zeit. Ein Ziel innerhalb dieses Gesamtbezuges war die Suche nach den originären Zuständen und reinen Formen in bestimmten lokalen und zeitlichen Bezügen. Es galt dazu Wanderwege und Abfolgen so genau wie möglich zu rekonstruieren, um bis zu den angenommenen „reinen Urkulturen" vordringen zu können. Struck baut dabei auf der schon sehr früh formulierten „Survival-Idee" von EDWARD BURNETT TYLOR auf, der schon 1865 damit überkommene Kulturmerkmale aus alten Kulturen bezeichnet, die sich in den lebenden Kulturen erhalten hätten.[56] Es bedurfte dafür Kulturelemente mit Konstanz, um auf eine bestimmte zeitliche Tiefe schließen zu können. So rechnete Struck z. B. der „nigritischen Kulturschicht" ganz schematisch Kulturelemente wie Bienenkorbhütte, Wurfkeule, Parierstöcke und hölzerne Parierschilde, Grabstöcke oder auch Narbentätowierung zu. Hauptmerkmale der „westafrikanischen Kultur" sind: Geheimbünde und Masken, Rohrschilde, Klangbretter (Xylophone), Holztrommeln, Menschenfiguren, Giftordal, Metalltechnik und Beschneidung. Diese scheinbar willkürlich zusammengestellten Kulturmerkmale dienten der formellen Klassifizierung von Kultur. Jene segmentierende, atomistische Herangehensweise war jedoch nicht dazu geeignet, kulturelle Erscheinungsformen in ihrer Komplexität und Dynamik zu verstehen. Dagegen wurde viel Aufmerksamkeit darauf verwendet, genau die Elemente in Übereinstimmungs- und Ausschlussverfahren herauszufiltern, anhand derer Gruppen als zusammengehörig oder fremd eingestuft wurden. Neben materiellen Kulturmerkmalen spielten dabei auch immaterielle Ausdrucksformen eine Rolle. Mithilfe von Sprache und Sprachvermischung entfaltete sich ein weiteres wichtiges diffusionistisches Betätigungsfeld, das für die Ethnologie eine Hauptaufgabe wurde in der Erwartung, alte Verbindungen zwischen Ethnien erschließen zu können.

Das frühe Interesse für afrikanische Sprachen baute Bernhard Struck im Selbststudium und im Studium bei CARL MEINHOF, dem führenden Afrikanisten in der ersten Hälfte des 20. Jahrhunderts in Deutschland, aus. Mehrere afrikanische Sprachen beherrschte Struck aktiv, andere waren ihm wissenschaftlich vertraut. Die Beschäftigung mit den Sprachen entwickelte sich im Folgenden zu einem weiteren Schwerpunkt seiner akade-

---

55 STRUCK-Nachlass MVD, „Ost- und südafrikanische Zusammenhänge", Manuskriptsammlung ohne Seitenangaben.
56 TYLOR in ROHRBACHER, 2002, S. 179.

mischen Laufbahn.⁵⁷ Die im Zuge der kolonialen Erschließung bekannt werdenden, zahllosen afrikanischen Sprachen erfuhren von europäisch wissenschaftlicher Seite eine Systematisierung, der sich Struck verschrieb. Eine umfangreiche analoge Datensammlung in Form einer Wortsammlung mit erweiterten Wortableitungen und genauester, z. T. selbstentwickelter phonetischer Kennzeichnung⁵⁸ befindet sich in Strucks unpubliziertem Nachlass.⁵⁹ Auch hier liegt das Ziel des systematischen Vergleichens von Sprachgruppen darin, mögliche Verwandtschaften oder sogar Herkunft von Sprachen festzustellen, um in einem erweiterten Zusammenhang – unter Einbeziehung anthropologischer und ethnografischer Komponenten – auf Urzustände und Ursprungsgebiete von Kultur schließen zu können.⁶⁰ Und schließlich:

> „Diese Aufgaben leiten zugleich zu den Anfängen unserer europäisch-orientalischen Urgeschichte und man wird dann […] einen besonders wichtigen Schritt würdigen, der auf dem Wege der wissenschaftlichen Erkenntnis der ältesten Menschheitszusammenhänge in Afrika vorwärts führt."⁶¹

Die schon Ende des 19. Jahrhunderts entworfene Grundeinteilung der Sprachen Afrikas durch den Philologen Carl Richard Lepsius nach hamitischer, sudanesischer und Bantu-Sprache⁶² war für Struck ein Ausgangspunkt seiner Forschung, den er jedoch mit Hilfe seiner umfangreichen Detailkenntnis zu reformieren trachtete. Dabei glaubte Struck anders als Lepsius durchaus hinreichende Beweise für eine wechselseitige Bedingtheit von „Rasse" und Sprache nachweisen zu können, was als bestätigender Beweis für Wandertheorien dienen sollte.⁶³ Mit der Anerkennung eines „hamitischen anthropologischen Typus", den Struck sprachwissenschaftlich zu stützen meinte, leistet er einer zunehmend rassistischen Ausrichtung der Hamiten-These Vorschub.⁶⁴ Zur Klärung der

---

57 Drost, Struck-Nachlass MVD, Nachruf auf B. Struck, S. 2.
58 Struck-Nachlass MVD, Briefwechsel P. W. Schmidt, 25.09.1911.
59 Struck-Nachlass MVD. Die in Karteikarten- oder Heftform erhaltenen Wortlisten umfassen Sprachproben aus allen Regionen Afrikas (außer dem arabischsprachigen Norden). Ausführlichere Wortsammlungen dokumentieren die „Nilsprachen", das Zwischenseengebiet („Ruanda" bis „Tabwa"), „Kalahari-Buschmänner", Sprachen Kameruns, Westafrikas mit „Hausa", nigerianische Sprachen, Sprachen Guineas und Liberias. Vor allem sind die sehr umfangreichen Dokumentationen aus seiner Feldforschung nach Portugiesisch-Guinea zu erwähnen mit Aufzeichnungen u. a. der Sprachen der Bidyogo, Fulup, Balante-Kunante, Bayot, Nalu-Konyagi-Bassari.
60 Ein systematischer Vergleich allein von „Kulturwörtern" sollte Hinweise auf das gemeinsame Vorkommen und die Verbreitung von Wort und Kulturmerkmal liefern. Struck erprobte dies anhand bestimmter „Stammwörter", wie „Gott", „Salz", „Hirse (Pennisetum/Sorghum)" oder an dem Begriff für „Huhn", dem in ganz Afrika verbreiteten, wichtigen Nutztier. Siehe auch Absatz zur Kartografie.
61 Struck 1913, S. 24.
62 Rohrbacher 2002, S. 106.
63 Struck 1913, S. 21.
64 Struck-Nachlass MVD, „Ost- und Südafrikanische Zusammenhänge".

Hamiten-These, die auf das engste mit dem Nachweis einer ursprünglich nach Afrika eingewanderten, „rassisch" höher stehenden und gesellschaftlich privilegierten Bevölkerung als „Herrenvolk" verbunden war, versuchte vor allem Strucks Lehrer Carl Meinhof einen linguistischen Beitrag zu leisten und dazu eine genealogische Abhängigkeit der drei Sprachtypen „Sudanesisch", „Hamitisch" und „Bantu" zu erkennen:

> „Die afrikanische Anthropologie wird immer Fühlung mit der Linguistik suchen müssen. Die Zusammenhänge zwischen Hamiten und Semiten, zwischen Hamiten und Bantu, zwischen Hamiten und Hottentotten sind anthropologisch und linguistisch zu erweisen. Eins stützt hier das andere."[65]

Schon in den 70er Jahren des 19. Jahrhunderts wurde erkannt, dass Sprachen kein statisches Phänomen sind. Allerdings wurden auch hier Veränderungen – entsprechend der aufkommenden evolutionistischen Auffassung – als eine Entwicklung von einfach strukturierten, primitiven bis zu komplexen, höher entwickelten Sprachen interpretiert. Diese Klassifizierung schwang im Hintergrund sprachwissenschaftlicher Forschung kontinuierlich mit.[66]

Vor diesem Hintergrund widmete sich also auch Bernhard Struck seit seinem Studium bei Carl Meinhof der angewandten und der historischen Sprachforschung mit dem ihm eigenen Perfektionismus und wie sich herausstellt mit bemerkenswertem Sachverstand. Er befasste sich mit Lexikologie (Struktur des Wortschatzes), Semantik (Wort- und Satzbedeutung), Syntax (Satzstruktur), Grammatik, Phonetik (Sprachlaute) und Phonologie (Tonhöhen, Schnalzlaute) und vor allem mit Morphologie (Wortform und Wortbildung). Dabei musste er im Laufe seiner Einzelstudien feststellen, dass der Einfluss der „hamitischen Sprache" auf die Sprachentwicklung in Afrika weniger bedeutsam für die Genese der sudanischen Sprachgemeinschaft und der Bantu-Gruppe ist, als eigentlich angenommen.[67] Die drei klassifizierten Sprachgruppen zeigen sich geografisch zerrissen, eventuelle Wanderkorridore und -brücken sind nur spekulativ zu erahnen oder müssen mit anderen Belegen erwiesen werden. Dies fällt jedoch mit den physisch-anthropologisch nicht zu differenzierenden Sudan- und Bantusprechern schwer. Es ist vor allen Dingen die genaue Kenntnis der verschiedenen morphologischen Sprachtypen, die Struck später von linguistischer Seite eher von den Hamiten abrücken lässt und die sein Augenmerk immer stärker auf das Wesen und die Bedeutung des „Ursudan" und des „Urbantu" lenkt[68], Kategorien, die Meinhof einführte.[69] Nach damaligem morphologischem Klassifikationssystem wiesen alle drei Sprachgruppen eigenständige Merkmale

---

65 Meinhof 1910, S. 117; 1912, S. 2–3.
66 Rohrbacher 2002, S. 86.
67 Struck-Nachlass MVD, Einzelnotizen in Manuskriptsammlung „Urbantu".
68 Struck-Nachlass MVD, Themenkonvolut mit Manuskriptsammlung „Urbantu" und „Ursudan", ohne Datum.
69 Meinhof 1910, S. 40.

auf, wonach sehr vereinfacht ausgedrückt das Hamitische als der vermeintlich am höchsten entwickelten Sprachgruppe den *flektierenden Sprachen* (mit Kennzeichen von Wortbeugung und Lautveränderung), das Bantu den *agglutinierenden Sprachen* (mit Nominalklassen und Verwendung von Affixen) und das Sudanische den *isolierenden Sprachen* (Fehlen einer grammatischen Struktur, feste Wortstellungen und Tonhöhen) zugeordnet wurden.[70] Besonders inhomogen stellte sich jedoch mit weiterer Forschung die Sudan-Gruppe dar. Hier wurde noch am ehesten ein hamitischer Einfluss von Osten nach Westen abnehmend postuliert.[71] Es gelang Struck als einem der ersten grammatische Übereinstimmungen und Sprachgutverwandtschaft bei Bantu- und Sudansprachen, die nicht auf Entlehnung schließen lassen, herauszufiltern und ein „nigritisches" Ursubstrat zu definieren, das beiden zugrunde liegen könnte.[72] Auch wenn man später nicht mehr von einer monogenetischen Hypothese ausging, sondern von verschiedenen, genealogisch verwandten Ursprachen, die sich nach einem Stratifikationsmodell mit vorhandenen Sprachen vermischten[73], wirkte die Strucksche Lehrmeinung der genealogischen Verwandtschaft von Bantu- und Sudansprachen bis in die später erarbeitete Niger-Congo-Klassifikation fort.[74]

Die Orientierung an der empirischen Sachlage, am sprachwissenschaftlichen Vergleich eröffneten Struck erneut wie in seiner ethnohistorischen Forschung eine objektive Sichtweise mit überraschend neuen Erklärungsmustern. Lokale Kulturerscheinungen zeigten sich ihm nicht einfach nur als eine Stratifizierung und Überlagerung, sondern als ein Kulturamalgam. Ein solches erkennt er bei den Sudanvölkern und ihren Sprachen. Auch wenn die gängige Lehrmeinung des tragenden Einflusses urhamitischer Elemente mitbestimmend war, vermutet Struck nicht unbegründet eine sehr variantenreiche eigenständige „sudanische" Kultur mit „nigritischen" und „bantoiden" Ausprägungen. Er trägt damit wiederholt indirekt dazu bei, die Überzeugung von einer vorherrschenden Fremdbestimmung und eines Fremdeinflusses in Afrika deutlich in den Hintergrund zu rücken. Leider gelingt es ihm im Folgenden jedoch nicht, daraus seine eigene wissenschaftstheoretische Schlussfolgerung zu ziehen.

Das Erfassen von Merkmalen in ihrer Häufigkeit und das Erkennen von Zusammenhängen können durch statistische und stochastische Methoden befördert werden, die einen systematischen, strukturierten Umgang mit den empirischen Daten ermöglichen. Hervorragend zur Darstellung der in solcher Weise behandelten Daten eignet sich die grafi-

---

70 STRUCK 1913, S. 5–13; JUNGRAITHMAYR, MÖHLIG 1983, S. 24–25, 86, 117–118.
71 STRUCK 1913, S. 20.
72 STRUCK 1913, S. 22 mit Hinweis auf eine „urnigritische Grund-Sprachfamilie", die STRUCK schon 1909 vorschlug, siehe dazu STRUCK 1909, S. 144.
73 JUNGRAITHMAYR, MÖHLIG 1983, S. 44.
74 Westermann 1927, S. 5–6; Greenberg 1970 (1966), S. 6–8.

sche Methode einer Karte.⁷⁵ Diese stellten für Struck ein sehr wichtiges und mit Leidenschaft entwickeltes heuristisches Hilfsmittel dar, das die Empirie und Theorie verbindet. Die auf diese Weise in einer räumlichen Ausdehnung verdichteten Informationen können Rückschlüsse auf Ausgangszentren, Ausbreitungsetappen und zeitliche Abläufe geben. Auch der Einfluss geografischer Gegebenheiten ist ablesbar. Struck beschäftigte sich seit frühester Jugend mit Karten und mit Kartografie.⁷⁶ Seine geografischen Studien sind die Grundlage all seiner anthropologischen und kulturhistorischen Arbeiten. Dutzende Kartenskizzen, die Struck anfertigte, befassen sich mit den verschiedensten thematischen Fragestellungen. Technisch professionell und immer wieder gelobt und angefragt⁷⁷, fertigt er in erster Linie Verbreitungskarten an. Mit Hilfe von Flächenfarben, Schraffuren und Grenzlinien entwickelte er Flächendarstellungen, Überschneidungen und Schnittmengen. Er konnte somit eine regionale Lokalisierung, Quantifizierung, Verbreitungsrichtung und Vermischung von Kulturelementen darstellen. Indem er lokalisierte Fakten mit kartografischen Mitteln sichtbar machte, schuf er mit mathematisch-geometrischen und grafischen Methoden neue Erkenntnismöglichkeiten. Struck ging dabei fragmentierend vor, indem er materielle Kultur, sprachliche Begriffe oder ethnische und phänotypische Merkmale getrennt voneinander behandelte. Mit der Verteilung der Elemente in räumlichen und zeitlichen Parametern bestätigte, korrigierte oder rückte Struck neue Formkriterien innerhalb der sich ständig modifizierenden Kulturkreise und Unterareale ins Blickfeld. Strucks Karten bringen somit anschaulich in auf das Wesentliche reduzierter und kompakter Form wissenschaftliche Kernaussagen seiner Zeit, des frühen 20. Jahrhunderts, auf den Punkt.

Nicht nur als Erkenntnis-, sondern auch als Vermittlungsprinzip nehmen die Karten für Struck einen außerordentlichen Stellenwert ein. Er ist einer der wenigen Wissenschaftler seiner Zeit, der dieses Arbeitsgebiet als methodisches Darstellungsmittel fachmännisch beherrsche.⁷⁸ Die meisten sind einschichtige, analytische Karten, die Lokalisierung und Verbreitung von Fakten aufzeigen. [Abb. 2] Er fertigte jedoch auch komplexere synthetische Karten an. In einer Faktenüberlagerung ist es somit möglich, z. B. anhand der Verbreitung der „Kreolensprache" in Westafrika gleichzeitig die Sprecheranzahl in einem Gebiet erkennbar zu machen.⁷⁹ [Abb. 3]

---

75 Mit Dank für wertvolle Hinweise in Begutachtung des Struckschen Kartenmaterials an Wolfram Dolz, Dresden.

76 Drost, Nachruf auf Prof. Bernhard Struck vom 13.10.1971 in Jena, Struck-Nachlass MVD.

77 P. W. Schmidt für „Anthropos", Briefwechsel vom 26.02.1909; Luschan, Briefwechsel mit Struck vom 29.06. 1915 und 01.03.1916; Exemplarisch seien genannt: Meinhof 1910, Westermann 1911, gedruckte Karte „Der Islam in Afrika 1911" als Vorlesungshilfsmittel für Prof. Hartmann, Berlin, u. a.

78 Struck-Nachlass MVD, Vorlesungsmanuskript „Ethnographisches und Anthropologisches Kartenzeichnen, 12.11.1926.

79 Struck-Nachlass MVD, Kartenskizze „Die ethnische Zusammensetzung der sog. Kreolen in Sierra Leone, W. A.", K 098.

Als Untersuchungsmerkmale der thematischen Karten wählte Struck solche mit vermeintlich hoher Konstanz, die er vor allem in biologischen bzw. „rassischen" und sprachlichen Elementen sieht. Mit diesen als stabil angenommenen Faktoren glaubte man, von der Gegenwart auf die Vergangenheit und von räumlicher Verteilung auf zeitliche Abläufe schließen zu können. Die thematischen Karten stellten für Struck eine grafische Verdichtung isolierter Kernaussagen dar. Von ihm angefertigte, zumeist nie veröffentlichte Karten befassen sich beispielsweise mit der räumlichen Verteilung von materiellen Kulturelementen (z. B. „Masken und Menschenfiguren", „Gebläseformen", „Stirntrageband"), dem Auftreten von Kulturpraktiken („Beschneidung", „Clitoridectomie", „Infibulatio(n)", „Giftordal") oder der Verbreitung von Nutzpflanzen und Haustieren („Strophantus", „Sorghum/Pennisetum").[80] [Abb. 4]

Zu den anthropologischen Karten gehören verschiedene „Rassenkarten", „… die die jeweiligen Anschauungen über systematische Rasseneinteilung niederlegen."[81] Struck war sich bewusst, dass die Karte als analytische Methode und als verknappte Darstellung der Verbreitung einzelner Merkmale genau dort ihre Grenzen hat, wo sie nicht mehr vermag „… reine Rassen irgendwie räumlich abzugrenzen und den immer zahlreicher sich herausstellenden Zwischenstufen gerecht zu werden …".[82] Auch wies er auf die Verzerrung oder gar Fehldeutung von Aussagen hin, die in einer Karte als starke Vereinfachung mit anderen Parametern zur Deckung gebracht werden mussten. So könnten seiner Meinung nach „physisch-anthropologische Gesetzmäßigkeiten" auf Grund komplizierter anthropogeografischer Verhältnisse fehlinterpretiert oder verdeckt werden.[83] Um diesen Problemen zu begegnen, wendete er sich der sehr anspruchsvollen synthetischen Methode kartografischer Darstellung zu, worauf noch eingegangen wird. Bekannt wurde Struck jedoch mit seinen veröffentlichten anthropologischen Karten in der ersten Hälfte des 20. Jahrhunderts, die die gesamte Problematik „rassischer" Differenzierung in plakativ vereinfachter Weise einem großen Publikum nahebringen sollten. Zu diesen Karten gehören die „Kopfindexkarte im mittleren Afrika"[84] oder die physiologischen Karten zu „Hautfarbe", „Körpergröße", „Kopf- und Gesichtsindex" und „Haarform" in den pseudowissenschaftlichen Publikationen des Eugenikers und „Rasseforschers" Hans F. K. Günther.[85]

Der größte Teil seiner Karten befasst sich mit linguistischen und ethnischen Aspekten. Er konzentrierte sich dabei auf etymologische Zusammenhänge einzelner Wortfor-

---

80 Struck-Nachlass MVD, in verschiedenen Themenmappen zu wissenschaftlichen Fragestellungen enthalten.
81 Struck 1922, S. 54.
82 Ebd.
83 Struck, 1922, S. 55.
84 Struck, 1922, S. 51–113.
85 Günther 1922, S. 216–217; 1924, S. 92–95.

men und Wortstämme (zu Begriffen wie „Gott", „Mensch/Volk", „Europäer", „See", „Flussnamen", „Salz" oder „Huhn").[86] [Abb. 5] Komplexe zusammenfassende Übersichtskarten zeigen die Ausdehnung und teilweise Vermischung von Sprachgruppen oder Sprachfamilien, z. T. auch als ethnolinguistische Karten.[87] Dazu gehören auch Karten zur Verbreitung und zum prozentualen Anteil von europäisch beeinflussten Sprachen („Kreolsprache") einer Region. Die interessantesten kartografischen Experimente stellen seine synthetischen Karten dar, die sich mit der Darstellung von hypothetischen kulturgeografischen, dynamischen Phänomenen befassen. Besonders anhand der „Urbantu-" und der „Ursudan-Thesen" geht es dabei nicht einfach um eine abgegrenzte Verteilung von ethno-linguistischen Arealen der zwei großen Sprachcluster, des Sudanischen und des Bantu, sondern um die Intensität sprachlicher Übereinstimmung und um Wege und Ausbreitung im geografischen Milieu. Eine solche verdichtete Dynamik offenbart sich zum Beispiel in einer einzigartigen Karte zu Wanderkorridoren des „Urbantu" und „Ursudanischen", die in einer bemerkenswerten grafischen Darstellung in Form eines Netzwerkes seine hypothetische Idee eines historischen Zusammenhanges kultureller Veränderung in Afrika vorstellt. [Abb. 6] Das kartografische, zum großen Teil nicht veröffentlichte Material von Bernhard Struck muss für die Zeit der ersten Hälfte des 20. Jahrhunderts als eine Besonderheit hervorgehoben werden. In seinen Karten und Diagrammen spiegelt sich nicht nur die mathematisch-geometrische Umsetzung der diffusionistischen kulturhistorischen Methode wider, sondern es offenbart sich eine – wenn auch begrenzte – Erkenntnis über die Variabilität und Veränderung von Erscheinungen, die Struck erneut in einer Tiefenschau über das schematische, atomistische Konstrukt der alten Kulturkreise hinausführt.

Die Guinea-Forschungsreise – eine Erkenntnis und Wissenschaft relativierende Methode?[88]

In einer undatierten, jedoch vermutlich 1930 verfassten Projektskizze zur Vorbereitung einer Forschungsreise nach Westafrika begründete Struck:

„Am äussersten Westrand des tropischen Afrika hat sich eine wenig bekannte Gruppe von Stämmen und Stammesresten erhalten, die den beherrschenden Völkern des Sudan gegenüber eine wesentlich ältere Schicht darstellen. Von ihrer Bedeutung für ein wissenschaft-

---

86 STRUCK-Nachlass MVD, in verschiedenen Themenmappen zu wissenschaftlichen Fragestellungen enthalten. Siehe auch Fußnote 60.

87 STRUCK-Karte „Entwurf einer Übersichtskarte der Hauptsprachfamilien in Afrika" in MEINHOF 1910; „Skizze der Hamitischen Sprachgebiete in Aequatorial-Ostafrika" 1911.

88 Siehe hierzu auch den Beitrag von DOLZ „Seelenfiguren' von den Bissagos-Inseln als Expeditionsertrag" im gleichen Band.

lich aussichtsreiches, den Negern als Gesamtheit betreffendes Problem ausgehend, wird der vorliegende Plan den verwandten Teilaufgaben eingegliedert und für seine Ausführung in Portugiesisch-Guinea ein eingehendes anthropologisches, ethnographisches und linguistisches Arbeitsprogramm dargelegt."[89]

Struck trachtete nach mehreren Anläufen, die aus finanziellen Gründen scheiterten[90], endlich danach, eigenhändig Beweise der hypothetischen „Urkulturen" in Afrika zu finden. In diesem Zusammenhang stand er der Theorie des Anthropogeografen FRIEDRICH RATZEL nahe, der mit der Veröffentlichung seiner dreibändigen „Völkerkunde" in den Jahren 1885–88 ein prägendes historisches Afrikabild zeichnete. Ratzel schlug einen entwicklungsgeschichtlichen Bogen von den „Naturvölkern" zu den „Kulturvölkern", er betonte dabei besonders den Einfluss der natürlichen Lebensbedingungen. Für ihn schufen durch Wanderung oder „Kolonisierung" ausgelöste kulturelle Überschichtungen das zeitgenössische Kulturbild[91], was jedoch auch den Umkehrschluss zuließ, dass es in geografischen Rückzugsgebieten noch Reste alter Kulturschichten geben könnte. Es war diese spezielle Verbindung zwischen Naturbeschaffenheit und Kulturgeschichte, die Struck als auch in Geografie ausgebildetem Fachmann bewog, in eines dieser wenigen verbliebenen „Rückzugsgebiete" Afrikas zu reisen. Die Hoffnung war groß, mit der Dokumentation von noch existierenden „Altvölkern", die für ihn einem unausweichlichen Untergang entgegensahen, frühe Kulturschichten zu identifizieren. Gemeinsam mit dem Österreicher HUGO A. BERNATZIK reiste Bernhard Struck schließlich am 11. November 1930 nach Portugiesisch-Guinea ab, wo sie am 2. Dezember eintrafen und anschließend eine fünfmonatige Forschungsreise auf dem Festland und dem vorgelagerten Bissagos-Archipel durchführten. Die Rückreise aus Bissau erfolgte am 29. April 1931 unter Schwierigkeiten auf Grund beginnender Aufstände gegen die portugiesische Kolonialverwaltung.

Das Forschungsgebiet gehörte zur zentralen Gruppe der von Struck – in Anlehnung an Westermanns Sprachbegriff[92] – definierten „westatlantischen Kulturregion". Diese reichte im Norden vom Gebiet der Wolof und Serer im Senegal bis zu der Heimat der Temne, Bullom und Kissi in Sierra Leone im Süden.[93] Die geplante Untersuchung von

---

89 STRUCK-Nachlass MVD, „Plan einer anthropologischen, ethnographischen und linguistischen Forschungsreise nach Süd-Senegambien (im besonderen Portugiesisch-Guinea)", S. 1.

90 Er plante 1911 gemeinsam mit dem Geografen Franz Thorbecke eine Reise nach Kamerun, für die er jedoch keine finanziellen Mittel auftreiben konnte. Thorbecke führte von 1911–13 eine zweite geografische Forschungsexpedition nach Zentralkamerun durch. STRUCK-Nachlass, Briefwechsel LUSCHAN, 23.08., 01.10., 08.11.1911.

91 RATZEL 1885, S. 5–14, 19–20; 1888, S. 270–271.

92 WESTERMANN 1927, S. 143.

93 Undatierter Forschungsplan S. 5, 7–8, STRUCK-Nachlass MVD. Struck stand von 1926 bis 1941 mit dem jüngeren Hermann Baumann in einem einvernehmlichen wissenschaftlichen Austausch. BAU-

noch „12 ganz wenig bekannten Alt- und Reststämmen"[94] zwischen den Flüssen Gambia und Rio Company musste aus Kostengründen noch einmal auf die Südroute zu den Biafada und Nalu im Grenzgebiet zu Guinea, die Ostroute zu den Bergrestvölkern der Tyapi, Konyagi und Badjade der Grenzgebiete zu Guinea und Senegal und auf die Nordroute zu den Serer im Senegal verzichten. Somit konzentrierte sich das Forschungsteam, zu dem neben Struck und Bernatzik auch dessen Frau Emmy Bernatzik und zeitweilig die Fliegerin Elly Beinhorn gehörte, auf das zentrale und nördliche Küstengebiet Portugiesisch Guineas und dessen Küstenhinterland sowie auf das vorgelagerte Bissagos-Archipel.

Bernhard Struck formulierte im Forschungsplan seinen gesamtwissenschaftlichen Ansatz wie folgt:

„Herausarbeitung der Einwirkungen fremder Kulturen und Rassen älterer und jüngerer Zeit auf die Negervölker (Hamitenproblem, asiatischer und mediterraner Einfluss)" und „Untersuchung der schwindenden Reste ihrer rassisch und kulturell älteren Vorbevölkerung (Buschmänner, Pygmäen)". Schließlich ging es um „[…] das bisher weniger deutliche Problem der Gliederung und Schichtung der Neger selbst".[95]

Als Forschungsgegenstand sollte das „westatlantische" Kulturkonstrukt dienen, das Struck in seinem Forschungsplan hypothetisch umriss und dessen linguistisches Kennzeichen die „isolierenden Klassensprachen" waren. Diese durch Präfixklassen und eigene Wortstämme gekennzeichnete Sprachengruppe nahm eine Sonderstellung innerhalb der stark differenzierten Sudansprachen ein. Man bezeichnete sie auf Grund ähnlicher Merkmale bei den Bantusprachen auch als „Semibantu", sah darin jedoch keine versprengten Ableger der Bantusprachen. Die vielmehr angenommenen gemeinsamen ursudanischen Wurzeln von Semibantu- und Bantusprachen[96] könnten sich in Rückzugsgebieten erhalten haben. Mehr noch, die vermutlich einst im westlichen Sudan weitverbreitete Semibantuzone, die zu Strucks Zeit nur noch in Randlagen existierte, wäre, so Strucks Annahme, auch kulturell und somatisch noch erkennbar.

„Es handelt sich durchweg um reine ‚Aethiopen' (Frobenius), also Völker einer von Fremdwirkung freien ursprünglichen Negerkultur, und bei allen Gruppen tritt, soweit Material vorliegt, wenigstens die eine Merkmalskombination sehr dunkler Hautfarbe mit geringer Dolichokephalie bis Mesokephalie, sich deutlich zwischen Guineaküste und innerem Sudan abhebend, in Erscheinung. Übereinstimmend in den drei Völkerwissenschaften ist also in den Semibantu eine wohlabgesetzte ältere Negerschicht zu erblicken, die in sich und in ihrem jeweiligen Verhältnis zu späteren Überlagerungen zu untersuchen

---

MANN formulierte und definierte später (1939/40) in seiner mit THURNWALD und WESTERMANN veröffentlichten „Völkerkunde von Afrika" die „westatlantische Kulturprovinz", S. 312–330.

94 „Die Bissagos-Inseln in Westafrika und ihre Bewohner", unveröffentlichtes Manuskript von B. STRUCK, Jena 1939, S. 3, STRUCK-Nachlass MVD.
95 Undatierter Forschungsplan S. 2, STRUCK-Nachlass MVD.
96 WESTERMANN 1927, S. 5–8, 1949, S. 15–16.

die nächste Aufgabe sein muss, bevor mit Aussicht auf Erfolg an die Feststellung vorangehender noch älterer Rassen- und Kulturformen des Negers gegangen werden mag."[97]

Nur in dieser zentralen westatlantischen Gruppe, zu der Ethnien wie die Balante, Pepel, Mandyako, Bayot, Banyun, Fulup und die Bidyogo zählten, sollen sich am wenigsten überlagernde Einflüsse sprachlicher, kultureller und anthropologischer Art durch die Westexpansion der Mande-Völker und Fulbe zeigen. Struck ging davon aus, dass die besondere Geografie des westatlantischen zerklüfteten Küstenstreifens mit dem vorgelagerten Archipel die Bedingung eines isolierenden Rückzugs der ältesten Bevölkerungselemente darstellte, was es nicht nur durch historische Studien, sondern auch durch linguistische und anthropologische Untersuchungen zu beweisen galt und was darüber hinaus auch für den afrikanischen Gesamtzusammenhang von Bedeutung wäre. Sollte sich ein „…Eigenbestand in somatischer Hinsicht, im Kultur- und Sprachbesitz"[98] herausstellen, dann könne dies dazu beitragen, das „… unter fremdrassigen Überschichtungen und in stufenreicher Sozialstruktur undeutbar gewordene Typengemisch der herrschenden Völker des Westsudans …" aufzulösen.[99] Die Sprachen oben genannter Ethnien weisen, so Struck, viele Übereinstimmungen in Lautlehre und Wortschatz mit Bantusprachen auf, woraus er den relativ unbeeinflussten Erhalt eines frühen Sprachstadiums schloss. Auch in kultureller Hinsicht hoffte Struck noch große Eigenständigkeit vorzufinden, worauf die Historie der Region hinzuweisen schien. Obwohl die ersten portugiesischen Handelsniederlassungen in der Region im 15. Jahrhundert gegründet wurden und in der Folge portugiesische, kapverdische und französische Kaufleute diese Küste und die großen Flussmündungen mit Faktoreien ausstatteten, gab es offenbar bis zum Anfang des 20. Jahrhunderts eine nur begrenzte kulturelle Beeinflussung der ansässigen Bevölkerung. Bis 1907 waren besonders die Bissagos-Inseln politisch autonom. Die Inseln galten jahrhundertelang als uneinnehmbar. Gründe dafür waren die schlechte Erreichbarkeit mit Schiffen auf Grund von Klippen, Untiefen und Gezeitenströmungen, aber vor allem war es die Streitmacht und die Wehrbarkeit der Bevölkerung, die unter dem Namen Bidyogo bekannt wurde und die ihrerseits eine gewisse wirtschaftliche Unabhängigkeit und politische Stabilität bewahrte. Dadurch erhalten gebliebene, formale kulturelle Merkmale und Merkmalskombinationen im Sinne einer Kulturkreis-Definition schieden die „westatlantischen Altvölker" von den vermeintlich höheren Lebensformen der längst überschichteten Mandingo und Fulbe. Einzelne Kulturelemente wie „Mutterrecht, Bestattungs- und Ehegebräuche, temporal besehnte Bogen, dürftige Bekleidung, reicher Ring- und Behangschmuck oder Zierformen der Nahwaffen" stellten für Struck noch im Vorfeld seiner Reise relativ stabile Klassifikationskennzeichen dar[100],

---

97 STRUCK, undatierter Forschungsplan, S. 3–4.
98 Ebd. S. 18.
99 Ebd.
100 Ebd., S. 10–15.

Bernhard Struck (1888–1971): „Afrika erkennen"

ohne dass der Kulturzusammenhang dieser isolierten, willkürlich aufgereihten Elemente Beachtung gefunden hätte. In diesem derart beschriebenen Forschungsvorhaben wird Strucks konservativer kulturhistorisch-methodischer Ansatz, der mit dem vorherrschenden Forschungsstand seiner Zeit im deutschsprachigen Raum konform ging, sehr gut erkennbar.

Die Gesamtheit der Ergebnisse der Forschungsreise ist schwierig zu rekonstruieren. In einem zweibändigen Werk veröffentlichte BERNATZIK 1933 eine populäre ethnografische Reisebeschreibung. Das umfangreiche fotografische Werk von Bernatzik mit 1 958 Aufnahmen ist in einer attraktiven Auswahl im zweiten Band der Publikation dokumentiert. Als historisch wertvolle fotografische Dokumentation stellt sie zusammen mit der 1 558 Nummern zählenden ethnographischen Sammlung die greifbaren Ergebnisse der gemeinsamen Expedition von Bernatzik und Struck dar. Die Anlage der Sammlung diente von vornherein der teilweisen Refinanzierung der zum großen Teil von Bernatzik verauslagten Expeditionskosten. Dadurch erfolgte eine Aufteilung der Sammlung auf verschiedene Völkerkundemuseen in Deutschland und später auch Österreichs und der Schweiz.[101] Struck hatte sich in einer wissenschaftlichen Arbeitsteilung besonders den linguistischen Studien von 14 Sprachen (Wörterlisten, phonetischen Aufnahmen mit einem Grammophon), der anthropologischen Untersuchung von 454 Menschen (Beobachtung und anthropometrische Aufnahme) und der geografisch-kartografischen Landesaufnahme von etwa 1 000 km Routen und 200 km Küstenlinie gewidmet.[102] [Abb. 7] Bernatzik bemühte sich um die ethnografische Dokumentation (v. a. Siedlungsweise, Architektur, materielle Kultur, Wirtschaft, matrilineare Sozialorganisation, politische Struktur, religiöse Vorstellungen). Den Erwerb der Sammlung organisierten beide. Struck plante eine eigene Veröffentlichung, die sich der historisch-ethnografischen Situation der Region widmen sollte. Einen 20seitigen Entwurf mit dem Titel „Die Bissagos-Inseln in Westafrika und ihre Bewohner" erarbeitete er 1939, der jedoch nie veröffentlicht wurde. Neben seinem Beitrag zu den anthropologischen Ergebnissen[103] in Bernatziks Veröffentlichung geben seine sehr umfangreichen Wörtersammlungen und linguistischen Studien, seine Tagebuchnotizen und Briefe von der Reise Einblick in die tatsächlichen Ergebnisse für seine Gesamtforschung. Schon während der Reise machte Struck gegenüber Arnold Jacobi, sein Direktor in Dresden, erste Feststellungen:

> „Einzelne Dörfer aller dieser Einwanderer habe ich von Sidengal […] besucht und […] eine bis auf das Dorf genaue ethnographische Mosaikkarte erhalten, die jeder Beschrei-

---

101 STRUCK-Nachlass MVD, „Archivlisten", „Korrespondenz betr. Sammlung". Der größte Teil der Sammlung wurde 1936 an das Berliner Völkerkundemuseum verkauft, das Völkerkundemuseum Frankfurt erwarb 1934 und das Übersee-Museum Bremen 1942 Teile der Sammlung. Die völkerkundlichen Sammlungen in Zürich und Wien kauften aus dem Nachlass Bernatzik Objekte dieser Reise an. Im Dresdner Völkerkundemuseum verblieb eine Sammlung von 289 Objekten.
102 UHLIG 1931, S. 202f.
103 STRUCK 1933, S. 249–278.

bung spottet, etwa 30 auf den Karten nicht verzeichnete Dörfer bringen wird und doch noch wie unter einem Schleier die Grenzen der Urstämme aufzeigt. Wir sind etwa 30 Jahre zu spät gekommen und mussten sehen, zu retten was noch zu retten war."[104]

Für seine anthropologischen Studien vermaß er „454 Individuen", alles Männer „zur Erlangung vergleichsfähiger Gruppenwerte".[105] Es war ihm wichtig hervorzuheben, dass es zu keinen Entblößungen kam und die Vermessungen in einem „… fast überall ausgezeichnete(n) Einvernehmen zwischen Expedition und Eingeborenen …" stattfanden.[106] Das Ergebnis zeigt sich ambivalent. Einerseits ergaben seine „Hautfarben-Messungen", dass sich offenbar deutliche Unterschiede in der Farbnuance und der Farbtiefe zwischen Festland- und Inselbevölkerung zeigen und dass darüber hinaus angeblich im Gesamtvergleich Westafrikas einige Ethnien der untersuchten westatlantischen Küstenbevölkerung, wie die Pepel, Süd-Balante und Bidyogo, zu den „wirklich dunkelsten Westafrikanern" zählen mit einem „Gruppenmittelwert der schwarzen und weißen Farbkomponenten von 91,25 und 93,69 Prozent"[107]. Dies allein sollte nach Struck hervorragend zu der Annahme passen, dass anthropologisch ein Fremdeinfluss sehr unwahrscheinlich ist und es sich somit tatsächlich um isolierte Gruppen handelt. Dem widersprachen allerdings andere Komponenten und Beobachtungen, so dass Struck sich zunehmend der Spekulation ausgesetzt sah und zu einer überraschenden relativierenden Feststellung kam:

> „… eine Trauerversammlung konnte ich in Ruhe mustern und fand neben einigen ‚Masai'-ähnlichen Gesichtern nicht weniger als elf […] quasi-abessinische Typen unter 55 Männern und Frauen. Der in solchen Fällen ihrer Bildhaftigkeit wegen sich leicht einstellenden Definition als ‚Hamitenblut' sich zu bedienen, wäre von ihrer mehr und mehr sich herausstellenden eigenen Problematik einmal ganz abgesehen, doch verfrüht."[108]

Dennoch glaubte er mit der gewissenhaften Auswertung seiner ausgedehnten morphologischen Befunde zu folgender Schlussfolgerung zu kommen: „Man darf gewiß bereits voraussetzen, dass der ganze Westsudan von nichtnegriden Rasseelementen nordwestafrikanischer Herkunft weitgehend durchsetzt ist …", was auf mehrere ältere Infiltrationswellen zurückzuführen sei.[109] Zwischen methodischer Exzessivität und der Begrenztheit der Aussagefähigkeit seiner praktischen anthropologische Forschung gefangen, zog er sich nach dem Konstatieren der schwer erfassbaren somatischen Differenzierung schließlich auf vermeintlich sicheres wissenschaftliches Terrain zurück:

---

104 STRUCK-Nachlass MVD, Brief an Jacobi, 18.02.1931.
105 STRUCK 1933, S. 254.
106 Ebd., S. 257.
107 Ebd., S. 276–278.
108 Ebd., S. 273.
109 Ebd., S. 274.

"Aber zwischen solchen theoretischen Erwägungen und dem Beobachtungsfund, nämlich der Existenz einer oder vielmehr mehrerer neuer Varianten innerhalb der Negriden, bestünde vorläufig keine andere Brücke als die der reinen Spekulation."[110]

Eine stärkere Bestätigung der „Altvölker-These" räumte Struck dem Sprachmaterial und der erbrachten Dokumentation einer großen Fülle von Kulturelementen ein:

"… und die auf den primitiv-sudanischen, ‚äthiopischen' Charakter der einzelnen Stammeskulturen gerichteten Erwartungen wurden um so mehr erfüllt und übertroffen, als die älteren, an sich schon nicht allzu inhaltsreichen ethnographischen Berichte sich vielfach als ungenau und irrtümlich herausstellten."[111]

In der einzigen historisch-ethnografischen, allerdings nicht veröffentlichten Einschätzung, die er erst acht Jahre nach der Reise verfasste, fällt auf, dass Struck kaum über die Erfassung und Beschreibung von Kulturelementen und Kulturerscheinungen hinausgeht. In einigen Fällen werden funktionale Bestimmungen knapp benannt, aber nicht nach ihren sozialen, politischen und religiösen Bedeutungszusammenhängen befragt, so geschehen mit den zahlreichen figürlichen Schöpfungen der Bidyogo in Form von Masken, anthropomorphen Figuren und verzierten Gebrauchsgegenständen.[112] Das ist umso erstaunlicher, als Struck zu jener Zeit mit vielen namhaften in- und ausländischen Fachkollegen in einem wissenschaftlichen Diskurs stand, so zum Beispiel mit dem amerikanischen Kulturanthropologen MELLVILLE J. HERSKOVITS. Seinen ersten kulturrelativierenden Gedanken folgte Struck sehr interessiert.[113] Herskovits brachte seine Position Struck gegenüber schon 1927 wie folgt zum Ausdruck:

"I'm quite willing to study distributions, and have done so, but it seems to me that the trait studied, whatever its nature, must be realized as holding a psycho-emotional content for the people in whose lives it plays a part, and that this element, which is almost entirely neglected in the writings of the kulturhistorische Schule, is of the utmost value."[114]

Zumindest zeitweise schien sich Struck mit den Gedanken Herskovits' auseinandergesetzt zu haben, die jeder Kultur eigene Maßstäbe und Werte aus sich selbst heraus zugestehen und eine qualitative Bewertung in Form von „Primitiv- und Hochkultur" ablehnen.[115] Auch dem funktionalistischen Ansatz in der deutschen Ethnologie (Thurnwald) und dem strukturfunktionalistischen Konzept der britischen Social Anthropology (Radcliffe-Brown, Malinowski) konnte Struck nicht viel abgewinnen, orientierten diese doch, konträr zum historisch-additiven, diffusionistischen Kulturverständnis, auf eine synchrone Gegenwartsanalyse und holistische Weltsicht mit Wahrnehmung und Erklä-

---

110 Ebd.
111 Ebd., S. 250.
112 STRUCK-Nachlass MVD, unveröffentlichtes Manuskript „Die Bissagos-Inseln …", S. 16–18.
113 STRUCK-Nachlass MVD, Briefwechsel Herskovits, 1927–1930.
114 Ebd., Brief von Herskovits an Struck 28.07.1927.
115 STAGL 1981, S. 113.

rung aller Kulturäußerungen in ihrem Sinnzusammenhang innerhalb der Gesellschaft als einer soziokulturellen Gesamtheit.[116] Diese Theorien waren eine kritische Reaktion auf bisherige kulturhistorische Ansichten gerade infolge der praktischen Anschauungen in der Feldforschung. Ihre nach innen ausgerichteten, nichthistorischen, hermeneutischen Herangehensweisen stehen der nach außen orientierten, historischen Erkenntnisweise, die die Vergleichbarkeit von Kulturelemente braucht, entgegen. Letzteres ist für Struck jedoch eine Voraussetzung seines Kulturverstehens, das er durch die Erforschung von Kulturvermischung, Kulturschichtung und Kulturherkunft zu erreichen glaubte. Auf diesem Weg ist er dem kulturmorphologischen Entwicklungsgesetz und den Gedanken von Frobenius zum „Paideuma"[117] näher, wenn er schreibt:

> „Während die alte Plastik, und zwar sowohl die sakrale wie die profane, im Aussterben begriffen ist oder doch in einer deutlichen Dekadenz, die hie und da durch bestellte Arbeit für Weisse nur gesteigert wird, sind Glaube und Ritus auf allen Inseln unerschüttert."[118]

Er hinterfragt nicht diese offensichtliche Diskrepanz und versucht auch nicht die Hintergründe der kulturellen Veränderung zu klären, vor allem erkennt er – ausgehend von der festen Überzeugung eines „rassisch" determinierten Hochkulturen-Konstrukts – nicht die allen Menschen eigene Fähigkeit der Anpassung an Veränderung und der innovativen Gestaltung von Kultur. Die exzessive Erfassung von menschlichen und kulturellen Merkmalen in metrischen Systemen zum Zweck ihrer Klassifizierung verhinderte nicht nur die reale Wahrnehmung des Menschen als aktives, gestaltendes Wesen in seinen Sozialbezügen, sondern sprachen ihm auch noch gewisse Fähigkeiten einer eigenen Lebensgestaltung auf Grund angenommener „rassischer" Dispositionen ab. Struck war somit letztendlich nicht in der Lage, während seines mehrmonatigen Forschungsaufenthaltes die Chance zu erkennen und zu nutzen, seine eigene wissenschaftliche Auffassung kritisch zu überprüfen oder zumindest zu relativieren.

In seinem wissenschaftlichen Selbstverständnis sah sich Struck hingegen in einer weiteren Verantwortung. Die koloniale Fragestellung war nicht Strucks vorrangige Intention, aber eine gesellschaftspolitische Erwartung und wie sich zeigt, für ihn nicht nur eine politische Selbstverständlichkeit, sondern auch ein moralisches Anrecht. In einem Empfehlungsschreiben des Sächsischen Ministeriums für Volksbildung, der dem Dresdner Völkerkundemuseum übergeordneten Behörde, an den Gouverneur der Provinz Portugiesisch Guinea wird vordergründig ausgeführt:

> „Das unterzeichnete Ministerium gibt sich der angenehmen Hoffnung hin, dass die Forschungen des Professor Dr. Struck, seines Beamten, nicht nur der Förderung der Wissen-

---

116 Stagl 1981, S. 49–54; Szalay 1983, S. 35–40.
117 Frobenius 1921, S. 104–118.
118 Struck-Nachlass MVD, unveröffentlichtes Manuskript „Die Bissagos-Inseln …", S. 28.

schaft dienen, sondern zu ihrem Teile auch der kolonialen Verwaltung der Provinz nutzbar gemacht werden können."[119]

Ob mit Auftrag oder ohne fällt jedoch in Strucks 1939 verfassten Bissagos-Aufsatz eine ausführliche Beschreibung sowohl der natürlichen, als auch der wirtschaftlichen und „menschlichen Ressourcen" Portugiesisch Guineas auf. Er geht dabei auf die ausgedehnten Ölpalmenbestände, auf an deutsche Unternehmen vergebene Konzessionen zur Nutzung des Ölpalmenlandes, die verkehrstechnische Infrastruktur, die genaue Produktionskapazität von Palmöl einer Fabrikanlage und die Rekrutierung und Fähigkeiten von Arbeitskräften „verschiedener Stämme" und deren Entlohnung ein.[120] Folgerichtig ergab sich für Struck die spätere beratenden Tätigkeit als Fachgruppenvertreter für die Kolonialwissenschaftliche Abteilung des Reichsforschungsrates mit Sitz in Berlin in der Zeit von 1940 bis 1943. In einem schriftlichen Beitrag zu den „Vordringliche(n) Forschungsaufgaben der kolonialen Völkerkunde"[121] von 1941 listete Struck alle erdenklichen Wirkungsbereiche kolonialpolitischer Verantwortung auf und unterstützte das erneute Streben Deutschlands nach eigenen Kolonien. Für ihn bestand schon 1922 der dringliche Wunsch im Vordergrund, „… dass die deutsche Arbeit auch im Ausland in der Völkerkunde führend bleibt und dadurch unser Volk auf seine koloniale Betätigung moralisches Anrecht dauernd behält."[122] Eine Rechtfertigung des Kolonialgedankens allgemein und des deutsch-nationalen Anspruches im Besonderen drückte Struck nicht nur in großem Einvernehmen mit den politischen Protagonisten seiner Zeit aus, sondern diese basierte vor allem auf einer eindeutigen ideologischen Grundeinstellung, die er mit vermeintlich wertneutralen wissenschaftlichen Erkenntnissen zu rechtfertigen glaubte. Das in der alten Kolonialära bestandene Selbstverständnis orientierte nach Struck entweder auf der notwendigen „Eingeborenen-Führsorge" oder auf dem „Kapitalstreben kolonialer Wirtschaft" und er führte fort:

„Der Nationalsozialismus wertet zu tiefst anders. Ebenso von seiner rassischen Erkenntnis wie vom völkischen Willen aus erblickt er in den Eingeborenen die von Natur ausgelesenen Aufbaukräfte des kolonialen Ergänzungsraumes; für uns notwendig, für den Eingeborenen längst unausweichlich ist die von der Weltgeschichte herbeigeführte Zusammenarbeit. Die dafür erkannten Lebensgesetze verbieten ebenso sehr untauglich machende Verpäppelung wie eine letztlich vernichtende Ausbeutung der Eingeborenen, erheischen

---

119 STRUCK-Nachlass MVD, „Schriftverkehr über Befürwortung, Unterstützung und Berichterstattung während Expedition", Brief Sächsisches Ministerium für Volksbildung vom 28.10.1930.

120 STRUCK, Manuskript „Die Bissagos-Inseln …", S. 13–14.

121 STRUCK-Nachlass, Akte „Reichsforschungsrat, Kolonialwissenschaftliche Abteilung", unveröffentlichter Beitrag von STRUCK „Vordringliche(n) Forschungsaufgaben der kolonialen Völkerkunde", 1941, S. 1–8. Siehe auch MISCHEK 2000, S. 129–147, hier besonders S. 141, 143–145; STOECKER 2008, S. 263, 267–269, 271.

122 STRUCK, „Bericht über die Ergebnisse einer Dienstreise …", 1922, S. 25, STRUCK-Nachlass MVD, Briefwechsel mit dem Forschungsinstitut für Kulturmorphologie.

vielmehr verantwortungsbewusste Führung, ja Entwicklung zum Optimum auf arteigener Bahn."[123]

Diese Einschätzung Bernhard Strucks ist keine scheinbare, den Zwängen einer allumfassenden nationalsozialistischen Hegemonie geschuldeten Überlebenstaktik, sondern erwächst folgerichtig aus eigener wissenschaftlicher Historie und gesellschaftspolitischer Haltung heraus.[124] Deutlich zeigt sich im Forschungsplan für die Afrika-Reise von 1930, dass der Wissenschaftler Struck im Begriff war, den Boden der Wissenschaft zu verlassen:

„Diese über Soziologie und Biologie laufende Verbindung zwischen ethnographischer und anthropologischer Forschung ist für die kausale Erfassung der mannigfachen Unterschiede im politischen und psychischen Verhalten der einzelnen Stämme von Bedeutung, für die wir nur teilweise äußere Einflüsse zu sehen vermögen und kaum eben die räumlichen Auswirkungen kennen."[125]

Verknüpft ist diese, der zeitgenössischen Geisteshaltung entsprechende Sichtweise mit einem sozialdarwinistischen Entwicklungskonstrukt, woraus Struck eine äußerst fragwürdige Schlussfolgerung ableitete, die er nach seiner einzigen unmittelbaren Anschauung in Afrika vertrat und 1939 wie folgt formulierte:

„Die Anthropologie erkennt viele Primitivmerkmale seiner [‚afrikanischen Neger'] Rasse, die ihn jenen alten Rassenresten an die Seite stellen, aber auch Sonderzüge fortgeschrittener Eigenentwicklung, die ihn weit über sie erheben; auch die Tatsache seiner im Ganzen gesehenen, rassebiologischen Selbstbehauptung rückt ihn den beiden anderen Grossrassen, der gelben und der weissen, ebenso näher wie ihn andererseits eine mindere geistige Leistungsspanne von ihnen deutlich abhebt und auf eine eigene, tiefere Ebene verweist."[126]

Damit hatte sich Struck weit von seinem Lehrer FELIX VON LUSCHAN entfernt, der in seinem 1922 veröffentlichten populären Büchlein „Völker, Rassen, Sprachen" in Hinblick auf höher- und minderwertige Kulturen und Rassen deutlich humanistisch orien-

---

123 STRUCK-Nachlass MVD, Akte "Reichsforschungsrat, Kolonialwissenschaftliche Abteilung", unveröffentlichter Beitrag von Struck „Vordringliche(n) Forschungsaufgaben der kolonialen Völkerkunde", 1941, S. 1–2.
124 Eines dieser deutlichen Bekenntnisse gibt er z. B. von seiner Forschungsreise in einem Brief an seinen Dresdner Direktor Arnold Jacobi kund, als er den Ältesten in einem Dorf der Kassanga, die gegen die Zerstörungen und das zugefügte Unrecht durch ihre benachbarten Feinde, die Balante, aufbegehrten, erwiderte: *„Die Szene der im Mondlicht gegen die Balante geballten Fäuste und der Bericht dazu waren so packend, dass ich es mir nicht versagen konnte, die Leute mit der Geschichte von 1813–1870–1918 einigermaßen zu trösten."* Struck diente als Kriegsfreiwilliger im Ersten Weltkrieg seit März 1915 und kehrte als Ordonnanzoffizier im Januar 1919 zurück. STRUCK-Nachlass MVD, Briefwechsel mit A. Jacobi vom 18.02.1931, Mappe Schriftverkehr über Befürwortung, Unterstützung und Berichterstattung während Expedition; Struck-Nachlass, „Lebensdaten" von ihm selbst verfasst.
125 STRUCK 1933, S. 10.
126 STRUCK, Manuskript „Die Bissagos-Inseln …", S. 2

tierte Grundsätze formulierte.[127] Das Buch schrieb v. Luschan vor dem Hintergrund der in Deutschland latent vorhandenen und zunehmend offen ausgetragenen fremdenfeindlichen und rassistischen Stimmungen und Bekundungen mit vor allem antifranzösischer und antisemitischer Ausrichtung.[128]

Abschließende Betrachtung

Bernhard Struck wurde wiederholt als einer der letzten Vertreter einer Wissenschaft gewürdigt, die als „Anthropologie im Sinne einer umfassenden Natur- und Kulturgeschichte des Menschen, wie sie sich in der 2. Hälfte des 19. Jahrhunderts herausgebildet hatte",[129] verstanden wurde. Struck vereinte in seiner späteren, universitären Laufbahn in einem Lehrstuhl zwei Disziplinen aus den Natur- und Geisteswissenschaften, die Anthropologie und Völkerkunde.[130] Zeitlebens bemühte er sich in fachlicher Grenzüberschreitung Impulse aufzunehmen und weiterzudenken. Seine Schüler, zu denen die bekannten Ethnologen Katesa Schlosser und Dietrich Drost gehörten, begegneten Struck mit großer Dankbarkeit. Sie berichteten von seinem menschlichen Verhalten, das sich durch Güte, Verantwortung und Hilfsbereitschaft auszeichnete, und schätzen ihn auf Grund der von ihm an seine Studenten vermittelten wissenschaftlichen Werte:

> „Als akademischer Lehrer hat Struck nie eine ‚Schule' im Sinne einer bestimmten Lehrmeinung oder Ähnlichem begründet. Was er seinen Studenten vermittelte war ein solides Faktenmaterial, das Aufspüren von Zusammenhängen und Vergleichen sowie methodische Anleitung zur eigenen wissenschaftlichen Arbeit auf den jeweiligen Gebieten."[131]

Als Struck 1936 den Ruf als Professor für Anthropologie und Völkerkunde und Direktor des gleichnamigen neugebildeten Instituts an der Friedrich-Schiller-Universität Jena annahm, schien es, als würde er sich verhalten im Hintergrund nur noch der Wissenschaft und der Lehre widmen wollen. Seine wissenschaftliche Publikationstätigkeit nahm rapide ab.[132] Steuerte der mit einem „phänomenalen Gedächtnis" und von „kaum

---

127 Die drei wichtigsten der 10 Thesen besagen: „1. Die gesamte Menschheit besteht nur aus einer einzigen Spezies: Homo sapiens. 2. Es gibt keine ‚wilden' Völker, es gibt nur Völker mit einer anderen Kultur als die unsere." Und „4. Es gibt keine an sich minderwertigen Rassen", LUSCHAN 1927 (1922), S. 374–375.

128 Luschan verhehlt im Briefwechsel an Struck bei Erscheinen des Buches nicht, dass er auf die Reaktion der „Deutschvölkischen" gespannt sei, zumal der Verlag „jüdisch orientiert" sei, STRUCK-Nachlass MVD, Briefwechsel v. Luschan, 26.7.1922.

129 DROST 1971, S. 1, im STRUCK-Nachlass MVD.

130 BESCHERER 1953/54, S. 11.

131 DROST 1971, S. 4, im STRUCK-Nachlass MVD.

132 NÜTZSCHE 1996, S. 306–333.

vorstellbarer universaler Wissensfülle"[133] beschriebene Bernhard Struck in seinem wissenschaftlichen Erkenntnisprozess einer Sackgasse zu?

Struck sah in der kulturhistorischen und diffusionistischen Lehrmeinung der Ethnologie einen Weg, den Ursprung und die Entwicklung von Kultur am Beispiel des Kontinents Afrika zu erhellen. Am Beginn seiner wissenschaftlichen Laufbahn stand der Mensch selbst, seine biologische Beschaffenheit. Sowohl der Mensch als auch die Kultur waren in Strucks Wissenschaftsverständnis dem Gesetz der Evolution unterworfen, die graduell unterschiedliche Entwicklungsstufen hervorbringt. Augenscheinliche Verschiedenheit von menschlichen Populationen („Rassen") und von materiell-technischer Ausstattung galten als deren untrügliche Kennzeichen. Das Feststellen dieser Unterschiede sollte Rückschlüsse auf Entwicklungshöhe und auf Befähigung geben, der Vergleich und das Klassifizieren sollte dazu beitragen, Urformen und Ursprünge zu finden. Je mehr vermessen und gesammelt werden konnte, desto geringer sollte die Fehlerquelle der Interpretation sein. Doch diese Verabsolutierung barg eine Gefahr. Strucks formale Methode des Vermessens, quantitativen Faktensammelns und Klassifizierens von Mensch und Kultur versperrten ihm nicht nur die Sicht auf die Lebendigkeit von Wechselwirkung und Dynamik sozioökonomischer und kultureller Prozesse, sondern auch auf den Menschen selbst, auf seine Potentiale, innovativen Fähigkeiten und hervorgebrachten kulturellen Werte. Der grundsätzliche Fehler lag im Anfang: Es war dies die augenscheinliche, aber nicht beweisbare Auffassung einer biologischen und kulturellen Unterscheidung von niederer und höherer Abstammung und Befähigung.

Geprägt von einem evolutionären und kulturmorphologischen Denkansatz, der Natur und Gesellschaft gleichermaßen dem Gesetz von Werden und Vergehen unterordnete, erfasste vor einem konfliktvollen gesellschaftspolitischen Hintergrund in der ersten Hälfte des 20. Jahrhunderts auch Struck ein gewisser Kulturpessimismus. Es galt vor dem vermeintlichen Untergang der kulturellen Diversität wissenschaftlich zu retten, was zu retten ist, ein Erkennen der Anfänge, auch der „eigenen Zivilisation", wäre sonst ausgeschlossen. In einer innovativen und vorteilhaft gedachten Verbindung mehrerer Fachgebiete – von Anthropologie über Ethnologie bis zur Linguistik – lag jedoch auf Grund der speziellen wissenschaftshistorischen und zeitgenössischen ideologischen Konstellation eine weitere Gefahr. Wissenschaftliche Fehlinterpretation und politischer Missbrauch sind dann möglich, wenn postulierte Fakten einer Disziplin methodisch einer anderen als vermeintlich wissenschaftliche Argumentation dienen. Diese Gefahr wurde in einem hegemonialen, diskriminierenden und sich immer weiter radikalisierenden politischen Umfeld real. Die von Struck hochgeschätzte Unbestechlichkeit und Wertneutralität von Wissenschaft gerieten in den Sog einer mörderischen Weltanschauung, die im Zweiten Weltkrieg ihren Höhepunkt erreichte.

---

133 DROST 1971, S. 5, im STRUCK-Nachlass MVD.

Strucks Karriere hatte mit der Arbeit zur Benin-Chronologie und wichtigen linguistischen Studien hoffnungsvoll begonnen. Sein persönlicher Erkenntnisprozess verlief ambivalent, zwischen wissenschaftlicher Sachlichkeit und ideologischer Voreingenommenheit. Das wissenschaftliche Verdienst Strucks bestand darin, in bekannter Akribie und Tiefenschau mehrfach eurozentrische und universalhistorische Postulate entkräftet zu haben, die einer wissenschaftlichen Beweisführung entbehren. Durch seine umfassenden Studien von Menschen und Kulturen Afrikas bemerkte er die eigenverantwortliche Geschichte und eigenständige Identität der Menschen, schaffte jedoch nicht den Schritt, dies in seinen Schriften klar zu benennen. Er beendete 1969 seine wissenschaftliche Laufbahn nach zwei Weltkriegen und der staatspolitischen Entscheidung in der DDR, das Jenaer Institut für Anthropologie und Völkerkunde im Zuge der Dritten Hochschulreform 1967/68 aufzulösen, in gewisser Resignation. Es gelang ihm nicht, in seinen letzten Schaffensjahren unter einem neuen politischen System im frühen sozialistischen deutschen Staat, der DDR, wissenschaftliche Lehren zu ziehen und sich zum Beispiel einem aus dem amerikanischen Exil zurückgekehrten Julius Lips, der an der Universität in Leipzig eine Neuanfang für die Ethnologie wagte, anzunähern.[134] Bernhard Struck veröffentlichte in seiner Jenaer Zeit kaum noch wissenschaftliche Ergebnisse, er widmete sich bis zum Schluss nur noch rezeptiv der Lehre der anthropologischen und ethnologischen Wissenschaftsgeschichte.[135]

Zusammenfassung

Am Museum für Völkerkunde Dresden befindet sich der umfangreiche wissenschaftliche Nachlass des Ethnologen, Anthropologen und Afrikanisten BERNHARD STRUCK (1888–1971). Er ermöglicht Einblicke in besonders schwierige Phasen der Zeit-, Wissenschafts- und der Dresdner Institutsgeschichte der ersten Hälfte des 20. Jahrhunderts und reflektiert zugleich Strucks ganz persönlichen, ambivalenten wissenschaftlichen Werdegang. Nach Studium und Volontariat, vor allem bei Felix von Luschan in Berlin, wechselte er 1913 an das Königliche Zoologische und Anthropologisch-Ethnographische Museum in Dresden und bekleidete ab 1923 die Stelle eines Kustos bis er 1936 den Lehrstuhl für Anthropologie und Völkerkunde an der Universität Jena übernahm. Die Dresdner Jahre waren eine wissenschaftlich sehr produktive Zeit für Struck mit zahlreichen Publikatio-

---

134 Ein Briefwechsel mit Julius Lips als Direktor des Rautenstrauch-Joest-Museums in Köln aus dem Jahr 1928 offenbart unterschiedliche Themenschwerpunkte und fachliche Positionen. Der Kontakt wurde auch nach der Rückkehr von Lips aus den USA 1948 und seiner Berufung an die Universität Leipzig auf den Lehrstuhl für Völkerkunde und vergleichende Rechtssoziologie nicht wiederaufgenommen. Auch ein späterer Kontakt mit Eva Lips war nur kurzzeitig und formeller Art. STRUCK-Nachlass MVD, Briefwechsel Lips 1928, 1953–54.

135 HOSSFELD 2005, S. 265–266, 381; NÜTZSCHE 1996, S. 303–305; STRUCK-Nachlass MVD, Vorlesungsmanuskripte 1929–1943; Vorlesungsverzeichnisse 1945–1948, Institut der Friedrich-Schiller-Universität Jena.

nen. Er gilt nicht als theorieprägend in der Wissenschaftsgeschichte, dennoch sind seine faktenbasierten und methodischen Leistungen beachtenswert. Mit seiner frühen Benin-Studie von 1923 legte er eine der ersten Arbeiten zur ethnohistorischen Forschung vor, die nicht nur das gesamte bekannte Wissen zum Benin-Reich der damaligen Zeit zusammenfasste, sondern die auch einige europäische historische Fehlinterpretationen aufdeckte. Seine akribischen ethnolinguistischen Studien bildeten eine Grundlage für die Sprachforschung und Spracheinteilung in Afrika. In seinen bisher zumeist nicht veröffentlichten, synthetischen Kartenskizzen schuf er ein methodisches Instrumentarium der Erkenntnisdarstellung und -gewinnung, mit dem er erhobene Fakten in Raum und Zeit visuell vernetzen konnte.

Strucks Ziel war es zeitlebens, die Kulturgeschichte der Menschheit am Beispiel des für ihn fundamental wichtigen Kontinents Afrika zu erschließen. Der Weg dahin sollte in innovativer Weise über die interdisziplinäre Verbindung von Anthropologie, Ethnologie, Geografie und Linguistik führen. Der deutschen kulturhistorischen und diffusionistischen Theorie seiner Zeit eng, aber nicht unkritisch verbunden, forschte er an der Auffindung von „Urkulturen". Auch wenn Struck für außergewöhnlich umfangreiches Faktenwissen, große Akribie und interdisziplinäre Forschung bei seinen Zeitgenossen sehr geschätzt wurde, hat sich der für wissenschaftlich unbestechlich haltende Museums- und Universitätsgelehrte den ideologischen und politischen Verwerfungen des 20. Jahrhunderts nicht entzogen. Dies führte ihn schließlich in eine wissenschaftliche Sackgasse. Zu spät musste Struck erkennen, dass die von ihm lange Zeit unterstützte Auffassung einer biologischen und kulturellen Unterscheidung von niederer und höherer Abstammung und Befähigung entsprechend evolutionistischer und kulturhistorischer Entwicklungskonstrukte den reaktionären Kräften in Deutschland bis 1945 verhalf, eine schließlich zutiefst menschenverachtende Politik in die Wirklichkeit umzusetzen.

Summary

The Museum für Völkerkunde Dresden holds an extensive collection of works associated with the research conducted by the ethnologist, anthropologist and Africanist BERNHARD STRUCK (1888–1971). This scientific legacy provides insights into particularly difficult periods in the first half of the twentieth century —both for history and academia in general and for the Dresden Museum, in particular—while at the same time reflecting Struck's very personal, ambivalent academic career. After graduating from university and then undertaking a period of practical training, mainly under Felix von Luschan in Berlin, he moved to the Königliches Zoologisches und Anthropologisch-Ethnographisches Museum (Royal Zoological and Anthropological-Ethnographic Museum) in Dresden in 1913. From 1923, he held the position of Curator there before taking over the chair of Anthropology and Ethnology at the University of Jena in 1936. His Dresden years were a very productive time for Struck, resulting in numerous scholarly publications.

He is not considered to have shaped theories in the history of science, yet his fact-based and methodological achievements are notable. With his early study on Benin published in 1923, he presented one of the first ethnohistorical works that not only summarised all contemporary knowledge about the Benin Empire but also exposed some European historical misinterpretations. His meticulous ethnolinguistic studies formed a basis for linguistic research and language classification in Africa. In his draft synthesis maps, most of which have not yet been published, he created a methodological tool for presenting and acquiring knowledge, using it to create visual connections between collated facts through space and time.

Throughout his life, Struck's aim was to explore the cultural history of humanity using the example of Africa, a continent that he believed to be of fundamental importance. The approach he took was innovative, combining the disciplines of anthropology, ethnology, geography and linguistics. Adhering closely, but not uncritically, to the German cultural-historical and diffusionist theory prevailing in his day, he endeavoured to identify "primordial cultures" (*Urkulturen*). Even though Struck was highly esteemed by his contemporaries for his extraordinarily comprehensive knowledge of facts, his great meticulousness, and interdisciplinary approach to research, this museum and university scholar, who was considered to be scientifically incorruptible, was unable to elude the ideological and political upheavals of the twentieth century. This ultimately led him into a scientific dead end. When it was already too late, Struck realised that the view he had long supported regarding a supposed biological and cultural distinction between lower and higher ancestry and abilities, based on corresponding evolutionary and cultural-historical developmental constructs, had helped pave the way for the reactionary political forces in Germany up to 1945 to implement a policy that displayed utter contempt for humanity.

Dank

Mein herzlicher Dank gilt Katja Geisenhainer (Institut für Kultur- und Sozialanthropologie, Universität Wien) und Richard Kuba (Frobenius-Institut, Frankfurt am Main) sowie meiner Kollegin Petra Martin (Museum für Völkerkunde Dresden) für die Durchsicht und wichtige Hinweise zum Text. Besonders danke ich Wolfgang Scheppe dafür, dass er als Ideengeber und Kurator mich im Rahmen des Forschungs- und Ausstellungsprojektes der Staatlichen Kunstsammlungen Dresden „Die Vermessung des Unmenschen. Zur Ästhetik des Rassismus" (13.5.–7.8.2016) ermutigt hatte, mich dem enormen, ungeordneten wissenschaftlichen Nachlass von Bernhard Struck am Museum für Völkerkunde Dresden zu widmen und eine Aufarbeitung zu wagen.

Literaturverzeichnis

ANKERMANN, BERNHARD: Kulturkreise und Kulturgeschichten in Afrika. In: *Zeitschrift für Ethnologie* 37, Berlin 1905, S. 54–84

Afrikanische Kulturkreise. In: *Dresdner Anzeiger*, Dresden 193 (1923, Juni, 6) 154, S. 3

BAUMANN, HERMANN; THURNWALD, RICHARD und WESTERMANN, DIEDRICH: Völkerkunde von Afrika. Mit besonderer Berücksichtigung der kolonialen Aufgabe. Essen 1939/40

BERNATZIK, HUGO ADOLF: Äthiopen des Westens. Forschungsreisen in Portugiesisch Guinea. 2 Bde., Wien 1933

BESCHERER, JOHANNES: Zur Geschichte des Institutes für Anthropologie und Völkerkunde der Friedrich-Schiller-Universität Jena in den Jahren 1936–1953. In: *Wissenschaftliche Zeitschrift der Friedrich-Schiller-Universität Jena*, (Mathematisch-Naturwissenschaftliche Reihe Heft 1), Jena 1953/54, S. 3–12

FROBENIUS, LEO: Der westafrikanische Kulturkreis. In: *Petermanns Mitteilungen* 44, Gotha 1898, S. 193–204 und 265–271

– : Paideuma. Umrisse einer Kultur-und Seelenlehre. München 1921

– : Kulturgeschichte Afrikas, Prolegomena zu einer historischen Gestaltlehre. Zürich 1933

GRÄBNER, FRITZ: Kulturkreise und Kulturgeschichten in Ozeanien. In: *Zeitschrift für Ethnologie* 37, Berlin 1905, S. 28–53

GREENBERG, JOSEPH H.: The languages of Africa. Indiana University, Bloomington 1970 [1966]

GÜNTHER, HANS F. K.: Rassenkunde des deutschen Volkes. München 1922

– : Rassenkunde Europas. München 1924

HABERLAND, EIKE: Historische Ethnologie. In: HANS FISCHER (Hg.): Ethnologie. Eine Einführung. Berlin 1983

HIRSCHBERG, WALTER: Zur Geschichte der afrikanischen Kulturkreise. In: MICHAEL HESCH, GÜNTHER SPANNAUS: Kultur und Rasse. Otto Reche zum 60. Geburtstag. München, Berlin 1939, S. 317–325

HOSSFELD, UWE: Geschichte der biologischen Anthropologie in Deutschland, von den Anfängen bis in die Nachkriegszeit. Wissenschaftskultur um 1900. Bd. 2, Stuttgart 2005

JUNGRAITHMAYR, HERRMANN und MÖHLIG, WILHELM (Hg.): Lexikon der Afrikanistik. Afrikanische Sprachen und ihre Erforschung. Berlin 1983

LUSCHAN, FELIX VON: Die Altertümer von Benin. 3 Bde., *Veröffentlichungen aus dem Museum für Völkerkunde*, Staatliche Museen zu Berlin, Bd. VIII–X, Berlin, Leipzig 1919

– : Völker, Rassen, Sprachen. Anthropologische Betrachtung. Berlin 1927 [1922]

MEINHOF, CARL: Grundzüge einer vergleichenden Grammatik der Bantusprachen. Berlin 1906

– : Die moderne Sprachforschung in Afrika. *Hamburgische Vorträge*, No. 43, Berlin 1910, mit einem „Begleitworte zur Übersichtskarte der Hauptsprachfamilien in Afrika", Anhang mit Karte

– : Die Sprachen der Hamiten. *Abhandlungen des Hamburgischen Kolonialinstituts*, Bd. IX, Hamburg 1912

MISCHEK, UDO: Der Weg zu einer Planungs- und Verfügungswissenschaft für den kolonialen Raum. In: BERNHARD STRECK (Hg.), Ethnologie und Nationalsozialismus (Veröffentlichungen des Instituts für Ethnologie der Universität Leipzig, Reihe: Fachgeschichte 1). Gehren 2000, S. 129–147

NÜTZSCHE, SIGRUN: Verzeichnis der Schriften des Anthropologen und Völkerkundlers Prof. Dr. Bernhard Struck (1888–1971): mit einer biographischen Einführung und Anmerkungen zum Verzeichnis. In:

Abhandlungen und Berichte des Staatlichen Museums für Völkerkunde Dresden, Bd. 49, Berlin 1996, S. 293–341

Pöhl, Friedrich und Tilg, Bernhard (Hg.): Franz Boas. Kultur, Sprache, Rasse. Wege einer antirassistischen Anthropologie. Berlin 2011

Raum, Johannes W.: Evolutionismus. In: Hans Fischer (Hg.): Ethnologie. Eine Einführung. Berlin 1983, S. 275–301

Ratzel, Friedrich: Völkerkunde. 3 Bde., Band 1 Die Naturvölker Afrikas, Leipzig 1885, Band 3 Die Kulturvölker der Alten und Neuen Welt, Leipzig 1888

Rohrbacher, Peter: Die Geschichte des Hamiten-Mytos. *Beiträge zur Afrikanistik*, Bd. 71, Wien 2002

Ruggendorfer, Peter und Szemethy, Hubert D. (Hg.): Felix von Luschan (1854–1924). Leben und Wirken eines Universalgelehrten. Wien, Köln, Weimar 2009

Schmidt, Wilhelm und Koppers, Wilhelm: Der Mensch aller Zeiten. Bd. III Völker und Kulturen, 1. Teil: Gesellschaft und Wirtschaft der Völker. Regensburg 1924

Stelzig, Christine: Afrika am Museum für Völkerkunde zu Berlin 1873–1919. Aneignung, Darstellung und Konstruktion eines Kontinentes. Herbholzheim 2004

Stagl, Justin: Kultur-Anthropologie und Gesellschaft. Berlin 1981

Stoecker, Holger: Afrikawissenschaften in Berlin von 1919 bis 1945. Zur Geschichte und Topographie eines wissenschaftlichen Netzwerkes. (Pallas Athene. Beiträge zur Universitäts- und Wissenschaftsgeschichte 25). Stuttgart 2008

Streck, Bernhard: Ethnohistorie. In: Bernhard Streck (Hg.): Wörterbuch der Ethnologie. Wuppertal 2000a, S. 55–59

– (Hg.): Ethnologie und Nationalsozialismus (Veröffentlichungen des Instituts für Ethnologie der Universität Leipzig, Reihe: Fachgeschichte 1). Gehren 2000b

Struck, Bernhard: Besprechung zu D. Westermann´s „Handbuch der Ful-Sprache". In *Globus*, 96, Berlin 1909, S. 144

– : Über die Sprachen der Tatoga und Irakuleute: mit einer Kartenskizze der hamitischen Sprachgebiete in Aequatorial-Ostafrika. In: *Mitteilungen aus den deutschen Schutzgebieten*, Berlin 1911a, April 15, Ergänzungsheft 4, S. 107–132

– : Der Islam in Afrika. Übersichtskarte 1:35 000 000, Hilfsmittel für Vorlesung Prof. Hartmann „Staat und Gesellschaft der islamischen Länder", Berlin 1911b

– : Linguistische Kongostudien. In: *Mitteilungen des Seminars für Orientalische Sprachen zu Berlin* 16, Berlin 1912, Abt.3, S. 93–112

– : Der Schlüssel der Sudansprachen. In: *Allgemeine Missionszeitschrift*, Sonderdruck, Gütersloh 1913, S. 1–24

– : Anthropologie und Völkerkunde. In: *Dresdner Anzeiger*, Dresden 1914, (Mai, 14), S. 6

– : Die Gbaya-Sprachen (Dar-Fertit). In: *Mitteilungen des Seminars für Orientalische Sprachen zu Berlin* 21, Berlin 1918, Abt. 3, S. 53–100

– : Anthropologie und Völkerkunde. In: *Naturwissenschaftliche Wochenschrift* 27, Jena 1919 (Juli, 6), S. 377–379

– : Somatische Typen und Sprachgruppen in Kordofan. In: *Zeitschrift für Ethnologie*, Bd. 52/53, Berlin 1920/21, S. 129–170

– : Versuch einer Karte des Kopfindex im mittleren Afrika. In: *Zeitschrift für Ethnologie*, Bd. 54, Braunschweig 1922, S. 51–113

– : Die Chronologie der Benin-Altertümer. In: *Zeitschrift für Ethnologie*, Bd. 55, Berlin 1923, S. 113–166

– : Systematik der nilotischen Völker und ihrer Abteilungen. In: Hugo Bernatzik: Zwischen Weißem Nil und Belgisch-Kongo. Wien 1929, S. 125–129

– : Anthropologische Ergebnisse aus Portugiesisch-Guinea. In: Hugo Adolf Bernatzik: Äthiopen des Westens, 2 Bd., Wien 1933

Szalay, Miklós: Ethnologie und Geschichte. Zur Grundlegung einer ethnologischen Geschichtsschreibung. Berlin 1983

Uhlig, Carl: Expedition Struck-Bernatzik. In: *Zeitschrift der Gesellschaft für Erdkunde*, Berlin 1931, S. 220–221

Wernhart, Karl R.: Kulturgeschichte und Ethnohistorie als Strukturgeschichte. In: Schmied-Kowarzik, Stagl (Hg.): Grundfragen der Ethnologie. Berlin 1981, S. 233–263

Westermann, Diedrich: Die Sudansprachen. Eine sprachvergleichende Studie. In: *Abhandlungen des Hamburgischen Kolonialinstituts*, Bd.3, Hamburg 1911

– : Die westlichen Sudansprachen und ihre Beziehung zum Bantu. *Beiheft zu den Mitteilungen des Seminars für Orientalische Sprachen*, Jg. XXIX, Berlin 1927

– : Sprachbeziehungen und Sprachverwandtschaft in Afrika. In: *Sitzungsberichte der Deutschen Akademie der Wissenschaften zu Berlin, Philosophisch-historische Klasse*, Jg. 1948, Nr.1, Berlin 1949, S. 1–27

Archivalien

Struck-Nachlass, Museum für Völkerkunde Dresden

Drost, Dietrich: Nachruf auf Prof. Dr. Bernhard Struck, gehalten anlässlich der Trauerfeier am 13. Oktober 1971 in Jena, 6 Manuskript-Seiten

von Struck selbst verfasste Manuskripte in Ordnern:
– „Lebensdaten"
– Ordner: „Ost- und Südafrikanische Zusammenhänge"
– Ordner: „Westafrikanische Zusammenhänge"
– Ordner: „Urbantu"
– Ordner: „Ursudan"
– Ordner: „Schriftverkehr über Befürwortung, Unterstützung und Berichterstattung während Expedition"
– Ordner: „Reichsforschungsrat, Kolonialwissenschaftliche Abteilung", 1940–1943 mit „Vordringliche Forschungsaufgaben der kolonialen Völkerkunde", Vortrag am 28.10.1941 in Berlin
– Undatierter Forschungsplan „Plan einer anthropologischen, ethnographischen und linguistischen Forschungsreise nach Süd-Senegambien (im besonderen Portugiesisch-Guinea), vermutlich 1930, 26 Seiten
– „Die Bissagos-Inseln in Westafrika und ihre Bewohner", unveröffentlichtes Manuskript, Jena 5.2.1939, 37 Seiten

Bernhard Struck (1888–1971): „Afrika erkennen"

- Briefwechsel mit dem Forschungsinstitut für Kulturmorphologie, München, „Bericht über die Ergebnisse einer Dienstreise vom 16. bis 22. Mai d. J. zur Besichtigung des Forschungsinstituts für Kulturmorphologie in München", 1922, S. 1–26
- Vorlesungsmanuskripte von 1926–1943:
  „Ethnographisches und Anthropologisches Kartenzeichnen" (12.11.1926),
  „Die Völker Afrikas (Raum, Sprachen, Kulturen)" (1929/30)
  „Sprachen und Dichtung der Afrikaner im Überblick" (1933/34)
  „Die außereuropäischen Völker und Kulturen im Überblick" (1937/38)
  „Technik der Naturvölker" (1938/39)
  „Geschichte der Völkerkunde" (Trimester 1941)
  „Besprechung über koloniale Völkerkunde" (Trimester 1941)
  „Gesellschaftsformen der Naturvölker" (1942/43)
  „Kunst der Naturvölker" (1943)
  „Anthropologische Grundzüge" (ohne Datum)
- Briefwechsel Baumann (1926–1944)
- Briefwechsel Frobenius/Jensen und mit dem Forschungsinstitut für Kulturmorphologie, München und Frankfurt (1909–1942)
- Briefwechsel Herskovits (1927–1930)
- Briefwechsel Lips (mit Julius Lips 1928/mit Eva Lips 1953–1954)
- Briefwechsel von Luschan (1908–1924)
- Briefwechsel Meinhof (1904–1941)
- Briefwechsel Thurnwald (1919–1925)
- Briefwechsel P.W. Schmidt, Koppers, Schebesta/Wiener Schule (1901–1938)

Rolf Krusche, Leipzig

Ein Prolog

Als der Autor des folgenden Beitrags die Pirahã am Rio Maici in Brasilien aufsuchte, war der Name der kleinen ethnischen Gruppe höchstens ein paar kundigen Spezialisten bekannt und geläufig.

Inzwischen hat sie bei Linguisten und Ethnologen eine gewisse „Berühmtheit" erlangt, nachdem Daniel Everetts Buch erschienen war, das von einigen Wissenschaftlern geradezu als Kampfansage und Provokation wahrgenommen wurde. 2010 war es – mit dem verheißungsvollen Titel „Das glücklichste Volk" versehen – auch in deutscher Übersetzung herausgekommen.[1] Und fast gleichzeitig wurden die aussagestarken, künstlerischen Porträtfotos der Männer, Frauen und Kinder bekannt, die Martin Schoeller in einer Pirahã-Siedlung aufgenommen hatte.[2]

Everett hat zweifellos einen ungewöhnlichen, sehr persönlich geschriebenen Bericht vorgelegt. Er schildert darin u. a., wie das Leben mit den Pirahã ihn, den ausgebildeten Sprachforscher und hochmotivierten Missionar, so veränderte, dass ihm schließlich der eigene Lebensentwurf fragwürdig und wertlos erschien. Seine These, dass Sprache und Denken dieser „Urwald-Indianer" anders und fremdartiger seien als alle bisher dokumentierten Systeme, hat tiefe Gräben aufgerissen und einen erbitterten – wiederum sehr persönlich geführten – Gelehrtenstreit ausgelöst.

Mit ganz anderen Erwartungen und Absichten hatte Klaus-Peter Kästner jene unvergessliche Bootsfahrt auf dem Rio Maici angetreten. Und so hat er die Pirahã während dieses relativ kurzen Kontaktes am Ende der Regenzeit des Jahres 1993 auch anders erlebt und beschrieben. Ihm ging es zunächst um eine nüchterne „Inventur" ihrer traditionellen Lebensweise und ihres Kulturbesitzes – mit dem Ziel, Stellung und Bedeutung

---

1 Daniel Everett: Das glücklichste Volk. Sieben Jahre bei den Pirahã-Indianern am Amazonas. München 2010.
2 Martin Schöller (Fotos) und Malte Henk (Text): Gíxai kaxaxái. Amazonien – Das Volk, mit dem ein Menschenbild versinkt. In: GEO 01/Januar 2010, S. 48–70.

dieser alten Fischer- und Wildbeuter- Bevölkerung in der ungeschriebenen Geschichte Amazoniens näher zu bestimmen und zu verstehen.

Seit Jahrzehnten hat sich Kästner, der Museums-Ethnologe, intensiv mit jener großen Region beschäftigt, die er das „nicht-andine Südamerika" nannte. Dabei hat er sich von Anfang an einer – von ihm immer weiter entwickelten – kulturgeschichtlichen Arbeitsweise bedient, die in DDR-Zeiten keineswegs „zeitgemäß" war. Und unbeeindruckt von anderen zeitbedingten Vorgaben hat er auch später daran festgehalten.[3]

Stets galt seine besondere Aufmerksamkeit der materiellen Kultur, dem Bereich, der im Prozess des Kulturwandels in der Regel zuerst verschwindet, viel eher als Sprache, Glaubensformen oder Verhaltensweisen. Darum war er immer bestrebt, gut dokumentierte Objekt-Sammlungen anzulegen, als es ihm nach 1990 möglich war, eigene Studien- und Forschungsreisen in Brasilien durchzuführen. Auf diesem Gebiet hat er sich umfassende Kenntnisse erarbeitet, wie kaum ein anderer.

Stéphen Rostain, Forschungsdirektor am *Centre National de la Recherche Scientifique* (CNRS) in Paris, hat insbesondere auf seine gründliche Beschreibung der materiellen Kultur der Zoé Nordbrasiliens aufmerksam gemacht. Sie verdiene, ins Englische übersetzt zu werden, um sie einem größeren Nutzerkreis zugänglich zu machen: « De tels inventaires complets sont rares, malgré leur grand intérêt tant pour l'ethnologue que pour l'archéologue amazoniste. […] Klaus-Peter Kästner s'inscrit dans une longue tradition d'ethnologues allemands minutieux et consciencieux. »[4]

Kästner gehört nicht zu den zögerlichen Schreibern. Auch „große" Themen hat er beherzt angepackt, umfangreiche Materialmengen zügig durchgearbeitet und nach seinen Möglichkeiten zeitnah veröffentlicht. Das belegen u. a. die monographischen Arbeiten in den Bänden 46 (1992) und 53 (2007) der Abhandlungen und Berichte sowie der reich bebilderte Beitrag zur Geschichte und Kultur der südlichen Kawahib-Stämme Rondônias im Band 52 (2005) und nicht zuletzt sein prächtiger Ausstellungsführer „Amazonien. Indianer der Regenwälder und Savannen".[5]

Dass die Arbeit über die Pirahã nach ihrer Fertigstellung (2013) so lange unveröffentlicht blieb, offenbarte eine höchst fragwürdige Haltung zur Wissenschaft. Er kannte die

---

3 Siehe Stichwort „Kulturareal" in Wörterbuch der Völkerkunde, Neuausgabe, Berlin 1999, S. 220–221.

4 Stéphen Rostain: Kästner, Klaus Peter, Zoé. Materielle Kultur, Brauchtum und kulturgeschichtliche Stellung eines Tupí-Stammes im Norden Brasiliens, VWB (Verlag für Wissenschaft und Bildung), Berlin 2007. In: *Journal de la Société des Américanistes*, vol. 95-1, 2009, S. 232–234, hier S. 233–234.

5 Klaus-Peter Kästner: Historisch-ethnographische Klassifikation der Stämme des Ucayali-Beckens (Ost-Peru). Eine Kulturanalyse und -synthese. Bd. 46, Frankfurt/Main 1992; Beiträge zur Geschichte und Kultur der Urueuwauwau-Stämme (Rondônia, Brasilien). In: *Abhandlungen und Berichte der Staatlichen Ethnographischen Sammlungen Sachsen*, Bd. 52, Berlin 2005, S. 91–133; Zoé. Materielle Kultur, Brauchtum und kulturgeschichtliche Stellung eines Tupí-Stammes im Norden Brasiliens. Bd. 53, Berlin 2007; Ausst.-Kat. Amazonien. Indianer der Regenwälder und Savannen. Ausstellung des Museums für Völkerkunde Dresden, Staatliche Ethnographische Sammlungen Sachsen. Dresden 2009.

Geschichte seines Doktorvaters und Kollegen Günter Guhr, dessen gedruckte und gebundene kritische Studie zu theoretischen Problemen der Ethnographie 1969 nicht ausgeliefert werden durfte. Und so war es für ihn eine bittere, unerwartete Erfahrung, dass viele Jahre nach dem Ende der DDR wieder einmal unerwünschte ethnographische Untersuchungen als nicht publikationswürdig zurückgehalten wurden. Es ist erfreulich, dass seine Arbeit nun in dem vorliegenden Band der Abhandlungen und Berichte erscheint. Freilich, ganz unbeschwert kann man selbst diese positive Entscheidung nicht zur Kenntnis nehmen. Man kann aber hoffen, dass Band 55 nicht der letzte in dieser ehrwürdigen, 1887 in Dresden begründeten Publikationsreihe sein wird.

Klaus-Peter Kästner, Dresden

Die Pirahá des Rio Maici in Zentralbrasilien
(mit einer historisch-ethnographischen Klassifizierung ihrer Stammeskultur)

Mit 51 Abbildungen, davon 29 Feldaufnahmen und 22 Objektaufnahmen, 2 Karten (Farbtafeln XXXII–LVI)

Inhaltsverzeichnis

Einführung

I. Kultur und Lebensweise der Pirahá
1. Sprachzugehörigkeit und anthropologischer Typus
2. Siedlungsgebiet und Siedlungen der Pirahá
3. Beziehungen zu Nachbarstämmen
4. Wirtschaftsform
5. Siedlungsweise und Hüttenbau
6. Materielle Kultur
6.1 Boote
6.2 Waffen
6.3 Werkzeuge und Hausrat
6.3.1 Werkzeuge aus Zähnen und Knochen
6.3.2 Haushaltgerätschaften
6.4 Handwerkliche Techniken und Produkte
6.4.1 Verarbeitung von Rindenbast, Lianen und Pflanzenfasern
6.4.2 Verarbeitung von Baumwolle
6.4.3 Flechtarbeiten aus Palmblättern, Rohrstreifen und Lianen
6.5 Kleidung
6.6 Schmuck
6.7 Haartracht und Körperbemalung
6.8 Musikinstrumente
6.9 Spielzeug für Kinder

7. Geistige Kultur
7.1 Glaubensvorstellungen
7.2 Medizinmannwesen (Schamanismus)
7.3 Feste und rituelle Tänze
7.4 Narkotika
7.5 Exokannibalismus und Schädeltrophäen
7.6 Bräuche während des Lebenszyklus
8. Soziale Struktur

II. **Historisch-ethnographische Klassifizierung der Pirahá-Stammeskultur und deren kulturgeschichtliche Stellung**
1. Wirtschaftlich-kulturelle Klassifikationsebene
1.1 Wirtschaftlich-kultureller Typ „Halbsesshafte Fischer, Jäger, Sammler und Bodenbauer der tropischen Binnengewässer Südamerikas"
1.1.1 Wildbeuterisch geprägte wirtschaftlich-kulturelle Typen an tropischen Binnengewässern Südamerikas
2. Sprachlich-kulturelle Klassifikationsebene
2.1 Historisch-ethnolinguistische Familie Mura
3. Geographisch-kulturelle Klassifikationsebene
3.1 Historisch-ethnographische Provinz Madeira-Tapajóz
4. Kulturelle Einzelerscheinungen von historisch-ethnographischer Relevanz

Karte 1: Stämme (im Text erwähnt) des Madeira-Tapajóz-Gebiets
Karte 2: Verbreitung wildbeuterisch geprägter wirtschaftlich-kultureller Typen an tropischen Binnengewässern Südamerikas

Einführung

Die Pirahá leben im brasilianischen Bundesstaat Amazonas, am unteren Rio Marmelos (Nebenfluss des Rio Madeira) und vor allem an dessen Zufluss, am Rio Maici (Maicy). Sie haben in den vergangenen Jahren einen stetigen Bevölkerungszuwachs zu verzeichnen. In den vom Instituto Socioambiental in São Paulo herausgegebenen Bänden von „Povos Indígenas no Brasil" wird die Bevölkerungszahl der Pirahá für das Jahr 1993 mit 179 angegeben.[1] 360 Pirahá gab es im Jahr 2000,[2] 389 im Jahr 2006[3] und 420 im Jahr

---

1 Povos Indígenas no Brasil 1996, X.
2 Povos Indígenas no Brasil 2000, 13.
3 Povos Indígens no Brasil 2006, 14.

2010. Das Siedlungsgebiet dieses Stammes hat heute den offiziellen Status einer „Terra Indígena Pirahã" und steht damit unter staatlichem Schutz.[4] Der hier verwendete Begriff „Stamm" kennzeichnet eine ethnische Gruppe, deren gesellschaftliche Organisationsform auf dem Blutsverwandtschaftsprinzip basiert. Sie besiedelt ein bestimmtes Gebiet und besitzt eine gemeinsame Sprache und Kultur sowie ein ethnisches Zusammengehörigkeitsgefühl bzw. Selbstverständnis. Dieses wird in der Regel durch die Eigenbezeichnung der Gruppe zum Ausdruck gebracht.

Es gibt nur wenige Quellen mit ethnographischen Angaben über die Pirahã, von denen nachstehend die wichtigsten erwähnt werden. Nach den Angaben von Curt Nimuendajú wurden die Pirahã erstmalig 1853 von Ferreira Penna erwähnt.[5] Der österreichische Naturforscher Johann Natterer weilte allerdings bereits 1829/30 im Gebiet des Rio Madeira. In seinen Aufzeichnungen, die lange Zeit verschollen waren und erst 1989 veröffentlicht wurden, bezeichnet er die „Piriahaën" als noch „wilde Mura", die am Rio Marmelo leben. Sie seien Freunde der Arara,[6] eines Stammes der Kariben-Sprachfamilie. Die erste detaillierte Darstellung der Pirahã-Kultur stammt von Curt Nimuendajú, der 1922 bei den Pirahã weilte.[7] Die Ethnologinnen Adélia Engrácia De Oliveira und Ivelise Rodrigues sammelten während ihrer drei Feldforschungen in den Jahren 1973 und 1975 Ethnographica bei den Pirahã des unteren Rio Maici sowie 1976 bei dem Stammesteil am oberen Rio Maici.[8] Der Linguist und frühere Mitarbeiter des Summer Institute of Linguistics Daniel Everett arbeitete von 1977 bis 2006 mehrere Male längere Zeit bei den Pirahã. In seinem 2010 erschienenen Buch finden sich neben Ausführungen zur Sprache der Pirahã auch Angaben zur Kultur und Lebensweise dieses Stammes.[9] 1985 besuchte der Ethnologe José Carlos Leivinho im Dienst der FUNAI (Fundação Nacional do Índio) die Pirahã-Siedlungen entlang des Rio Maici zwecks Identifizierung des Área Indígena Pirahã. An dieser Expedition nahm Everett als Dolmetscher teil. Auch Leivinhos Bericht für die FUNAI enthält wertvolle Angaben über die Pirahã.[10] 1986 weilte der brasilianische Ethnologe Marco Antonio Gonçalves zwei Mal bei diesem Stamm. Er widmete sich vor allem der Erforschung der geistigen Kultur der Pirahã.[11] Im Jahre 1993 hatten Rolf Krusche vom Leipziger Völkerkundemuseum und der Autor dieses Beitrags vom Dresdner Völkerkundemuseum die Gelegenheit, die

---

4   Povos Indígenas no Brasil 2011, 14, 416 (Karte).
5   Nimuendajú 1948a, 266.
6   Kann 1989, 113.
7   Nimuendajú 1982 (1925), 117.
8   Rodrigues e Oliveira 1977, 14.
9   Everett 2010, 17, 37.
10 Leivinho 1987 (Ms.), 1; Everett 2010, 232–235. Die FUNAI in Porto Velho stellte mir in dankenswerter Weise eine Kopie des Manuskripts von Leivinhos Bericht zur Verfügung.
11 Gonçalves 1993, 9; Leivinho 1987, 1.

Pirahã des Rio Maici zu besuchen. Zu den Ergebnissen unserer Reise, die uns den Rio Maici flussaufwärts führte, zählten die Erkundung der Pirahã-Siedlungen an diesem Fluss mit entsprechenden Feldbeobachtungen und das Anlegen einer ethnographischen Sammlung, die die materielle Kultur der Pirahã Ende des 20. Jahrhunderts repräsentiert.[12] Der Vergleich dieser Ergebnisse mit Angaben in der einschlägigen Literatur ermöglicht Rückschlüsse auf Kulturwandelprozesse, die in dieser Stammeskultur stattgefunden haben. Gleichzeitig sind sie die Grundlage für einen historisch-ethnographischen Kulturvergleich, mit dessen Hilfe Aussagen zur kulturgeschichtlichen Stellung der Pirahã ermöglicht werden.

An dieser Stelle möchte ich allen danken, die unseren kurzen, aber erfolgreichen Feldaufenthalt ermöglichten. Genannt seien hier die Mitarbeiter der FUNAI in Porto Velho und Hertha Tolksdorf, Witwe des Sertanista der FUNAI Fritz Tolksdorf, auf deren Empfehlung wir von der FUNAI die Besuchsgenehmigung erhielten. Bedanken möchte ich mich bei unserem Reisebegleiter Mauro Renato de Oliveira und dem Pirahã Otavio, der uns bei den Besuchen der Pirahã-Siedlungen am Rio Maici als Dolmetscher wertvolle Dienste leistete. Meinem Reisegefährten, Dipl.ethn. Rolf Krusche, danke ich für einige Ergänzungen, die ich als Fußnoten wiedergegeben habe, sowie für zwei Fotos, die er für diesen Beitrag zur Verfügung stellte. Mein Dank gilt auch den nachstehend genannten Mitarbeitern des Museums für Völkerkunde Dresden (SES). Die Objektfotos stellte Eva Winkler (†) her, wobei ein Objektfoto von Hans-Peter Klut (SKD) aufgenommen wurde. Die Graphikerin Sylvia Pais da Silva Pereira fertigte die Druckvorlagen für die beiden Karten an und Irene Godenschweg digitalisierte die Fotos für diesen Beitrag. Dipl.-Ethnologin Silvia Dolz war für die Redaktion zuständig.

---

12 Von der FUNAI in Porto Velho (Hauptstadt des brasilianischen Bundesstaats Rondônia) erhielten wir die Erlaubnis für diesen Besuch. Mit dem von uns engagierten erfahrenen Reisebegleiter Mauro Renato de Oliveira, der früher im Dienst der FUNAI stand, verließen wir am Abend des 2. Juni 1993 Porto Velho und fuhren mit dem Flussdampfer „Orlandina" auf dem Rio Madeira bis zu dem Ort Auxiliadora, wo wir am Mittag des folgenden Tages ankamen. Wir mieteten hier von einem ortsansässigen Händler ein Motorboot mit Bootsführer und brachen am 5. Juni in der Frühe zum Rio Maici auf. Vom Rio Madeira bogen wir in dessen Nebenfluss, den Rio Marmelos, ein und erreichten am Mittag die Mündung des Rio Maici. Von nun an ging es den Maici aufwärts bis zu der Stelle, wo die Transamazônica den oberen Maici quert. Nachdem wir während unserer Flussreise mehrere Pirahã-Siedlungen besucht hatten (siehe I.2.), beendeten wir hier unsere Bootsfahrt am 11. Juni. Eine große einfache Holzbrücke überspannte den an dieser Stelle schon recht schmalen Rio Maici. Mit dem LKW eines Bauarbeitertrupps, der an der Reparatur der Brücke arbeitete, fuhren wir auf der Transamazônica bis zu der am Rio Madeira gelegenen Stadt Humaitá. Von hier aus ging es mit dem Bus zurück nach Porto Velho, wo wir den Mitarbeitern der FUNAI über unsere Reise berichteten.

I. Kultur und Lebensweise der Pirahá

1. *Sprachzugehörigkeit und anthropologischer Typus*

Nimuendajú bezeichnet die Pirahá als einen Unterstamm der Mura. Beide sprechen unterschiedliche Dialekte, die aber gegenseitig verständlich sind. Als einen weiteren Unterstamm der Mura nennt er die Yahahi, deren letzte Überlebende sich den Pirahá anschlossen.[13] Auch Rodrigues und Oliveira bezeichnen die Pirahá als eine Untergruppe (subgrupo) der Mura.[14] Die Pirahá sind jedoch nach ihrem ethnischen Selbstverständnis ein selbständiger Stamm. Gleiches traf sicherlich auch auf die ausgestorbenen Yahahi zu. Bei dem Ethnonym Pirahá handelt es sich nach Nimuendajú um die Selbstbezeichnung dieses Stammes. Nach Leivinho heißt diese jedoch „Hiaitiihi" (= Körper).[15]

Der Linguist Daniel Everett, der gegenwärtig beste Kenner der Pirahá-Sprache, klassifiziert diese als Mitglied der Mura-Sprachfamilie, zu der auch die jetzt (wahrscheinlich) ausgestorbenen Dialekte Bohurá, Yahahi, Mura und vielleicht auch Torá gehören.[16] Der brasilianische Linguist Aryon Dall´Igna Rodrigues zählt zu der kleinen Mura-Sprachfamilie die Mura und Pirahá, während er die Torá zu der ebenfalls kleinen Txapakúra (Chapacúra)-Sprachfamilie rechnet. Der gleiche Autor schreibt, dass die Sprachen der Mura-Sprachfamilie tonal sind – wie die Sprachen der Nambikwára-Sprachfamilie.[17] Auch Everett bezeichnet das Pirahá als eine tonale Sprache, bei der die Tonlage der einzelnen Vokale von großer Bedeutung ist. Als weitere Besonderheiten stellt er das Fehlen von Zahlen und Zahlwörtern sowie von einfachen Begriffen für Farben fest. Einzigartig unter den Sprachen der Welt sei, dass das Pirahá die geringste Zahl an Phonemen besitzt. Männer verwenden drei Vokale (i, a, o) und acht Konsonanten (p, t, k, s, h, b, g und einen Knacklaut), während die Frauen neben den genannten drei Vokalen sieben Konsonanten (p, t, k, h, b, g und einen Knacklaut) sprechen. Everett unterscheidet dabei fünf verschiedene Kommunikationsmöglichkeiten: normale Sprache, musikalische Sprache, Summsprache, Schreisprache und Pfeifsprache.[18] Mir fiel bei unserem Besuch auf, dass die Frauen im Unterschied zu den Männern mit relativ tiefer und lauter Stimme sprachen.[19]

---

13 Nimuendajú 1948a, 266f.
14 Rodrigues e Oliveira 1977, 1; Oliveira 1978, 1, 3, 5.
15 Leivinho 1987, 3.
16 Everett 1986, 200.
17 Rodrigues 1986, 78f., 81.
18 Everett 2010, 26f., 179f., 265, 270f., 275–277.
19 Rolf Krusche fiel ebenfalls immer wieder die sehr laute Sprache bei einigen Frauen auf. Er vermutet, dass dies möglicherweise damit zusammenhängt, dass sie auf dem Wasser und manchmal von Steilufer

Wie die sprachlichen Besonderheiten deutet auch der anthropologische Typus darauf hin, dass die Pirahã einer alten (paläoindianiden) Bevölkerungsschicht Amazoniens entstammen. Auffallend ist ihr welliges Haar [Abb. I. 3]. Bei einigen Männern sahen wir starken Bartwuchs [Abb. I. 12]. Während Terminalbehaarung bei der indianiden Bevölkerung kaum vorkommt, findet sich relativ starker Bartwuchs bei einigen Stämmen Südamerikas, die an der Peripherie des Amazonasbeckens bzw. der tropischen Waldgebiete leb(t)en. Sie sind Nachfahren paläoindianider Bevölkerungsschichten und besitzen eine wildbeuterisch geprägte Wirtschaftsform.[20] So erklären sich auch Ähnlichkeiten zwischen den Pirahã und den Guató des oberen Paraguay (siehe II.1.1.), die ebenfalls starken Bartwuchs haben. Die dünnen Unterschenkel sind bei Pirahã und Guató sicherlich auf die eng mit dem Boot verbundene Lebensweise zurückzuführen.[21] Beide Geschlechter sind bei den Pirahã von mittlerer Größe und haben einen langen Rumpf.[22] Wir sahen nur wenige Individuen mit deutlichen negroiden Einflüssen, wobei das kurze krause Haar besonders auffiel. Diese Fremdeinflüsse kommen auf Grund einer erheblichen Vermischung mit Gruppen anderer Stämme und der nichtindigenen Bevölkerung bei den sprachverwandten Mura viel häufiger vor.[23] Mir fiel auf, dass in den Pirahã-Siedlungen keine alten Menschen zu sehen waren, dafür aber viele Kinder. Außerdem waren die meisten jüngeren Frauen schwanger. Diese Beobachtung deckt sich mit der Angabe EVERETTS, dass die normale Lebensdauer der Pirahã 45 Jahre ist.[24]

2. Siedlungsgebiet und Siedlungen der Pirahã

Anfang des 19. Jahrhunderts gibt Natterer den Wohnsitz der Pirahã am Rio Marmelos an (Nebenfluss des Madeira).[25] NIMUENDAJÚ meint, dass das Siedlungsgebiet der ca. 90 Pirahã Anfang der 20er Jahre des 20. Jahrhunderts entlang des unteren Rio Maici und am Rio Marmelos, unterhalb der Einmündung des Rio Maici, offenbar schon immer ihr Wohngebiet war.[26] Nach GONÇALVES bezeugen von ihm gesammelte Genealogien die

---

zu Steilufer über größere Entfernungen zu sprechen gewohnt sind, wobei die Unterhaltung meist schon weit vor Sonnenaufgang beginnt.
20 KÄSTNER 1990, 330f., 332 (Karte 2); 1992, 308.
21 SCHMIDT 1905, 294–298.
22 Rolf Krusche bemerkte bei einigen Männern auch eine relativ starke Terminalbehaarung an den Beinen. Bei beiden Geschlechtern (mit einer geschätzten Körpergröße von 160 cm) fielen ihm besonders die relativ dünnen Waden auf, die fast nie stärker waren als die Oberarme.
23 NIMUENDAJÚ 1948a, 257.
24 EVERETT 2010, 201.
25 KANN 1989, 113.
26 NIMUENDAJÚ 1948a, 266.

Anwesenheit der Pirahã am Rio Maici seit der zweiten Hälfte des 19. Jahrhunderts.[27] In den 1970er Jahren stellten RODRIGUES und OLIVEIRA fest, dass die Pirahã an zwei Stellen des Rio Maici lebten. Am unteren Maici siedelten sie in dem Ort Porto Velho, wo sich früher ein Posten des SPI (Serviço de Proteção ao Índio) befand, der nach 1960 Sitz eines Missionars des Summer Institute of Linguistics (SIL) wurde. Eine zweite Gruppe dieses Stammes lebte am oberen Maici, in der Siedlung Mariral. Der Akkulturationsprozess der Pirahã war durch den Kontakt mit Paranuss- und Gummisammlern, Holzfällern, Händlern, Caboclos und Missionaren des SIL beschleunigt worden. Die Stammesgruppe am oberen Maici hatte Anfang der 70er Jahre weniger Kontakte mit ihnen und besuchte die Missionare des SIL auch nur sporadisch. OLIVEIRA schreibt, dass es infolge eines internen Streites mit tödlichem Ausgang zu einer Teilung des Stammes gekommen war. Es gab jedoch weiterhin einige Heiraten zwischen den beiden Pirahã-Gruppen am unteren und oberen Maici.[28] Im Jahr 1985 besuchte LEIVINHO alle nachstehend genannten Pirahã-Siedlungen. Die Entfernung wird von ihm angegeben mit der Zeit, die man mit einem großen Motorboot flussaufwärts von einer Siedlung zur anderen benötigte:

Borial: am Rio Marmelos, 1 Std. von der Einmündung des Rio Maici entfernt,
Posto Novo: am Rio Maici, 15 min von der Einmündung des Maici in den Marmelos entfernt,
Ponta Limpa: 4.30 Std. von Porto Novo entfernt,
Coatá: 1.45 Std. von Ponta Limpa entfernt,
Pereira: 18.40 Std. von Coatá entfernt,
Bola-Bola: 5.20 Std. von Pereira entfernt,
Siedlung in der Nähe der Transamâzónica (Brücke über den Rio Maici):14.10 Std. von Bola-Bola entfernt. Ca. 20 min bis zur Transamâzónica-Brücke.

LEIVINHO schreibt, dass bei den beiden Besuchen von Gonçalves im Jahr 1986 die Situation im Gebiet unverändert war.[29] Nach GONÇALVES war der Ort „Estirão Grande" am Rio Marmelos der Anfang des von insgesamt 250 Pirahã bewohnten Gebiets, das sich Rio Maici aufwärts bis zur Querung des Flusses durch die Tansamazônica erstreckte. Eine der beiden großen Pirahã-Gruppen verteilte sich auf mehrere Siedlungen vom Marmelos bis zum mittleren Maici. Das Siedlungsgebiet der zweiten Pirahã-Gruppe begann etwa 30 Motorbootstunden von der letzten Siedlung am mittleren Maici entfernt und erstreckte sich bis zur Transamazônica. GONÇALVES stellt fest, dass die beiden Siedlungsgruppen weder Frauen noch Informationen austauschten. Von seinen Informanten erfuhr er, dass beide Gruppen in den 50er Jahren des 20. Jahrhunderts angrenzende Gebiete in der Nähe der Mündung des Maici bewohnten. Nach internen Streitigkeiten zog

---

27 GONÇALVES 1993, 18.
28 RODRIGUES E OLIVEIRA 1977, 12–14; OLIVEIRA 1978, 1–3.
29 LEIVINHO 1987, 1, 24f.

ein Stammesteil zum mittleren Maici. Die hier lebenden Pirahã hatten keinen Kontakt mit den Weißen.[30]

Auch unsere Beobachtungen bestätigen im Wesentlichen die Angaben von LEIVINHO und GONÇALVES. Während unserer Bootsfahrt den Rio Maici aufwärts besuchten wir verschiedene Pirahã-Siedlungen, um eventuelle kulturelle Unterschiede und grobe Entfernungsangaben zwischen den Siedlungen zu ermitteln, die sich auf den Steilufern befinden.[31]

Nach der Einmündung in den Rio Marmelos sahen wir am 5. Juni auf unserer Fahrt den Rio Maici aufwärts zunächst am Unterlauf des Flusses auf dem linken und rechten Ufer einzelne Hütten, von denen nur eine bewohnt war. Nach ca. 3.30 Stunden Fahrt erreichten wir die Siedlung Sta. Cruz am linken Ufer [Abb. I. 1–7]. Bis hierher reichte das Wirkungsgebiet des Missionars Wanderley, dessen Sitz sich in Auxiliadora am Rio Madeira befand. In Sta. Cruz konnten wir einen ortskundigen Pirahã mit dem portugiesischen Namen Otavio dazu gewinnen, uns auf unserer weiteren Fahrt zu begleiten. In dieser Siedlung blieben wir vom 5. bis zum 8. Juni. Von den Pirahã und unserem Bootsführer, der sich in dieser Gegend sehr gut auskannte, erfuhren wir, dass es am Rio Maici stromaufwärts nach Sta. Cruz die folgenden Pirahã-Siedlungen gibt bzw. gab: Cuata (aufgegeben), Sete, Poção, Fortuna (aufgegeben), Pereira, Mona-Mona und Petí.

Am 8. Juni setzten wir gegen Mittag unsere Reise fort.[32]

2 Stunden nachdem wir Sta. Cruz verlassen hatten, sahen wir die Siedlung Sete am rechten Ufer. Everett erwähnt die Siedlung Ponto Sete, die früher von einer Gruppe der Apurina (Ipurina) bewohnt wurde. Das Siedlungsgebiet dieses zur Aruak-Sprachfamilie des Aruak-Sprachstammes zählenden Stammes befindet sich eigentlich im Gebiet des Rio Purús. Die am unteren Maici lebende Gruppe war von den Pirahã nach mehr als 50 Jahren friedlichen Zusammenlebens vertrieben worden.[33] *Vielleicht ist diese Siedlung mit der von uns gesehenen Siedlung, die wir nicht besuchten, identisch [Abb. I. 8].*

Nach weiteren 3 Stunden Bootsfahrt legten wir am linken Steilufer des Rio Maici an der Siedlung Poção an [Abb. I. 9–11].

Die nächste Siedlung Pereira am rechten Ufer des Maici, die auch von Leivinho erwähnt wird, erreichten wir am 10. Juni. Insgesamt benötigten wir von Poção nach Pereira ca. 19.30 Stunden Fahrtzeit [Abb. I. 12–14]. Bis zu dieser Siedlung am Mit-

---

30 GONÇALVES 1991, 301; 1993, 22f.

31 Ein GPS-Gerät, mit dem man die genaue geographische Lage feststellen kann, stand uns 1993 leider nicht zur Verfügung.

32 Eine reichliche halbe Stunde oberhalb von Sta. Cruz zeigte Otavio Rolf Krusche eine Stelle am linken Flussufer, wo früher häufig Überfälle der Parintintin stattfanden.

33 EVERETT 2010, 214–222.

tellauf des Maici war Otavio schon gekommen. Die Situation am oberen Maici war ihm nicht bekannt. Auch von den Pirahã in den bis dahin von uns besuchten Siedlungen war nichts Konkretes zu erfahren. So wurden Vermutungen geäußert, dass die weiter flussaufwärts lebenden Pirahã noch völlig unberührt wären und sich feindlich gegenüber Fremden verhielten. Man nahm sogar an, dass es noch nicht kontaktierte Pirahã dort geben könnte. Diese Vermutungen erwiesen sich jedoch als falsch.

Auf unserer Weiterfahrt erreichten wir nach ca. 3 Stunden Fahrt die Siedlung Mona-Mona am linken Flussufer. Ein Teil der Siedlung lag am rechten Ufer [Abb. I. 15–21]. Mona-Mona ist vermutlich mit der von Leivinho Bola-Bola genannten Siedlung identisch.

4 Stunden von Mona-Mona entfernt passierten wir die Einmündung des Rio Maici-mirim in den Maici. Am Morgen des 11. Juni erreichten wir nach weiteren 6 Stunden Fahrt mit dem Motorboot die Siedlung Totó am rechten Ufer des Maici [Abb. I. 24–28].

4 Fahrtstunden von Totó entfernt passierten wir die Siedlung Petí am linken Steilufer [Abb. I. 29]. Nach weiteren 45 Minuten gelangten wir zu der Brücke, auf der die Transamazônica den Maici überquert. Hier endet das Siedlungsgebiet der Pirahã und dies war am 11. Juni 1993 auch der Endpunkt unserer Flussreise.

Mehr oder weniger ausgeprägte Einflüsse westlicher Zivilisation stellten wir in allen von uns besuchten Siedlungen fest. Am deutlichsten waren diese am Unterlauf des Maici und am Oberlauf, in der Nähe der Transamazônica, erkennbar. Am besten erhalten war die traditionelle Pirahã-Kultur in den Siedlungen Pereira und Mona-Mona am Mittellauf des Maici.

3. Beziehungen zu den Nachbarstämmen

Die Beziehungen der Pirahã zu den Nachbarstämmen waren in der Vergangenheit meist feindlich. Ihre „Erzfeinde" waren die kriegerischen Parintintin. In der Trockenzeit zogen die Pirahã auf der Suche nach Wasserschildkröteneiern den Rio Maici aufwärts, in das Stammesgebiet der Parintintin. Dabei kam es häufig zu feindlichen Auseinandersetzungen. Andererseits griffen die Parintintin fast jedes Jahr die Pirahã in ihren Siedlungen am Unterlauf des Rio Maici an. Nimuendajú berichtete, dass letztere 1916/17 eine Frau und ein Kind der Parintintin an die Siedler des unteren Rio Marmelos verkauften.[34] Bei einem Überfall der Parintintin auf eine Pirahã-Familie im Jahre 1924 wurde diese getötet. Die dabei erbeutete Schädeltrophäe und der praktizierte Exokannibalismus sind die letzten berichteten Vorkommnisse dieser Art von den Parintintin.[35] Gonçalves berichtet, dass die Pirahã auch von Revancheaktionen gegen die Parintintin erzählen (siehe

---

34 Nimuendajú 1948a, 268.
35 Nimuendajú 1948b, 291; Dengler 1991, 14f.

dazu I.7.5.). Er bezeichnet die zur Tupi-Guarani-Sprachfamilie zählenden Kawahib-Stämme Parintintin, Tenharim und Diaroi (Diahói) sowie die Mundurukú zu den traditionellen Feinden der Pirahã. Die Mundurukú der gleichnamigen kleinen Sprachfamilie des Tupi-Sprachstammes sind ein großer Stamm des unteren und mittleren Tapajóz. Im Zuge ihrer kriegerischen Expansion breiteten sie sich bis in die Nähe des unteren Madeira aus. Die Pirahã erzählen nach Gonçalves auch von kriegerischen Auseinandersetzungen mit den benachbarten Torá (Chapacúra-Sprachfamilie) mit wechselseitigem Erfolg,[36] während Nimuendajú bemerkt, dass die Beziehungen zu den Torá anscheinend friedlich waren. Mit den Matanawí (isoliertsprachig) kam es früher ebenfalls zu blutigen Auseinandersetzungen[37] (Karte 1). Das Verhältnis zwischen Pirahã und Parintintin hat sich heute grundlegend verändert.[38]

4. Wirtschaftsform

Die Pirahã leben hauptsächlich vom Fischfang. Eine wichtige Wirtschaftskomponente ist auch die Sammeltätigkeit. Die Jagd auf Landtiere ist von geringerer wirtschaftlicher Bedeutung und der Bodenbau spielt nur eine untergeordnete Rolle. Der Fischfang ist besonders ergiebig in der Trockenzeit. In der Regenzeit werden die Uferwälder (*igapó*) vom Fluss überschwemmt und die Fische verteilen sich auf der großen Wasserfläche. Dadurch wird der Fischfang schwieriger und weniger erfolgreich. Früher verwendete man zum Fischen nur Pfeil und Bogen. Angelhaken und -schnur lernten die Pirahã von den Weißen kennen.[39] Nach dem Abfließen des Wassers aus dem Uferwald bilden sich fischreiche Wassertümpel, in denen auch mit Fischgift (*cipó*) gefischt wird. Diese Wassertümpel haben ihre „Besitzer". Die Mitglieder der Lokalgruppe nehmen hier am kollektiven Fischfang teil.[40] Mit Angelschnur und -haken, die man an einem konusförmigen Schwimmer aus Leichtholz befestigt, werden auch Wasserschildkröten gefangen.[41]

Das Sammeln von Pflanzen obliegt vor allem den Frauen.[42] Zu den Sammelprodukten zählen Paranüsse, Früchte, Wurzeln, Honig und Schildkröteneier [Abb. I. 22]. Paranüsse finden nicht nur für den eigenen Verzehr Verwendung, sie sind auch ein wichtiges

---

36 Gonçalves 1993, 153, 156.
37 Nimuendajú 1948a, 268f.; 1982, 117.
38 Rolf Krusche erfuhr von einem Mitarbeiter der FUNAI in Porto Velho, dass die Pirahã immer mehr in das Territorium der benachbarten Parintintin eindringen. Letztere sind heute stark akkulturiert und haben ihre frühere Aggressivität aufgegeben. Die als gute Bogenschützen bekannten Pirahã werden jetzt – in Umkehrung des früheren Verhältnisses zwischen beiden Stämmen – von ihnen gefürchtet.
39 Nimuendajú 1948a, 267.
40 Leivinho 1987, 36.
41 Rodrigues e Oliveira 1977, 21, 22 (Fig. 3c), 34.
42 Everett 2010, 124.

Tauschprodukt für die Händler, die vom Madeira und Marmelos kommend, mit ihren Motorbooten den Maici aufwärts fahren.

Für die Jagd verwendet man Pfeil und Bogen und heute auch Gewehre. LEIVINHO erfuhr von den Pirahã, dass sie vor dem Kontakt mit den Weißen kein Jagdwild gegessen hätten. Agutis, Pacas und anderes Kleingetier werden vor allem von Frauen und Kindern mit Hilfe von Hunden gejagt. Dabei benutzen sie Buschmesser, die sie von den Weißen erhalten.[43] Wir sahen in den Pirahã-Siedlungen zahlreiche kleine dürre Hunde.

Die Pflanzungen, die sich nicht immer in unmittelbarer Nähe der Siedlungen befinden, sind sehr nachlässig angelegt. Ich hatte Mühe, die Pflanzungen als solche zu erkennen. Die Pflanzungen von Bodenbauer-Stämmen vermitteln einen anderen Eindruck. NIMUENDAJÚ führt unter den kultivierten Pflanzen Mais und süßen Maniok auf.[44] LEIVINHO schreibt, dass die Pirahã fast ausschließlich giftigen Maniok anbauen und dazu gelegentlich Mais, süßen Maniok, Cará u. a..[45]

Wir konnten in einigen von uns besuchten Siedlungen die Verarbeitung von giftigem Maniok beobachten. In der Siedlung Mona-Mona, am mittleren Maici, sahen wir Körbe mit giftigen Maniokknollen, die man am Ufer zur Fermentierung ins Wasser gelegt hatte [Abb. I. 17]. Als einige Bewohner sich entschlossen, uns bis zur nächsten Siedlung zu begleiten, wurden die Körbe mit den bereits fermentierten Knollen, bei denen dem Anschein nach schon der Fäulnisprozess eingesetzt hatte, aus dem Wasser gezogen und als übelriechende Fracht auf unserem Motorboot verstaut. Die matschigen Knollen reibt man auf einer Reibe aus Metallblech. In das Blech werden Löcher getrieben, wobei die raue Seite als Reibe dient. Die geriebene Masse wird in einem geflochtenen Pressschlauch (*tipiti*) ausgepresst. In der Siedlung Totó am oberen Maici demonstrierte uns ein Mann, wie er den *tipiti* benutzt, wobei diese Methode vermutlich seine Erfindung war. Der Pressschlauch wurde an einem Pfahl aufgehängt und das andere Ende des Schlauchs an einem schrägen Pfahl befestigt. Durch das Niederdrücken des letzteren entstand ein diagonaler Zug, der den elastischen Schlauch ausdehnte und damit den Pressvorgang bewirkte [Abb. I. 28]. In der Siedlung Poção beobachteten wir einen Mann, der den Presskuchen aus dem *tipiti* durch ein quadratisches geflochtenes Sieb passierte, das er über ein muldenförmiges Stück Baumrinde gelegt hatte [Abb. I. 10]. Zum Schluss wird die geriebene und gesiebte Masse auf einem Stück Metallblech zu Maniokflocken (*farinha*) geröstet [Abb. I. 9]. Gebackene Maniokfladen haben wir nicht gesehen. Andere Reiben und Röstplatten als die oben beschriebenen aus Blech konnten wir in den Siedlungen nicht entdecken. Zweifellos wurden der giftige Maniok *(Manihot utilissima)* und dessen Verarbeitung durch intertribale Kontakte bzw. Kontakte mit den Weißen übernommen (siehe II.3.1.). Früher wurden Nahrungsmittel nur geröstet – auf Babracots

---

43 LEIVINHO 1987, 38.
44 NIMUENDAJÚ 1948a, 267.
45 LEIVINHO 1987, 37.

oder direkt auf dem Feuer. RODRIGUES und OLIVEIRA beschreiben viereckige Räuchergestelle mit horizontal angeordneten Stäben und Räuchergestelle, deren Stäbe schräg auf einer horizontalen Stange aufliegen. Auf einer Abbildung ist auch eine schräg in den Boden gesteckte Stange zu sehen, an der ein Metalltopf mit Bügel über dem Feuer hängt.[46] Offenbar diente letztere früher als Bratspieß. Gekocht wird mit eingeführten Aluminiumtöpfen. Vorher kannten die Pirahã das Kochen von Speisen nicht. Die Zubereitung von Fleisch und Fisch konnte ich selbst nicht beobachten. Wir erhielten jedoch im Tausch geräucherte Fische mit verbrannter Haut.

Als Getränk verwendet man das klare Wasser des Flusses.[47] NIMUENDAJÚ erwähnt ein breiartiges warmes Getränk, das bei Tanzfesten in einem großen Kürbisgefäß gereicht wird. Es wird aus einer Kürbisfrucht *jurumúm* hergestellt, die man in der Asche röstet und dann mit den Händen in Wasser zerdrückt.[48]

5. Siedlungsweise und Hüttenbau

Die Pirahã leben in der Regenzeit in Siedlungen auf den Steilufern des Rio Maici. Während unserer Besuche in verschiedenen Siedlungen konnten wir feststellen, dass die Siedlungsweise überall gleich war. Mehrere Hütten standen jeweils in einer losen Anordnung am Ufer. Bei manchen Siedlungen – z. B. in Mona-Mona – befanden sich auch einige Hütten auf dem gegenüberliegenden Flussufer.

Bei diesen Behausungen handelt es sich um einfache Mehrpfostenhütten mit rechteckigem Grundriss, Satteldach und erdständigen Firstpfettenstützen. Kleinere Hütten haben zwei Firstpfettenstützen, größere mehrere. Firstpfette und Seitenpfetten ruhen in den gabelförmigen Enden der Stützpfosten. Das Hüttendach wird durch parallel angeordnete Dachstangen gebildet, auf denen Palmblätter befestigt werden. Hierbei handelt es sich vor allem um Blätter der Babassú-Palme *(Orbignya speciosa)*. Als Bindematerial für Gerüst und Dach verwendet man Lianen. Die meisten Hütten haben keine Wände. Mitunter besitzen sie eine Rückwand aus Palmblättern. In wenigen Fällen sahen wir Hütten mit einer halben Seitenwand aus Palmblättern. Hütten mit solchen Wandkonstruktionen gab es vor allem in der Siedlung Poção am unteren Maici [Abb. I. 9, 11]. In den Hütten befinden sich Plattformen aus parallel angeordneten Stangen, auf denen geflochtene Schlaf- und Sitzmatten liegen. Diese Plattformen sind mitunter mit den Stützpfosten verbunden. In anderen Fällen stehen sie als Einzelkonstruktionen unter dem Dach. Es gibt kleine sehr fragile Hütten des oben beschriebenen Typs, aber auch mehrere Meter lange stabilere Hütten. Eine kleine fragile Hütte sahen wir auch in der Pflanzung, die sich in der Nähe von Sta. Cruz befand. Mitunter wird über einer Platt-

---

46 RODRIGUES E OLIVEIRA 1977, 21, 24 (Fig. 4a, b, c).
47 EVERETT 2010, 123.
48 NIMUENDAJÚ 1948a, 269.

form nur ein einfaches horizontales Dach aus Palmblättern errichtet. Plattformen aus parallel angeordneten Stangen befinden sich auch außerhalb der Hütten. Sie dienen als Ablage von Gebrauchsgegenständen, aber auch zum Sitzen und Arbeiten [Abb. I. 2, 3]. Obwohl diese Hüttenkonstruktionen in allen besuchten Siedlungen vom gleichen Typ waren, gab es hinsichtlich der Ausführung gewisse Unterschiede. Allgemein kann man sagen, dass alle Hütten ziemlich nachlässig gebaut waren. Den stabilsten Eindruck vermittelten die Hütten in Poção. Am fragilsten waren sie in der Siedlung Sta. Cruz [Abb. I. 1]. Die oben geschilderten Beobachtungen zu den Regenzeit-Siedlungen und zum Hüttenbau decken sich mit den Angaben von Nimuendajú, Rodrigues und Oliveira, Leivinho, Gonçalves und Everett.[49]

In der Trockenzeit leben die Pirahã verstreut auf den Sandstränden am Flussufer. Als Schutzvorrichtung dienen einfache schräge Windschirme aus Palmblättern oder kleine fragile Unterstände, die mit einem Dach aus Palmblättern versehen sind, unter dem sich eine Plattform aus parallelen Stangen befinden kann. Man schläft auf diesen Plattformen oder auch direkt auf dem Ufersand.[50] Während unseres Besuchs waren die Uferwälder noch überflutet und die Uferstrände waren noch nicht von den Pirahã bevölkert. Oberhalb von Mona-Mona sahen wir auf dem Uferstrand einen schrägen Windschirm aus Palmblättern und in den Boden gerammte Stücke, die ein Dach getragen hatten [Abb. I. 21]. Gegenüber der ebenfalls am oberen Maici gelegenen Siedlung Totó befanden sich auf dem Uferstrand auch ein schräger Windschirm und das Gerüst für eine kleine Hütte.

6. Materielle Kultur

6.1 Boote

Boote sind für die mobile Lebensweise der Pirahã ein unentbehrliches Transportmittel. In ihrer traditionellen Kultur benutzten sie ausschließlich Rindenboote. Auf Fotos, die von der Rondón-Expedition in den 20er Jahren des 20. Jahrhunderts von den Pirrahã (Pirahã) des Rio Maici aufgenommen wurden, sind nur Rindenboote zu sehen.[51] Rodrigues und Oliveira stellten ein halbes Jahrhundert später fest, dass die Pirahã des oberen Maici noch Boote aus der Rinde von Maripá-, Copaíba- und Jatobá-Bäumen herstellten, wobei die Rinde des Copaíba-Baums vorzugsweise verwendet wurde. Die Pirahã von Porto Velho am unteren Maici bevorzugten hingegen Kanus, die sie von Händlern gegen Paranüsse eintauschten. Obwohl sie Rindenboote nicht mehr herstellten, war ihnen die Herstellungstechnik bekannt. Die Ruder von rechteckiger Form

---

49 Nimuendajú 1948a, 267; Rodrigues e Oliveira 1977, 16f., Tafeln 1–3; Leivinho 1987, 24; Gonçalves 1993, 27; Everett 2010, 114–117, 129.
50 Rodrigues e Oliveira 1977, 16, Tafel 1a; Gonçalves 1993, 24, Abb. 2; Everett 2010, 114, 128.
51 Rondón 1946, vol. I, 190 (Abb. 301, 302), 191 (304, 305).

wurden noch in der Siedlung Mariral am oberen Maici angefertigt.[52] Auch EVERETT schreibt, dass die Pirahã immer noch Rindenboote bauen können, was aber selten geschieht. Sie bevorzugen die stabileren Holzkanus und Einbäume, die sie von den Brasilianern eintauschen oder entwenden. Sie stellen sie jedoch nicht selbst her.[53] Wir sahen während unserer Flussreise nur in den Siedlungen Pereira und Mona-Mona, am Mittellauf des Maici, Rindenboote in Gebrauch[54] [Abb. I. 18, 19]. In den anderen Siedlungen benutzte man nur Kanus, die von den Brasilianern stammten [Abb. I. 29]. Aber man besaß noch das Wissen für die Herstellung von Rindenbooten, wie die nachstehende Schilderung eines Bootsbaus von Bewohnern der Siedlung Sta. Cruz, am unteren Maici, beweist.

> *Bernardo, der eine soziale Führungspersönlichkeit in Sta. Cruz war (siehe I.8.), und Otavio, der uns auf unserer weiteren Reise auf dem Maici begleitete, erklärten sich bereit, ein Rindenboot zu bauen, dessen Herstellung wir dokumentieren konnten. Wir erfuhren, dass man für den Bau von Rindenbooten die Rinde von Jatobá-Bäumen (Hymenaea courbaril), Paranussbäumen (Bertholletia excelsa) und Tauari-Bäumen (allgemeine Bezeichnung für Spezies von Lecythidaceae) verwendete. Jatobá-Rinde wäre am besten geeignet. Wir begleiteten Bernardo und Otavio in den Wald auf der Terra firme, nachdem wir ein Stück des Wegs mit dem Kanu durch den überschwemmten Uferwald (igapó) zurückgelegt hatten. Nachdem sie einen Tauari-Baum ausgesucht hatten, errichteten sie vor dem Baum ein Gerüst, indem sie drei dünne Bäume mit einer Stange und Querhölzern verbanden. Als Bindematerial dienten Lianen (cipó) und Rindenbaststreifen. Die beiden Männer bewegten sich mit großer Geschicklichkeit auf dem Gerüst und lösten mit dem Buschmesser ein großes Stück Rinde vom Stamm. Dabei halfen sie mit zwei angespitzten Keilen nach. Nach getaner Arbeit wickelten sie aus Baststreifen zwei Ringe, die sie auf den Kopf legten, um beim Tragen der schweren Baumrinde den Druck zu mildern. Die Rinde wurde an unserem Landeplatz im überschwemmten Uferwald abgelegt, wohin man am nächsten Tag zurückkehren wollte. Für die Gewinnung der Rinde hatten Bernardo und Otavio insgesamt drei Stunden benötigt, davon 1 Stunde für den Gerüstbau. Am nächsten Tag stellten die beiden Pirahã fest, dass die geschlagene Rinde doch nicht für den Bau eines Bootes geeignet war. Erneut wurde im Wald ein geeigneter Baum gesucht. Diesmal war es ein Jatobá-Baum. Die Arbeit begann wieder mit dem Gerüstbau. Kunstvoll wurden umstehende dünne Bäume mit vertikalen und horizontalen Stangen mit Lianen miteinander verbunden. Nach zwei Stunden mühevoller Arbeit begann man, das markierte Rindenstück abzulösen, was mühevoller war als am Vortag bei dem Tauari-Baum. Die*

---

52 RODRIGUES E OLIVEIRA 1977, 23, 25 (Fig. 5e).

53 EVERETT 2010, 119.

54 In Mona-Mona erwarben wir ein gebrauchtes Rindenboot, das sich heute im Leipziger Völkerkundemuseum befindet.

Rinde wurde wieder zu unserem Landeplatz im überschwemmten Uferwald gebracht. Ein eingelegter Stock sollte das Zusammenziehen der Rinde verhindern. Am nächsten Tag fuhren wir mit dem Einbaum zu der im Wald abgelegten Rinde, wo Bernardo und Otavio mit dem Bau des Rindenboots begannen. Zuerst wurde das Rindenstück mit dem Buschmesser so bearbeitet, dass es sich vorn und hinten verjüngte. Bernardo bohrte an den beiden Schmalseiten (dem späteren Bug und Heck) mit dem Messer Löcher in die Rinde, durch die zersplissene Lianen hindurchgeführt und verknotet wurden. Auf diese Weise wurden Risse in der Rinde zusammengezogen. Anschließend legten die beiden Männer die Rinde zum Trocknen über ein Feuer, wodurch sie sich wölbte. Nach ca. 15 Minuten wurde sie gewendet und in die heiße Asche gelegt. An den Längsseiten der gewölbten Rinde rammte man mehrere Stangen in den Boden, zwischen denen die Seiten des Rindenstücks hochgebogen wurden. Mit Holzstäben im Innern des künftigen Bootes wurden die Bordwände gespreizt. An den Seitenwänden bohrten die beiden Pirahã mit einem Messer Löcher unterhalb des Bootsrandes in die Rinde, durch die sie Lianenstreifen hindurchführten, mit denen zugeschnittene Ruten zur Verstärkung des Bootsrandes befestigt wurden. An den Bindearbeiten beteiligte sich nun auch ein dritter Pirahã. Anschließend wurden die Spreizhölzer im Innern des Bootes durch kurze Latten ersetzt, die als Sitzbänke dienen. Mittlerweile schlug Bernardo mit dem Buschmesser aus einem dünnen Baum zwei kleine schmale Ruder. Zum Schluss wurden die vertikalen Stangen an den Seiten des Bootes, die zum Hochbiegen der Bootswände dienten, entfernt. Danach klemmte man ein kurzes Holzstück vertikal unter das mittlere Sitzbrett. Der Bau des Bootes dauerte bis dahin ca. zwei Stunden [Abb. I. 4–7].

Die letzte Phase des Bootsbaus konnten wir nicht mehr beobachten. Man sagte uns, dass das Boot zum Trocknen in die Sonne gelegt würde, wodurch sich die Rinde weiter zusammenzöge. Risse in der Rinde würde man mit Pech kalfatern.

Auf einem Foto von NIMUENDAJÚ liegt das im Bau befindliche Rindenboot ebenfalls zwischen vertikal in den Boden gerammten Stangen. Allerdings liegt es nicht direkt auf dem Boden – wie das beim Bootsbau in Sta. Cruz der Fall war – sondern auf gekreuzten Stangen. Dadurch befindet sich ein Zwischenraum zwischen Bootskörper und Erdboden.[55]

6.2 Waffen

Hauptwaffen der Pirahã sind Pfeile und Bögen, die hauptsächlich für den Fischfang, aber auch für die Jagd verwendet werden [Abb. I. 25, 29]. Früher waren sie auch Kriegswaffen. Die von uns in den verschiedenen Siedlungen gesammelten großen, gut gearbeiteten Bögen aus dem rotbraunen Holz des Pau d´arco-Baums *(Tecoma spec.)* sind über 2 m

---

55 NIMUENDAJÚ 1929–1932, Tafel VI (Abb. 2).

lang. Lediglich in Sta. Cruz waren die Bögen aus hellem Holz und etwas kürzer. Der Bogen-Querschnitt ist plan-konvex, wobei die Sehne aus gedrilltem Embira-Rindenbast entlang der Planseite verläuft [Abb. II. 1]. RODRIGUES und OLIVEIRA nennen als Material für den von ihnen gesammelten Bogen (1,85 m) Ingarana-Holz *(Leguminosen-Art)*.[56] EVERETT schreibt, dass alle Bögen ca. 2 m lang sind und eine Sehne aus Rindenbast haben. Für ihre Herstellung werde etwa ein halbes Dutzend Holzarten verwendet.[57]

Für den Fischfang benutzen die Pirahã lange unbefiederte Fischpfeile mit einem Schaft aus Uba-Rohr *(Gynerium sagittatum)* und unterschiedlichen Spitzen. Der Boden des Pfeilschafts ist mit einer Kerbe versehen, die einen besseren Sitz des Pfeils auf der Bogensehne ermöglicht. In der von uns angelegten Sammlung befinden sich Fischpfeile mit einer in den Pfeilschaft eingesetzten doppelten Holzspitze und Pfeile der gleichen Art, bei denen an den Enden der beiden Holzspitzen eiserne Widerhaken befestigt sind sowie auch Pfeile mit einer Holzspitze, die mit einem eisernen Widerhaken versehen ist. In der Siedlung Totó sahen wir auch einen Fischpfeil mit einer dreifachen Holzspitze (ohne Widerhaken), wobei die mittlere Spitze etwas kürzer war als die beiden seitlich angefügten Holzspitzen. Die Länge der Fischpfeile variiert zwischen 1,80 m und 2,40 m [Abb. II. 2]. Fischpfeile mit einer einfachen Widerhakenspitze aus Eisen sowie mit einer doppelten eisernen Widerhakenspitze befinden sich auch in der Sammlung von RODRIGUES und OLIVEIRA.[58]

Jagd- und Kriegspfeile haben eine Fiederung mit Intervallbindung aus zwei längshalbierten Mutum-Federn *(Familie der Cracidae)*. Der Boden des Pfeilschafts ist ebenfalls mit einer Kerbe versehen. Die von uns gesammelten Jagdpfeile besitzen Schäfte aus dünnem Rohr, aber auch aus dem etwas dickeren Uba-Rohr. Die meisten haben eine am hölzernen Vorschaft befestigte lanzettförmige Spitze aus Bambus. Ein Pfeil hat eine in den Schaft eingesetzte einfache angespitzte Holzspitze. Nur in der Siedlung Poção sahen wir einen Pfeil mit einer einseitig gezähnten Holzspitze (vier Einkerbungen an einer Seite). Die Länge dieser Pfeile variiert zwischen 1,63 m und 2,25 m [Abb. II. 2, 3]. Unter den Jagd- und Kriegspfeilen der Sammlung RODRIGUES und OLIVEIRA befindet sich neben Fischpfeilen auch ein Jagdpfeil mit einem Pfeilschaft aus Uba-Rohr sowie einige kürzere Jagd- und Kriegspfeile (1,25 m bis 1,66 m) mit einem Schaft aus dünnerem Taquari-Rohr *(Guadua angustifolia)*. Die von ihnen abgebildeten Pfeile haben eine Bambusspitze, eine einfache angespitzte Holzspitze und eine an beiden Seiten gezähnte Holzspitze.[59] Nach EVERETT dienen die verschiedenen Pfeilspitzen folgenden Verwendungszwecken: Bambusspitze für Jagdwild, Spitzen aus angespitztem Hartholz für Affen, lange Spitzen mit daran befestigtem Widerhaken aus einem spitzen Nagel oder einem

---

56 RODRIGUES E OLIVEIRA 1977, 20 (Fig. 2f), 32.
57 EVERETT 2010, 117, 174.
58 RODRIGUES E OLIVEIRA 1977, 20 (Fig. 2a, b), 32.
59 RODRIGUES E OLIVEIRA 1977, 20 (Fig. 2c–e), 33.

Knochenstück für Fische. Für die Befestigung der Fiederung und der Spitze benutzt man selbst gesponnene Baumwolle.[60] Der uns auf unserer Fahrt auf dem Maici begleitende Pirahã Otavio erzählte uns, dass man für Jagdpfeile mit Bambusspitze den milchigen Saft eines Baumes *(amapú)* als Pfeilgift verwendet. In der Literatur findet sich jedoch kein Hinweis auf die Verwendung von Pfeilgift bei den Pirahã. Nimuendajú führt Bogen und befiederte Pfeile mit Intervallbindung als einzige Waffe der Pirahã auf.[61]

Nur Gonçalves erwähnt neben Pfeil und Bogen auch Keulen als Kriegswaffen, ohne diese jedoch zu beschreiben. Mit ihnen wurden Feinde bei Überraschungsangriffen erschlagen sowie auch Gefangene, die bei kannibalischen Festmahlen getötet wurden[62] (siehe dazu I.7.5.). Vermutlich waren es einfache Knüppelkeulen.

Jagd- und Fischfallen werden von den Pirahã nicht benutzt. Rodrigues und Oliveira erwähnen als Hilfsmittel für die Jagd und den Fischfang Pfeifen, mit denen die Töne von Tapiren, Affen, Agutis u.a. Tieren nachgeahmt werden, sowie Köder für den Fang von Wasserschildkröten. Letztere bestehen aus einem Schwimmer in Form eines konusförmigen Pflocks aus leichtem Holz, an dem Angelschnur und -haken befestigt werden.[63]

6.3 Werkzeuge und Hausrat

6.3.1 Werkzeuge aus Zähnen und Knochen

Universalwerkzeug der Männer ist ein an einem hölzernen Griff befestigter Aguti-Zahn [Abb. II. 12][64]. Diese Werkzeuge aus geschäfteten Nagetierzähnen, die zur Bearbeitung der Pfeilspitzen u. a. verwendet werden, sind in ganz Amazonien verbreitet. Genauso verbreitet ist die Verwendung eines Pekari-Unterkiefers mit zwei Hauern, der als Hobel für die Bogenherstellung und zum Glätten der Pfeilschäfte benutzt wird. Nimuendajú berichtet über seinen Gebrauch bei den Pirahã.[65] Wir haben dieses Werkzeug am Rio Maici nicht gesehen. In allen Siedlungen stellten wir den Gebrauch von Buschmessern, Messern, Stahläxten und Hacken fest, die die Pirahã von Händlern eintauschen.

6.3.2 Haushaltgerätschaften

Zum Hausrat gehören Behältnisse aus Kürbissen, Kalebassenfrüchten und Baumrinde. In der Siedlung Poção sahen wir eine Rindenmulde in Gebrauch. Ein Mann hatte ein

---

60 Everett 2010, 117.
61 Nimuendajú 1948a, 268.
62 Gonçalves 1993, 155, 164 (Anm. 31).
63 Rodrigues e Oliveira 1977, 21, 22 (Fig. 3c), 34.
64 Siehe dazu auch Rodrigues e Oliveira 1977, 22 (Fig. 3b), 42.
65 Nimuendajú 1948a, 268.

Sieb über ein muldenförmiges Rindenstück gelegt und siebte Maniokflocken. Das Siebgut sammelte sich in der Mulde. Als Behältnisse für verschiedene Zwecke dienen große Kürbisgefäße sowie Kalebassengefäße, die mitunter innen geschwärzt sind.[66] Als Trinkgefäße verwendet man Kürbis- und Kalebassenschalen [Abb. II. 10, 11]. Die Pirahã haben keine Keramikgefäße und können auch nicht töpfern. Dafür sieht man häufig Metalltöpfe, die von Händlern stammen. Nicht gesehen haben wir aus Affenschädeln gefertigte Löffel, die von Nimuendajú erwähnt werden.[67]

6.4 Handwerkliche Techniken und Produkte

6.4.1 Verarbeitung von Rindenbast, Lianen und Pflanzenfasern

Schnüre aus Rindenbast werden auf dem Oberschenkel gedrillt. Sie dienen als Bogensehnen und als Bindematerial. Für letztgenannten Zweck verwendet man auch gesplissene Lianen. Kletterringe zum Ersteigen von Bäumen und Kopfringe zum Tragen schwerer Lasten (siehe I.6.1.) werden ebenfalls aus Bast hergestellt [Abb. II. 9]. Für die Anfertigung von Schmuck benutzt man Fäden aus Blattfasern der Tucum-Palme, die von den Frauen auf dem Oberschenkel verdrillt werden.[68]

6.4.2 Verarbeitung von Baumwolle

Baumwolle wird mit einfachen Handspindeln zu Fäden versponnen. Die von uns gesammelten Spindeln haben einen Wirtel aus Schildkrot von annähernd quadratischer Form [Abb. II. 12]. Rodrigues und Oliveira geben als Material des Wirtels Schildkrötenknochen an. Die abgebildeten Spindeln zeigen einen quadratischen und einen runden Wirtel. Sie werden von Frauen hergestellt und benutzt.[69] Die Fäden verwendet man als Bindematerial und zur Herstellung von Schmuck.

6.4.3 Flechtarbeiten aus Palmblättern, Rohrstreifen und Lianen

Die Pirahã flechten große rechteckige Schlafmatten und kleinere Sitzmatten [Abb. II. 7], sowie große taschenförmige viereckige Körbe mit Tragbändern aus Rindenbast [Abb. II. 6]. Letztere werden als Tragkörbe zum Transport benutzt und in ihnen werden auch giftige Maniokknollen zum Fermentieren in den Fluss gesetzt (siehe I.4.). Man bot uns zum Tausch auch kleine schnell geflochtene Körbchen an [Abb. II. 5]. Als Flechtmaterial verwendet man Blätter der Babassú-Palme *(Orbignya speciosa)* und Tucum-Palme *(Astro-*

---

66 Siehe dazu auch Rodrigues e Oliveira 1977, 41.
67 Nimuendajú 1948a, 268.
68 Rodrigues e Oliveira 1977, 28.
69 Rodrigues e Oliveira 1977, 22 (Fig. 3d, e), 41f.

caryum tucumá).⁷⁰ Die Flechttechnik ist ein einfaches Diagonalgeflecht mit Köperbindung oder Leinwandbindung. Auch aus Lianenstreifen in der Technik Dreirichtungs- oder Hexagonalgeflecht hergestellte kleine runde Körbchen wurden uns angeboten [Abb. II. 5].⁷¹ Ähnliche Körbe aus Lianen *(Philodendron imbe Schott)* für die Unterbringung persönlicher Dinge erwähnen Rodrigues und Oliveira.⁷² Es gibt Feuerfächer von annähernd rechteckiger und dreieckiger Form. Sie werden aus Babassú-Palmblättern als Diagonalgeflechte mit Köper- oder Leinwandbindung hergestellt [Abb. II. 8]. Feuerfächer befinden sich auch in der Sammlung Rodrigues und Oliveira im Museu Goeldi in Belém. Nach den Angaben der beiden Sammlerinnen haben sie eine dreieckige Form. Sie bilden jedoch einen Feuerfächer ab, der eine annähernd rechteckige Form hat.⁷³ Nimuendajú erwähnt geflochtene Feuerfächer in Form eines Rechtecks und in Form eines Fisches.⁷⁴ Aus Rohrstreifen von Arumã *(Ischnosiphon spec.)* fertigen die Pirahã quadratische Siebe und Maniokpressschläuche. Wir sahen ein Sieb in der Siedlung Poção in Gebrauch, als ein Mann Maniokflocken siebte [Abb. I. 10]. Hier gab es auch einen kleinen Maniokpressschlauch, der Gebrauchsspuren zeigte. Große Maniokpressschläuche erwarben wir in den Siedlungen Pereira und Totó. Bei beiden Pressschläuchen *(tipitis)* ist die Öffnung am oberen Ende spitz ausgeschnitten [Abb. II. 4]. Rodrigues und Oliveira berichten, dass *tipitis* vor allem in der Siedlung Mariral angefertigt werden. Während Frauen die Pressschläuche flechten, werden Siebe von Männern hergestellt und von beiden Geschlechtern benutzt.⁷⁵ Offensichtlich gehörten Maniokpressschläuche, die in der Technik des dreidimensionalen Schlauchflechtens hergestellt werden, und Siebe, die man als randparallel geflochtenes quadratisches Zweirichtungsgeflecht anfertigt,⁷⁶ nicht zur traditionellen Kultur der Pirahã, sondern wurden zusammen mit der Verarbeitung des giftigen Maniok von Nachbarstämmen übernommen. Nimuendajú, der 1922 mit Pirahã zusammentraf, erwähnt weder Anbau und Verarbeitung des giftigen Maniok noch die zu seiner Verarbeitung verwendeten Maniokpressschläuche und Siebe.

---

70 Siehe dazu auch Nimuendajú 1948a, 268; Rodrigues e Oliveira 1977, 21, 23.
71 Zu den Flechttechniken siehe Seiler-Baldinger 1991, 46f., 54, 98–101.
72 Rodrigues e Oliveira 1977, 23, 26 (Fig. 5c).
73 1977, 23, 26 (Fig. 5a), 36. Der Autor fotografierte in der Sammlung Rodrigues und Oliveira des Museu Goeldi sowohl einen annähernd rechteckigen Feuerfächer (Kat.-Nr. 7848, gesammelt 1973) als auch einen dreieckigen (Kat.-Nr. 12864, gesammelt 1975).
74 Nimuendajú 1948a, 268.
75 Rodrigues e Oliveira 1977, 23, 35f.
76 Siehe dazu Seiler-Baldinger 1991, 46, 49, 96f.

6.5 Kleidung

Die Pirahá gingen nach den Angaben von Natterer in der ersten Hälfte des 19. Jahrhunderts nackt. Die Männer „hingen den Penis nicht auf", d. h. sie befestigten ihn nicht an der Hüftschnur. Als Genitalschutz wurde die Vorhaut vorn zusammengebunden.[77] In den 20er Jahren des 20. Jahrhunderts trugen die Männer einen Gürtel aus unbearbeiteten Fasern mit Fransen vorn, die den Penis bedeckten, wobei dieser nach oben gegen den Unterleib gedrückt wurde. Die Frauen gingen, zumindest in ihren Siedlungen, nackt.[78] Auch auf Fotos, die von der Rondón-Expedition aufgenommen wurden, sind Männer und Jünglinge mit einem solchen Faserschurz zu sehen, während die Frauen völlig unbekleidet sind. Eine Frau, die am SPI-Posten am Rio Maici fotografiert wurde, trägt hingegen schon ein Kleid.[79] In der zweiten Hälfte des 20. Jahrhunderts besteht die Kleidung der Frauen aus Kleidern, die vom Staub und Rauch eine bräunliche Farbe angenommen haben, während sich die Männer mit kurzen Turnhosen und mitunter auch Hemden bekleiden. Die Textilien erhalten sie von den Händlern, die mit ihren Booten den Maici aufwärts fahren. Everett erwähnt als Bekleidung der Männer neben Turnhosen auch Lendentücher.[80] Diese Kleidung von Frauen und Männern konnten auch wir 1993 beobachten. Lediglich in den Siedlungen Pereira und Mona-Mona, am mittleren Rio Maici, sahen wir zwei Männer, die an einer Hüftschnur vorn ein Stück Stoff als kurzen Lendenschurz befestigt hatten [Abb. I. 14, 20]. Kleine Kinder waren meist völlig nackt.

6.6 Schmuck

Der Schmuck der Pirahá besteht vor allem aus Halsketten für Mädchen und Frauen. Dafür verwendet man kleine schwarze Samenkerne, größere braune und auch rotschwarze Samenkerne. Diese Samen werden sehr häufig kombiniert mit Fruchtschalen, Pfeilrohrstückchen, Federkielstücken, Zähnen von Pekaris, Nasenbären, Affen, Raubkatzen (dabei sind Zähne vom Jaguar seltener), Krallen vom Gavião (falkenartiger Vogel) und von der Harpyie, Federchen vom Tukan und anderen Vögeln sowie große Schneckengehäuse. Aufgereiht werden auch Ringe aus Tucumpalmnüssen, kleine Flechtarbeiten unterschiedlicher Form aus Palmblattstreifen und kleine Tierschädel. Auch Gegenstände wie Plastestücke, Geldmünzen u. a., die vor allem auf den Kontakt mit Händlern und Missionaren zurückgehen, werden mitunter den Ketten hinzugefügt. An zwei Halsketten, die sich heute im Dresdner Völkerkundemuseum befinden, wurden geschnitzte Anhänger aus Holz befestigt. Sie sind Amulette, die gegen eine Erkrankung der Atemwege (Husten) schützen sollen. Der Handgelenkschmuck für kleine Mädchen wird

---

77 Kann 1989, 113.
78 Nimuendajú 1948a, 268.
79 Rondón 1946, vol. I, Abb. 295, 300, 302, 304, 305.
80 Everett 2010, 14, 25f., 127.

ebenfalls aus Samenperlen und Zähnen angefertigt. Ober- und Unterarmreifen aus Palmblattstreifen werden von Männern und Frauen getragen [Abb. I. 23], [Abb. II. 16, 18–22]. Als Kopfschmuck nutzen die Männer geflochtene Kopfbänder aus Palmblattstreifen sowie einen aus gebogenen Palmblattrippen und miteinander verflochtenen Fiederblättern hergestellten diademartigen Schmuck mit einem Rückenbehang aus dünnen Palmblattstreifen [Abb. II. 17]. Man sagte uns, dass dieser Schmuck den Träger vor bösen Geistern im Wald schützen soll. Offensichtlich handelt es sich um einen Schmuck, der bei schamanistischen Riten getragen wird. Gonçalves bildet einen Schamanen mit einem ähnlichen Schmuck ab und auch Everett beschreibt den Schmuck eines Geist-Darstellers (Schamane), der aus einem Stirnband aus Buriti-Palmblattstreifen und einem Gürtel aus schmalen Paxiuba-Palmblattstreifen besteht[81] (siehe I.7.2.). Letztgenannte Gürtel haben wir nicht gesehen. Sie werden auch nicht in anderen Quellen erwähnt.

Schmuck der oben beschriebenen Art, der von uns 1993 gesammelt wurde, befindet sich auch in der von Rodrigues und Oliveira in den 70er Jahren des 20. Jhs. angelegten Sammlung. Sie schreiben, dass die Samen für den Schmuck von den Frauen im Wald gesammelt und mit einem im Feuer erhitzten Nagel durchbohrt werden. Die einzelnen Teile des Schmucks reiht man auf Fäden auf, das heißt auf selbstgesponnene Baumwollfäden oder Fäden aus Tucumpalmblattfasern, die von den Frauen auf dem Oberschenkel verdrillt werden. Frauen und Männer stellen Ringe aus Tucumpalmnüssen her. Nach Rodrigues und Oliveira haben bestimmte Typen von Anhängern neben der Schmuckfunktion Amulettcharakter. So sollen z. B. bestimmte Samen die Angst nehmen. Zähne vom Jaguar und von Affen finden zur Abwehr von Schlangen Verwendung, während Arara-Federn bei der Jagd zum Anlocken von Hirschen dienen sollen.[82] Everett betont den Amulettcharakter des Schmucks. Er meint, dass die dekorative Wirkung der Halsketten für die Pirahã zweitrangig ist. Der Schmuck soll vor allem böse Geister abwehren, die ein Pirahã nahezu täglich sieht. Everett verweist zu Recht darauf, dass der Schmuck der Pirahã im Vergleich zu dem der benachbarten tupisprachigen Kawahib-Stämme Tenharim und Parintintin sehr grob ist.[83] Auch nach Gonçalves dienen Halsketten als Amulette gegen mögliche Krankheiten, die von *abaisi*-Geistern verursacht werden. Beim Tragen von Frucht- oder Tierteilen an den von den Frauen hergestellten Halsketten erwirbt man charakteristische Merkmale der betreffenden Früchte oder Tiere.[84] Der von uns gesammelte Amulettschmuck wurde bereits eingangs erwähnt. Anfang der 20er Jahre des 20. Jahrhunderts sah Nimuendajú außer den Halsketten aus Samen und Tierzähnen der Frauen auch einen Schmuck aus zwei Faserschnüren, die mitunter geflochten waren, und die von den Mädchen von der Pubertät bis zur Heirat kreuzweise über den

---

81 Gonçalves 1993, 23 (Foto 11); Everett 2010, 133.
82 Rodrigues e Oliveira 1977, 25–30 (Fig. 5b, 6a–d), 36–39.
83 Everett 2010, 119.
84 Gonçalves 1993, 105.

Schultern getragen wurden. Die Männer trugen an den Oberarmen Bänder aus Fasern mit langen Fransen. Nimuendajú erwähnt jedoch auch die Perforierung der Unterlippe bei einigen Männern und die der Ohren bei den Frauen. Er schreibt allerdings nicht, welchen Schmuck sie in diesen Löchern trugen. Vermutlich wurde zu seiner Zeit dieser Schmuck nicht mehr getragen und es waren nur noch die Löcher zu sehen.

Unter die Rubrik Fest- bzw. Tanzschmuck fallen die nachstehend genannten Schmuckgegenstände. Bei nächtlichen Tänzen der Pirahã sah Nimuendajú einige Männer, die gelbe Samenkörner der Mumbaca-Palme als Schmuck über die Ohren gehängt hatten, während ein Mann eine Schnur mit kurzen vielfarbigen Federn um den Kopf trug.[85] Schmuck dieser Art wird in anderen Quellen nicht erwähnt. Everett schreibt, dass die Pirahã keinen Federschmuck tragen.[86] Auch wir haben Federschmuck bei den Pirahã nicht gesehen. Gonçalves erwähnt die Verwendung von Federn in einem anderen Zusammenhang. Speziell ausgebildete Krieger, die *euebihiai*, tragen während ihrer Kriegszüge den Schwanzteil eines Mutum am Gürtel befestigt (siehe I.7.5.).[87]

6.7 Haartracht und Körperbemalung

Die Männer tragen das Haar kurz, die Frauen schulterlang. Die gleiche Haartracht ist auch auf den Fotos der Rondôn-Expedition Anfang der 20er Jahre des 20. Jahrhunderts zu sehen.[88] Nimuendajú erwähnt die Verwendung einfacher Holzkämme. Körperhaare würden nicht entfernt.[89] Kämme haben wir bei den Pirahã nicht gesehen und sie werden auch nicht in anderen Quellen erwähnt. Nach Nimuendajú wurden die Pflanzenfarben Urucú (rot) und Genipa (blauschwarz) nur selten benutzt.[90] Everett schreibt sogar, dass die Pirahã keine Körperbemalung haben.[91] Wir sahen während unseres Besuchs bei den Pirahã im Jahre 1993 einige Frauen und Kinder, die die Stirn mit Urucú rot bemalt hatten. Auf dem Gesicht eines Säuglings bemerkte ich einfache rote Striche [Abb. I. 26, 27]. Als uns ein Mann aus der Siedlung Pereira mit seinem kleinen Sohn während unserer Weiterfahrt auf dem Rio Maici begleitete, bekam der Junge Bauchschmerzen. Der Vater bemalte daraufhin den Bauch des Kindes mit Urucú. Auf die magische Bedeutung dieses aus den Samenkapseln des Urucú-Strauches *(Bixa Orellana)* gewonnenen roten Farbstoffs weist Gonçalves hin. Die Toten werden am ganzen Körper mit Urucú eingerieben, vor allem Gesicht und Augenlider. Es dient dem Schutz des Toten, weil die *abaisi-*

---

85 Nimuendajú 1948a, 268f.
86 Everett 2010, 112.
87 Gonçalves 1993, 155.
88 Rondón 1946, vol. I, Abb. 295, 300–302, 305.
89 Nimuendajú 1948a, 268.
90 Nimuendajú 1948a, 268.
91 Everett 2010, 112.

Geister sich dem mit Urucú bemalten Körper nicht nähern. Diese Bemalung soll auch die Verwesung des Toten verhindern. Bei einer rituellen Kriegsbemalung (siehe I.7.5.) werden mit Urucú und Kohle Fleckenmuster auf die Haut gemalt, damit sich der Krieger in einen Jaguar verwandelt.[92]

6.8 Musikinstrumente

Musikinstrumente hat NIMUENDAJÚ bei den Pirahã nicht gesehen.[93] EVERETT bemerkt, dass bei den Tänzen keine Musikinstrumente benutzt werden.[94] RODRIGUES und OLIVEIRA hingegen beschreiben Panpfeifen aus zwei bis sechs dünnen Bambusröhren, die mit Embira-Fäden miteinander verbunden sind. Sie werden während der bei Mondschein stattfindenden Feste gespielt. Hergestellt und benutzt werden sie von Männern. Die beiden Autorinnen erwähnen auch einen kleinen Musikbogen, der von Kindern gespielt wird. Das Holz nimmt man zwischen die Lippen und mit einem Stück Palmstroh werden der Bogensehne einige Töne entlockt, die Motorengeräusch imitieren sollen.[95] GONÇALVES schreibt, dass bei den kannibalischen Festmahlen der Pirahã die Männer tanzten, sangen und auf Flöten bliesen, ohne letztere jedoch zu beschreiben[96] (siehe dazu I.7.5.). Während unseres Besuchs bei den Pirahã bot man uns in der Siedlung Sta. Cruz am unteren Maici eine einfache Rohrflöte und kurze Panpfeifen aus vier Rohrstücken an. Die Instrumente waren aus stärkerem Rohr gefertigt und mit Urucu rot gefärbt. In der Siedlung Totó am oberen Maici fertigte ein junger Mann ad hoc eine Panpfeife aus drei dünnen Rohrstücken für uns an [Abb. I. 24], [Abb. II. 15]. Vermutlich handelt es sich bei diesen Musikinstrumenten um eine relativ späte Kulturanleihe. In der traditionellen Kultur der Pirahã haben sie offensichtlich nur eine sehr geringe oder keine Rolle gespielt.

6.9 Spielzeug für Kinder

Knaben spielen mit kleinen Bögen und Pfeilen und kleine Mädchen ahmen die Tätigkeiten ihrer Mütter nach [Abb. II. 14]. Für die Sammlung erwarben wir auch Kreisel, mit denen die Kinder spielen. Sie bestehen aus einer Tucum-Palmnuss, in der ein Stab befestigt wurde, der mittels einer Schnur mit einem spatelförmigen Brettchen verbunden ist [Abb. II. 13]. Ein eigenartiges Spielzeug sah ich in der Siedlung Pereira. Es handelte sich um zwei flache Brettchen, deren Enden mit Urucú rot bemalt waren. In den Ausführungen von EVERETT fand ich die Erklärung für diese Objekte. Es waren Teile eines Flug-

---

92 GONÇALVES 1993, 107, 109f., 157.
93 NIMUENDAJÚ 1948a, 269.
94 EVERETT 2010, 132.
95 RODRIGUES e OLIVEIRA 1977, 22 (Fig. 3f), 31, 41.
96 GONÇALVES 1993, 157.

zeugmodells. Everett schreibt, dass die am Stützpunkt der Missionare des Summer Institute of Linguistics, am unteren Maici, landenden kleinen Flugzeuge die Jungen anregte, aus Balsa-Holz Flugzeugmodelle zu basteln. Diese Modelle waren selbst in Siedlungen anzutreffen, wo Flugzeuge nicht zu sehen sind. Sie wurden hier nach den Berichten von Augenzeugen angefertigt.[97] Auch Rodrigues und Oliveira erwähnen kleine Modellbauten von Flugzeugen der Missionare und von Booten der Händler. In ihrer Sammlung befinden sich zwei Kreisel der oben beschriebenen Art, für die eine Tucum-Palmnuss und eine Garnrolle verwendet wurden. Die oben beschriebenen kleinen Musikbögen (siehe I.6.8.) dienen ebenfalls als Spielzeug.[98]

7. Geistige Kultur

Die Angaben zur geistigen Kultur der Pirahá basieren vor allem auf den Ausführungen des brasilianischen Ethnologen Marco Antonio Gonçalves (1993). Seine Untersuchungsergebnisse wurden von ihm nach der strukturalistischen Methode von Claude Lévi-Strauss interpretiert. Die Arbeit offenbart die Komplexität der geistigen Kultur der Pirahá. Nachstehend versuche ich, das komplizierte Beziehungsgeflecht zwischen den Pirahá und den verschiedenen Geistwesen auf das Wesentliche zu reduzieren, um auf dieser Grundlage kulturgeschichtlich relevante Aussagen treffen zu können. Ergänzendes Material liefert das Buch des amerikanischen Linguisten Daniel Everett (2010), der im Unterschied zu Gonçalves der geistigen Kultur der Pirahá ein ziemliches Armutszeugnis ausstellt. Offenbar blieb dem ehemaligen Missionar des Summer Institute of Linguistics trotz seiner langen Aufenthalte bei den Pirahá vieles von deren Vorstellungswelt verborgen. Rolf Krusche und ich konnten während der kurzen Zeit unseres Besuchs bei diesem Stamm nur wenige Informationen zu dieser Thematik in Erfahrung bringen.

7.1 Glaubensvorstellungen

Der Kosmos der Pirahá besteht nach Gonçalves aus fünf Schichten, von denen sich zwei im Himmel und zwei unter der Erde befinden. Auf der Zwischenschicht, der Erde, leben die Pirihá *(hiaitsiihi)*. Es sind *ibiisi*, das heißt Wesen mit Blut. Auf den anderen überirdischen und unterirdischen Schichten des Kosmos leben *abaisi*, Geistwesen ohne Blut, die sich zwischen den Schichten bewegen. Auf der ersten unterirdischen Schicht leben zwei Arten von Totenseelen, *kaoaiboge* und *toipe*. Die zahlreichen *abaisi* haben alle einen Namen. Sie besitzen einen deformierten Körper und sind unsterblich. Es gibt männliche und weibliche *abaisi*, die sich von pflanzlicher Flüssignahrung und einigen Fischarten ernähren. Alles, was auf der Erde existiert, geht auf die *abaisi* zurück. Während eines Rituals ermöglichen die Schamanen die Reise der *abaisi* zur Schicht der *ibiisi*,

---

97 Everett 2010, 165.
98 Rodrigues e Oliveira 1977, 22 (Fig. 3a, b), 30f., 40.

wobei verschiedene *abaisi* von den Schamanen dargestellt werden (siehe I.7.2.).[99] Auch EVERETT schreibt, dass das Universum der Pirahã aus mehreren Schichten besteht, die sich sowohl über dem Himmel als auch unter der Erde befinden. Die *xíbiisi* [*ibiisi*], Wesen mit Blut, werden von ihm ebenfalls genannt.[100]

Abaisi verursachen auch Krankheiten, die zum Tod führen können. Als Schutz vor den Krankheit verursachenden *abaisi* trägt man Amulette (siehe I.6.6.) oder reibt sich den Körper mit den stark riechenden Spänen eines Baumes ein, deren Duft die Geister fürchten. Ein *abaisi* ergreift den toten Körper im Grab und bringt ihn auf seine Schicht im Himmel. Er badet ihn in siedendem Wasser, wodurch der *ibiisi* unsterblich wird. Er muss fortan als Gefangener des *abaisi* für diesen in dessen Pflanzung arbeiten. Der Idealfall für die Pirahã ist, wenn der tote Körper von *Igagai*, dem bedeutendsten *abaisi*, auf dessen Himmelschicht gebracht wird und dort in seiner Pflanzung arbeiten muss.

Im Unterschied zum Schicksal des Körpers des Toten verwandeln sich die Seelen des Toten in *kaoaiboge* und *toipe*, die auf der ersten unterirdischen Schicht leben. Diese Wesen sind Transformationen der *ibiisi* nach dem Tod. Sie durchlaufen mehrere Verwandlungen bis zu ihrer endgültigen Bestimmung, der Verwandlung in den unsterblichen Jaguar. Die *kaoaiboge* sind friedlich und leben nomadisch ohne festen Wohnsitz auf ihrer unterirdischen Schicht. Sie ernähren sich nur von Fischen und einigen Früchten, aber nicht von der Jagd. Die *toipe* sind Kannibalen. Sie befinden sich immer auf Kriegszug, um *kaoaiboge* zu töten, die auf Babracots geröstet und danach verspeist werden. Neben Fleisch gehört auch Maismehl zu ihrer Nahrung. Die *toipe* sind sesshaft und leben in Steinhäusern auf der gleichen unterirdischen Schicht wie die *kaoaiboge*. Sowohl *kaoaiboge* als auch *toipe* sehen ähnlich aus wie die *ibiisi* (Pirahã) und haben auch wie diese Blut. Sie unterscheiden sich äußerlich durch die Bemalung. Die *kaoaiboge* tragen rote Bemalung mit Urucu. Genipapo verwenden sie nur für einige Muster auf rotem Grund. Die *toipe* benutzen kein Urucu, sondern tragen nur blauschwarze Genipapo-Bemalung.

Die Transformation in *kaoaiboge* und *toipe* geschieht zu jedem Namen, den der Tote im Laufe seines Lebens von den *abaisi* erhielt. Namen spielen bei den Pirahã eine große Rolle, denn mit jedem Namenswechsel verändert sich nach dem Glauben der Pirahã auch das Wesen der betreffenden Person (siehe I.7.6.)

Igagai, der bedeutendste *abaisi*, lebt auf der zweiten Himmelsschicht. Es gibt zwei *Igagai*, den alten und den neuen, die in einem Vater-Sohn-Verhältnis zueinander stehen. Ersterer erschuf den Kosmos sowie alles, was in der Welt existiert. Letzterer ist gegenwärtig für alle Dinge verantwortlich, da der alte *Igagai* jetzt müde ist nach all seinen Taten. Dem alten *Igagai* wird auch die Neuerschaffung der Welt zugeschrieben. Am Anfang der Welt war der Abstand zwischen der von den Pirahã bewohnten Zwischenschicht und der ersten überirdischen Schicht geringer. Ein Mann schoss von einem hohen Baum einen

---

99 GONÇALVES 1993, 37–39, 48–58.
100 EVERETT 2010, 178f., 206.

Pfeil auf den sehr tief stehenden Mond. Der getroffene Mond erlosch durch den dabei verursachten Blutverlust. Als sich die obere Schicht absenkte, fällten die Männer lange starke Baumstämme, um sie zu stützen. Dies gelang zwar, aber die Welt verdunkelte sich. Die Flüsse trockneten aus und alle Fische und Tiere verendeten. Die Pirahá überlebten, indem sie Wasser aus einer Schlingpflanze tranken und eine Schlangenart aßen, die als einzige Tierart überlebt hatte. *Igagai* machte einen anderen Mond und er schuf auch Fische und andere Tiere neu. Er machte ein kleines Loch in die überirdische Schicht, auf der er lebte, damit das Wasser auf die Zwischenschicht fallen und die Flüsse füllen konnte. Zuerst erschuf *Igagai* den Rio Maici und danach den Rio Marmelos. Bei Kämpfen mit Angehörigen anderer Stämme der Region starben alle Männer der Pirahá. Nur drei Frauen überlebten, denen *Igagai* eine Frucht gab, damit sie schwanger wurden und Söhne gebaren. Da die Knaben bei der Geburt keine Penise hatten, machte ihnen *Igagai* Penise aus Stroh. Den Frauen schickte er Feuer, damit sie ihre Nahrung rösten konnten.[101] Auch EVERETT erwähnt *Xigagai* [*Igagai*] als eines der Wesen, die über den Wolken wohnen. Er meint jedoch, dass die Pirahá weder Schöpfungsmythen noch eine Vorstellung von einem höchsten Wesen oder einer Schöpfergottheit haben.[102]

7.2   Medizinmannwesen (Schamanismus)

GONÇALVES unterscheidet bei den Pirahá zwei Typen von Ritualen, Schamanismus und Feste (siehe I.7.3.). Diese Rituale werden während der Trockenzeit, der Zeit des Nahrungsüberflusses, häufig durchgeführt. In der Regenzeit finden keine statt. GONÇALVES verweist darauf, dass es in jeder Lokalgruppe dieses Stammes mehrere Schamanen *(hiahoai)* gibt, d.h. fast dreiviertel aller Männer üben schamanistische Praktiken aus. Voraussetzung für die künftige Tätigkeit eines Schamanen ist, dass die betreffende Person vorher während der täglichen Arbeit (Fischfang etc.) eine Begegnung mit einem *abaisi*-Geistwesen hatte. Weibliche Schamanen bilden die Ausnahme. Ihre Aktivitäten sind auch nur auf sehr wenige Rituale beschränkt. Der gleiche Autor schreibt, dass es eine Hierarchie unter den Schamanen gibt. Die Schamanen müssen nach dem Glauben der Pirahá die Fähigkeit besitzen, zu den *abaisi* sowie zu den Totenseelen, *kaoaiboge* und *toipe,* auf den verschiedenen Schichten des Kosmos zu reisen. Er veranlasst sie auch, die *ibiisi* (Pirahá) zu besuchen. Schamanistische Rituale beginnen bei Anbruch der Nacht und dauern ca. drei Stunden. Der Schamane geht in den Wald und verschwindet dort, um nach dem Glauben der Stammesmitglieder zu den anderen Schichten des Kosmos zu reisen. Der Wald ist für die Pirahá ein gefährlicher Ort; hier leben gefürchtete monströse Geistwesen. Geräusche aus dem Wald kündigen die Ankunft der *abaisi* und Totenseelen an, die von den Schamanen theatralisch dargestellt werden. An den Gesten und am Ton-

---

101 GONÇALVES 1993, 38–41, 59–64, 102–105, 109–116, 124, 127.
102 EVERETT 2010, 15, 201, 203, 359–361.

fall erkennt man die dargestellten Wesen. Nach dem Auftritt verschwindet der Schamane im Wald und erscheint wieder als Verkörperung eines anderen Geistwesens. Die *abaisi* werden an den für sie typischen körperlichen Missbildungen und an der melancholischen Stimme erkannt. Die auftretenden *kaoaiboge* haben einen langsamen Gang, sind in ihrer Gestik zurückhaltend und flüstern. Die *toipe* hingegen sind aggressiv, stoßen Drohungen aus und schreien mit tiefer Stimme. Die verschiedenen Geistwesen erzählen von ihrem Leben auf den verschiedenen Kosmosschichten. *Abaisi* können auch anwesende Pirahã verfolgen, um sie zu berühren – wie z. B. *Igagai* und *Apapaioepi*. Letzterer verfolgt Frauen und Kinder, um sie an den Haaren zu ziehen. Die Pirahã fürchten sich aber nicht vor den dargestellten Geistwesen. Die Darsteller der *abaisi* tragen auch den für diese typischen Schmuck. Ein von GONÇALVES abgebildeter Schamane trägt den Schmuck des Geistes *abaisi aitoe*. Es handelt sich um ein Stirnband aus Palmblattstreifen mit einem Behang aus dem gleichen Material.[103]

Auch EVERETT berichtet über die Darstellung von Geistwesen, die über ihre Darsteller zu den Pirahã sprechen. Nachts könne man häufig aus dem Wald eine hohe Falsett-Stimme hören. Die Dorfbewohner gingen davon aus, dass es sich um einen *kaoaibogí* handele. Die Stimme dieses Geistes gibt den Bewohnern der Siedlung Hinweise und Ratschläge und warnt vor Gefahren (Jaguare, Geister und Angehörige feindlicher Stämme). Er äußert aber häufig auch den Wunsch, sexuelle Kontakte mit den Frauen der Siedlung haben zu wollen. EVERETT berichtet von einem konkreten Fall, als ein Mann aus dem Dschungel kam, der die Kleidung einer kürzlich verstorbenen Frau trug. Mit hoher Falsettstimme und einer besonderen Sprechweise berichtete dieser Geistdarsteller von der gegenwärtigen Befindlichkeit der toten Frau und ihrem Zusammentreffen mit anderen Geistern unter der Erde. Kurz darauf trat der gleiche Mann mit tiefer dumpfer Stimme auf. Dieser von ihm verkörperte Geist verhielt sich aggressiv und stieß Drohungen aus. EVERETT hörte auch vom Auftritt des bösen Geistes *Xaítoii* (langer Zahn), der von einem Mann mit Stirnband aus Buriti-Palmblattstreifen und einem Gürtel aus schmalen Paxiuba-Palmblattstreifen dargestellt wurde. Dieser habe den zu einem Tanzfest auf einer Waldlichtung versammelten Personen Giftschlangen vor die Füße geworfen, worauf die Tänzer flüchteten.[104] Bei den erstgenannten Geistwesen handelt es sich offenbar um Totenseelen, die den von GONÇALVES beschriebenen *kaoaiboge* und *toipe* entsprechen. *Xaítoii* ist sicherlich – dem Namen und dem Schmuck nach zu urteilen – identisch mit dem von GONÇALVES erwähnten *abaisi*-Geistwesen *Aitoe*. Im Unterschied zu GONÇALVES meint EVERETT, dass diese Auftritte von Geistwesen, bei denen sich die männlichen Darsteller nach dem Glauben der Pirahã in Geister verwandeln, kein Schamanismus sei. Im Prinzip sei jeder Mann dazu in der Lage, obwohl manche häufiger als andere Kontakt mit den Geistern hätten. Dieser Kontakt beschränke sich nicht auf einen einzel-

---

103 GONÇALVES 1993, 58, 71–77, 83 (Foto 11), 85, 88, 91f.
104 EVERETT 2010, 133, 173, 206, 208–212.

nen Mann bzw. Schamanen.[105] Während unseres Besuchs bei den Pirahã im Jahre 1993 erfuhr ich in der Siedlung Sta. Cruz, dass es in anderen Pirahã-Siedlungen Medizinmänner (Schamanen) gäbe. Weitere Angaben dazu konnte ich nicht in Erfahrung bringen.

Die schamanistischen Praktiken der Pirahã wurden früher auch von ihren Nachbarn gefürchtet. Die ehemaligen Erzfeinde der Pirahã, die tupisprachigen Parintintin(-Kawahib), waren zwar den Pirahã kriegerisch überlegen, jedoch fürchteten sie deren Schadenzauber.[106] Auf Grund des Charakters der oben geschilderten rituellen Handlungen ist der Begriff Schamanismus für das Medizinmannwesen der Pirahã durchaus angebracht.

7.3   Feste und rituelle Tänze

NIMUENDAJÚ berichtet von Tänzen, die bei Vollmond stattfanden und die ganze Nacht hindurch andauerten. Dabei bildeten Männer und Frauen einen Kreis. Die Tänze begannen langsam und wurden immer schneller. Die Männer trugen einen speziellen Tanzschmuck (siehe I.6.8.). Während des Tanzfests wurde in einem großen Kürbisgefäß ein warmes breiartiges Getränk aus einer Kürbisfrucht gereicht.[107] Nach GONÇALVES unterscheiden die Pirahã zwischen „großen" und „kleinen Festen". Beide Rituale finden bei Vollmond statt. „Kleine Feste" werden von den jeweiligen Lokalgruppen veranstaltet, wobei jeder Ortswechsel mit einem „kleinen Fest" verbunden ist. Zu Beginn eines solchen Festes beginnt ein Pirahã zu singen und zu tanzen. Dabei steigen nach ihrem Glauben Geister zu der Schicht herab, auf der die Pirahã leben, um am Fest teilzunehmen. Männer, Frauen und Kinder formieren sich zu einem Kreis und singen. „Große Feste" finden in der Trockenzeit statt; an ihnen nehmen mehrere Lokalgruppen teil. In der Reihe der Tänzer wechseln Männer und Frauen ab, die nicht als Paare miteinander verbunden sind. Während des Tanzes werden neue Beziehungen zwischen den Geschlechtern geknüpft. Dabei werden Schmuckgegenstände wie Armbänder aus Stroh und Ringe aus Tucum-Nüssen getauscht. Partnertausch findet nicht innerhalb der gleichen Lokalgruppe statt. Der Raub von Frauen wird geduldet.[108] Auch EVERETT schildert die bei Vollmond stattfindenden Tänze, bei denen sich die Tänzer im Kreis bewegen, singen, klatschen und mit den Füßen stampfen. Musikinstrumente werden nach seinen Angaben nicht benutzt. Die Tanzfeste finden in einer fröhlichen und sexuell freizügigen Atmosphäre statt. Es kann aber mitunter auch zu aggressiven Handlungen kommen. EVERETT schildert einen Fall, bei dem es zur Vergewaltigung eines jungen unverheirateten Mädchens durch fast alle Männer der Siedlung kam.[109]

---

105   EVERETT 2010, 211.
106   DENGLER 1991, 14f.
107   NIMUENDAJÚ 1948a, 269.
108   GONÇALVES 1993, 95–98.
109   EVERETT 2010, 132f.

7.4 Narkotika

In der traditionellen Kultur der Pirahã spielt der Gebrauch von Narkotika höchstens eine geringe Rolle. In der einschlägigen Literatur findet sich dazu kein konkreter Hinweis. Lediglich GONÇALVES erwähnt in Zusammenhang mit den Bestattungsriten (siehe I.7.6.), dass die Männer während der Nachtwache beim Toten ununterbrochen rauchen, wobei sie sich den Rauch auf ihre Körper blasen. Damit sollen schädliche Einflüsse, die durch die Nähe des Toten entstehen, verhindert werden.[110] Vermutlich rauchten sie Tabak-Zigarren. Während unseres Besuchs im Jahre 1993 wurden wir immer wieder um Tabak gebeten. Aus diesem drehten die Männer Zigaretten und rauchten sie. In der Siedlung Sta. Cruz sagte man uns, dass früher für die Zigaretten Embira-Bast statt Papier verwendet wurde. In einem Falle beobachtete ich, wie sich einige Männer etwas Tabak in den Mund steckten. Danach drehte man sich mit einer Prise Tabak eine Zigarette.

Von den Weißen bzw. der Mischbevölkerung haben sie Zuckerrohrschnaps (*cachaça*) und Tabak als Genussmittel übernommen. Den Zuckerrohrschnaps erhalten die Pirahã im Tausch gegen Paranüsse von den Händlern der Region, die mit ihren Booten den Rio Maici aufwärts fahren. Er wird während der Regenzeit in großen Mengen getrunken. Die durch Trunkenheit ausgelöste Aggressivität kann bis zu tödlichen Auseinandersetzungen führen.[111]

7.5 Exokannibalismus und Schädeltrophäen

NIMUENDAJÚ, der die Pirahã nur relativ flüchtig kennenlernte, berichtet, dass sie im Unterschied zu ihren Feinden keinen Kannibalismus praktizierten und auch keine menschlichen Trophäen erbeuteten. Manchmal machten sie Gefangene, die sie an die Brasilianer am unteren Madeira verkauften.[112]

GONÇALVES, der sich eingehend mit den Riten der Pirahã befasste, schreibt, dass die Pirahã über ihre Kriegstaten und über den damit verbundenen Exokannibalismus bis heute sprechen. Es gab früher ständig kriegerische Auseinandersetzungen mit den Nachbarstämmen, vor allem mit den Parintintin (siehe I.3.). Die Pirahã waren jedoch nicht nur Opfer, sondern auch Angreifer. Dafür gab es die Institution der *euebihiai* (= Jäger von Feinden). Ein *euebihiai*, dessen Funktion in väterlicher Linie vererbt wurde, erhielt bereits als Kind eine spezielle Erziehung. Nach Erreichen der Pubertät wurde er zum *euebihiai* initiiert. Dabei musste er sich einer schmerzhaften Tortur unterziehen, indem er einen mit Feuerameisen übersäten Baumstamm umarmte. Dieses Ritual wurde auch in seinem weiteren Leben zu bestimmten Anlässen wiederholt – z. B. bei einem fehlgeschlagenen Kriegszug.

---

110 GONÇALVES 1993, 108f.
111 GONÇALVES 1991, 300f.
112 NIMUENDAJÚ 1948a, 268.

Die *euebihiai* waren für die Versorgung der Lokalgruppe mit Fleisch von Menschen oder Tieren verantwortlich. Sie lebten zu zweit oder dritt im Wald, in der Nähe der Feinde, die sie immer im Wald oder am Fluss, aber nie in der Nähe des Dorfes der Feinde töteten. Vor dem Aufbruch zum Kriegszug rieben die *euebihiai* eine Pequi-Nuss rund um die Augen. Außerdem trugen sie als Körperbemalung ein mit Urucú und Kohle aufgetragenes Fleckenmuster, womit sich die Krieger nach dem Glauben der Pirahã in Jaguare verwandelten. Sie befestigten am Gürtel den Schwanzteil eines Mutum und ahmten Tierlaute nach. Der Feind wurde bei einem Überraschungsangriff mit Keulen oder Pfeilen getötet (siehe dazu I.6.2.). Eine andere Kampfform wurde angewandt, wenn ein Mord gerächt werden sollte. Hierbei bewegten sich viele Pirahã-Männer in der Nähe des Dorfes der Feinde. Der Angriff, an dem auch die *euebihiai* teilnahmen, fand in der Morgendämmerung statt. Dabei schoss man mit Pfeilen und setzte die Hütten in Brand.

Beide Angriffsformen zielten darauf ab, getötete Feinde in die eigene Siedlung zu bringen. Arme und Beine wurden vom Rumpf getrennt, den man in zwei Hälften teilte. Diese Körperteile und das Herz wurden von einem *euebihiai* in einem großen Korb, den er für diesen Zweck angefertigt hatte, in die Siedlung transportiert. Die anderen Eingeweide ließ man im Wald. Nur der *euebihiai* durfte mit dem rohen Fleisch und dem Blut des Feindes in Berührung kommen. In der Siedlung errichtete er ein Räuchergestell für das Fleisch. Zu Beginn des kannibalischen Festmahls verzehrte er das Herz des Opfers. Das Fleisch des getöteten Menschen, das von den Pirahã als sehr schmackhaft geschätzt wurde, verzehrten die anderen Teilnehmer des Festmahls in kleinen Kalebassengefäßen. Während des Röstens des Fleisches bliesen die Männer auf Flöten (siehe dazu I.6.8.), tanzten und sangen. Bei dem Verzehr von Menschenfleisch mussten bestimmte Regeln eingehalten werden. So durften die Teilnehmer während des Rituals und einige Tage danach keinen Geschlechtsverkehr haben.

Gefangene Frauen und Kinder wurden als Kriegstrophäen betrachtet. Sie konnten bei einem kannibalischen Festmahl getötet werden, wenn die *euebihiai* kein Tier- oder Menschenfleisch nach Hause brachten. Die Opfer fesselte man an Händen und Füßen und erschlug sie mit Keulen. Den Schädel des getöteten Feindes hängte der *euebihiai* an den Pfosten seines Hauses. Die Augenhöhlen der Schädeltrophäe füllte er mit Baumwolle, um zu verhindern, dass der Feind den Weg zu seinem Dorf sieht.[113]

7.6 Bräuche während des Lebenszyklus

Spezielle Bräuche anlässlich von Geburt und Heirat sind von den Pirahã nicht bekannt. Es gibt auch keine Hinweise auf Initiationsriten. Eine Ausnahme bilden die Initiationsriten für die *euebihiai* (Töter) (siehe I.7.5.).

---

113 GONÇALVES 1993, 153–157, 164 (Anm. 31, 32).

Eine große Rolle spielt im Leben der Pirahã die Vergabe von Namen. Ein Pirahã nimmt im Laufe seines Lebens verschiedene Namen an. Den ersten bekommt er bereits im Mutterleib. Im Rahmen schamanistischer Riten erhalten die Pirahã Namen der daran teilnehmenden *abaisi*-Geistwesen (siehe I.7.1. und 7.2.). Einen neuen Namen erhält man auch durch Heirat.[114]

Bei der Bestattung, die immer auf der Terra firme stattfindet, folgt man bestimmten Regeln. Der mit Urucú eingeriebene Tote (siehe I.6.8.) wird in eine Matte gewickelt (heute benutzt man dazu auch eine Hängematte) und auf eine Matte in dem ausgehobenen Grab gelegt. Dies geschieht so, dass der Körper parallel zum Fluss liegt. Darüber kommen runde Holzstämme und darauf wieder eine dritte Matte, damit die Leiche nicht mit der Erde in Berührung kommt. Erst danach wird das Grab mit Erde aufgefüllt und verschlossen. Darüber errichtet man eine Grabhütte aus Babassú-Palmstroh, die relativ stabil ist, um das Eindringen von Wasser zu verhindern. Die Habseligkeiten des Toten werden neben das Grab gelegt.[115] EVERETTS Äußerungen zum Bestattungswesen der Pirahã stimmen im Prinzip mit denen von GONÇALVES überein. Er schreibt jedoch, dass die meisten Elemente der Bestattung, die vorzugsweise in der Nähe des Flussufers stattfindet, variabel sind. So bestatten sie den Toten mitunter in sitzender Haltung oder mit dem Gesicht nach unten. Zur Abdeckung legt man grüne Äste über den Toten, der auf diese Weise fest im Grab verkeilt wird. Darüber kommt eine Schicht Bananen- oder andere Blätter, bevor man das Grab mit Erde auffüllt. EVERETT erwähnt auch, dass man ein paar kleine Habseligkeiten des Toten als Grabbeigaben neben die Leiche legt.[116] Erkennbar ist bei beiden Beschreibungen, dass man sich bemüht, den Toten nicht mit der Erde in Berührung kommen zu lassen.

Zu den Bestattungsriten gehören auch das Klagen der Frauen und die Nachtwache der Männer beim Toten. Die Männer rauchen dabei ständig und blasen den Rauch auf ihre Körper, um mögliche schädliche Einflüsse durch die Nähe des Toten zu verhindern.[117]

8. Soziale Struktur

Der Stamm der Pirahã bildet keine politische Einheit. Es gab in der traditionellen Kultur der Pirahã kein institutionalisiertes Häuptlingstum. In der Siedlung Sta. Cruz lernten wir mit Bernardo eine Führungspersönlichkeit kennen, der seine Führungsrolle zweifellos dem Kontakt mit den Missionaren des Summer Institute of Linguistics verdankt. Bernardo (Kóhoibííhíai oder Kóhoi) war einer der Sprachlehrer von Everett und nahm

---

114 LEIVINHO 1987, 26; GONÇALVES 1993, 42, 58f., 99; EVERETT 2010, 30, 207.

115 GONÇALVES 1993, 107f., 163 (Anm. 22).

116 EVERETT 2010, 129f.

117 GONÇALVES 1993, 108f.

1985 als Führer an der Expedition von Leivinho teil (siehe Einführung). Auch im Buch von Gonçalves findet sich ein Foto von Kohoibiihi.[118] In einem Bericht des FUNAI-Funktionärs Sílbene Almeida aus dem Jahre 1988 wird Bernardo als Pirahã-Führer bezeichnet.[119]

Die wichtigste sozialökonomische Einheit der Pirahã ist die Kernfamilie, vor allem in der Trockenzeit. In der Regenzeit kommt es zu mehr gemeinschaftlichen Aktivitäten. Die Heirat erfolgt vorzugsweise zwischen bilateralen Kreuzvettern, aber es sind auch andere Varianten möglich. Der Bräutigam arbeitet vor und nach der Heirat für den Schwiegervater in der Pflanzung und hilft beim Fischen, Jagen und beim Bau von Unterkünften. Außerdem bezahlt er den Schwiegervater mit Paranüssen und mit Handelswaren (Kanus etc.) der Händler, die die Pirahã mit ihren Booten besuchen. Die Pirahã leben monogam, wechseln aber die Ehepartner häufig. Die Wohnfolge ist matrilokal, die Erbfolge patrilinear. Das System der Verwandtschaftsterminologie ist nach Oliveira sehr einfach.[120]

Während unseres kurzen Aufenthalts bei den Pirahã konnte ich zur sozialen Struktur dieses Stammes nur wenig in Erfahrung bringen. Zum Verhalten der Pirahã bemerkt Everett, dass sie friedlich sind und dass sie sowohl Alte als auch Behinderte versorgen. Er erwähnt aber auch, dass Personen, die sich anormal gegenüber der Gruppe verhalten, geächtet werden. Sie leben isoliert von den anderen und können sogar getötet werden.[121]

II. Historisch-ethnographische Klassifizierung der Pirahã-Stammeskultur und deren kulturgeschichtliche Stellung

Die nachstehende kulturgeschichtliche Einordnung der Pirahã erfolgt auf der Grundlage eines historisch-ethnographischen Klassifikationssystems. Dieses besteht im Wesentlichen aus drei Klassifikationsebenen – der wirtschaftlich-kulturellen, der sprachlich-kulturellen und der geographisch-kulturellen Klassifikationsebene. Zu jeder dieser Ebenen gehören zwei Klassifikationsordnungen, die sich quantitativ und qualitativ unterscheiden. Ergänzt wird dieses Klassifikationssystem durch kulturelle Einzelerscheinungen von historisch-ethnographischer Relevanz. Dazu gehören „Relikte präkolumbischer Kultursubstrate", die früher im Untersuchungsgebiet existierten, „Fremdeinflüsse" und „stammesspezifische Kulturelemente".[122]

---

118 Everett 2010, 31, 233; Gonçalves 1993, 149 (Foto 14).
119 Almeida 1991, 301.
120 Oliveira 1978, 5, 8, 12, 16f.; Leivinho 1987, 25f.
121 Everett 2010, 171f., 221f.
122 Eine detaillierte Erläuterung dieses Klassifikationssystems findet sich in Kästner 1992, 4–7, 10–20.

1. Wirtschaftlich-kulturelle Klassifikationsebene

Zu ihr zählen die Klassifikationsordnungen „wirtschaftlich-kultureller Typ" und „wirtschaftlich-kultureller Subtyp". Die Vertreter des ersteren sind ethnische Gruppen mit einem ähnlichen gesellschaftlichen Entwicklungsstand, die unter gleichen oder ähnlichen Umweltbedingungen einen Komplex charakteristischer wirtschaftlicher und kultureller Besonderheiten ausgeformt haben. Bei diesen Besonderheiten handelt es sich um Leitelemente, die einen bestimmten wirtschaftlich-kulturellen Typ kennzeichnen. Bei größeren wirtschaftlich-kulturellen Typen, zu denen zahlreiche Ethnien gehören und die ein großes Verbreitungsgebiet aufweisen, kann man wirtschaftlich-kulturelle Subtypen unterscheiden, deren Entstehung auf regionale ökologische Besonderheiten und auf bestimmte historische Prozesse zurückzuführen ist.

1.1 Wirtschaftlich-kultureller Typ „halbsesshafte Fischer, Jäger, Sammler und Bodenbauer der tropischen Binnengewässer Südamerikas"

Die Pirahã sind Vertreter des wirtschaftlich-kulturellen Typs „halbsesshafte Fischer, Jäger, Sammler und Bodenbauer der tropischen Binnengewässer Südamerikas". In ihrer Wirtschaftsform dominieren aneignende Wirtschaftskomponenten. Auf Grund der überragenden Bedeutung des Fischfangs kann man die Vertreter dieses wirtschaftlich-kulturellen Typs verkürzt auch als „halbsesshafte Flussfischer und Bodenbauer" bezeichnen. In manchen Literaturquellen werden sie „Ichthyophagen"[123] und „Wassernomaden" (aquatic nomads[124]) genannt. Da jedoch die Jagd auf andere im Wasser lebende Tiere (Reptilien, Säugetiere) sowie das Sammeln von tierischer Nahrung (Schildkröteneier u. a.) und wildwachsenden pflanzlichen Produkten ebenfalls von großer wirtschaftlicher Bedeutung sind, ist die Bezeichnung „Fischer, Jäger, Sammler und Bodenbauer" genauer. Eine Gemeinsamkeit aller Vertreter dieses wirtschaftlich-kulturellen Typs ist, dass ihr Leben völlig auf die Flüsse und Lagunen ausgerichtet ist, an deren Ufern sie leb(t)en. Ihre wildbeuterisch geprägte Wirtschaftsform mit der saisonalen Nutzung der verschiedenen Nahrungsressourcen bedingt ihre mobile Lebensweise. Der sporadisch betriebene Bodenbau ermöglicht andererseits eine zeitweilige Sesshaftigkeit. Die mobile Lebensweise ist der Grund für die Einfachheit ihrer materiellen Kultur.

Zu den Vertretern dieses wirtschaftlich-kulturellen Typs zählen südlich des Amazonas die Pirahã und die sprachverwandten Mura der gleichnamigen Sprachfamilie im Stromgebiet des unteren und mittleren Rio Madeira. Die Mura breiteten sich von hier aus westwärts bis zum Purús und in nördlicher Richtung bis zum Solimões und darüber hinaus aus. Außerdem gehörten auch die zur Mura-Sprachfamilie zählenden Yahahi dazu. Die Reste dieses in der Nachbarschaft der Pirahã lebenden Stammes gingen in diesen

---

123 M<small>ARTIUS</small> 1867, 407f.
124 S<small>TEWARD</small> and F<small>ARON</small> 1959, 437–441.

auf.¹²⁵ Angaben zur Kultur und Lebensweise der Yahahi liegen nicht vor. Offensichtlich waren die Yahahi und Pirahã in wirtschaftlicher und kultureller Hinsicht gleich, so dass sie ebenfalls dem hier behandelten wirtschaftlich-kulturellen Typ zuzuordnen sind (siehe dazu I.1.). Zu letzterem zählen auch die Paumari des unteren und mittleren Purús,¹²⁶ die linguistisch zur Arawá-Sprachfamilie des Aruak-Sprachstammes¹²⁷ und sprachlich-kulturell zur historisch-ethnolinguistischen Familie Aruak gehören, sowie die Guató (Einzelsprache des Macro-Gê-Sprachstammes) in den sumpfigen Gebieten des oberen Rio Paraguay¹²⁸ und die südlich benachbarten Guachí (Guaxarapo), die Ende des 19. Jahrhunderts nicht mehr als Stamm existierten. Letztere besaßen ursprünglich eine eigene Sprache, bevor sie unter dem Einfluss der Mbayá (Guaicurú-Sprachfamilie) deren Sprache übernahmen. Nach den wenigen Angaben in der einschlägigen Literatur waren Kultur und Lebensweise der Guachí wohl ähnlich der der Guató.¹²⁹ Nördlich des Amazonasbeckens verkörpern die am unteren Orinoco lebenden isoliertsprachigen Yaruro¹³⁰ den wirtschaftlich-kulturellen Typ „halbsesshafte Fischer, Jäger, Sammler und Bodenbauer der tropischen Binnengewässer Südamerikas".

Vermutlich waren früher auch die Stämme der kleinen Karajá-Sprachfamilie (Macro-Gê-Sprachstamm¹³¹) Vertreter dieses wirtschaftlich-kulturellen Typs. Bei ihrer den Rio Araguaya abwärts führenden Wanderung wurden sie offensichtlich von sesshaften Bodenbauerstämmen unterschiedlicher Herkunft beeinflusst, wodurch sich ein Wechsel zum wirtschaftlich-kulturellen Typ „Pflanzstockbodenbauer der tropischen Waldgebiete Südamerikas" vollzog. Der Fischfang hat jedoch nach wie vor eine sehr große Bedeutung für die Ernährung der Karajá-Stämme.¹³²

Nachstehend folgt eine Aufstellung der charakteristischen Merkmale (Leitelemente) des wirtschaftlich-kulturellen Typs (WKT) „halbsesshafte Fischer, Jäger, Sammler und Bodenbauer der tropischen Binnengewässer Südamerikas" sowie deren Vorkommen bei den Vertretern dieses Typs. In den spärlichen Informationen über die Guachí fehlen Angaben zu einigen der aufgeführten Leitelemente. Da jedoch betont wird, dass sich

---

125 NIMUENDAJÚ 1948a, 255–269; STEWARD and FARON 1959, 438f.; RODRIGUES E OLIVEIRA 1977, 1–10; RODRIGUES 1986, 78f., 81.

126 WALLIS 1886, 262–265; EHRENREICH 1891, 48–51.

127 NOBLE 1965, 107f., Karte; PAYNE 1991, 363, 365.

128 SCHMIDT 1905, 175–248, 309–313; 1912, 142f.; 1924, 289–291; STEWARD and FARON 1959, 437f.; RODRIGUES 1986, 49, 56, 95.

129 MARTIUS 1867 (Bd. 1), 243f.; KOCH 1902, 111f.; METRAUX 1946, 214, 225, 248, 277, 285, 301, 307, 409, 411; MASON 1950, 205, 281, 300.

130 KIRCHHOFF 1948, 456–463; MASON 1950, 255f.; STEWARD and FARON 1959, 439–441; PETRULLO 1969, 63–93; SALAS 1969, 13–19; ZERRIES 1962, 100; 1974, 141f.

131 RODRIGUES 1986, 49, 56.

132 KÄSTNER 2009, 126f.

Wirtschaftsform, Kultur und Lebensweise der Guachí und Guató ähnelten, ist davon auszugehen, dass sich die betreffenden Leitelemente auch bei den Guachí fanden.

1. Fischfang und Jagd auf die in den Binnengewässern lebenden Tiere (Reptilien, Säugetiere) liefern die Hauptnahrung
Vertreter des WKT: Pirahã (siehe I.4.), Mura,[133] Paumari,[134] Guató,[135] Guachí,[136] Yaruro[137].

Bei allen Stämmen spielt der Fischfang eine dominierende Rolle. Die Jagd auf Schildkröten und Manatees liefert ebenfalls wichtige Nahrungsressourcen. Verschiedene Kaiman-Arten wurden vor allem von den Guató und Yaruro gejagt.

2. Das Sammeln von wildwachsenden pflanzlichen Produkten (Früchten, Nüssen, Samen, Wurzeln) und tierischer Nahrung (Schildkröteneier, Larven, Honig u. a.) ist eine wichtige Wirtschaftskomponente
Vertreter des WKT: Pirahã (siehe I.4.), Mura,[138] Paumari,[139] Guató,[140] Guachí,[141] Yaruro[142].

Das Sammeln von Paranüssen dient bei den Pirahã nicht nur der Ernährung. Die Nüsse sind auch ein wichtiges Handelsprodukt. Von den Mura wurde berichtet, dass sie Maniok und andere Kulturpflanzen aus den Pflanzungen von Bodenbauerstämmen raubten, was man auch als eine besondere Form von Sammeltätigkeit bezeichnen kann. Die Paumari stellten aus den Früchten einer Leguminosen-Art und aus einer knollenartigen Wurzel (kein Maniok) Mehl her. Für die Guató spielen die Früchte und der gegorene Saft der Akuri-Palme eine wichtige Rolle. Sowohl Guató als auch Guachí ernte(te)n von ihren Booten aus große Mengen von im Wasser wachsenden „Wildreis" (d. h. die Körner einer Grasart). Die Yaruro sammeln vor allem die Früchte der Moriche-Palme.

---

133 NIMUENDAJÚ 1948A, 258; STEWARD and FARON 1959, 438f.; WALLACE 2014 [1853], 481; BATES 1924 [1863], 135; MARTIUS 1867, 409.
134 WALLIS 1886, 263; EHRENREICH 1891, 50; MARTIUS 1867, 421; SCHRÖDER E BONILLA 2011, 6.
135 SCHMIDT 1924, 290; STEWARD and FARON 1959, 437.
136 KOCH 1902, 111.
137 PETRULLO 1969, 64–70; ZERRIES 1974, 141.
138 NIMUENDAJÚ 1948a, 258; WALLACE 2014 [1853], 481; BATES 1924 [1863], 136.
139 WALLIS 1886, 263; SCHRÖDER E BONILLA 2011, 7.
140 SCHMIDT 1924, 290; STEWARD and FARON 1959, 437.
141 MÉTRAUX 1946, 248.
142 PETRULLO 1969, 64, 67f., 70; STEWARD and FARON 1959, 440; ZERRIES 1974, 141.

3. Der Bodenbau ist wenig entwickelt und spielt bei der Nahrungsgewinnung nur eine untergeordnete Rolle
Vertreter des WKT: Pirahã (siehe I.4.), Mura,[143] Paumari,[144] Guató,[145] Guachí,[146] Yaruro[147].

In kleinen Pflanzungen in der Nähe der Flussufer wird ein wenig Bodenbau betrieben. Die Guató nutzen dafür auch Erdhügel, die von den früheren Bewohnern ihres Siedlungsgebiets künstlich angelegt worden waren. Zu den angebauten Kulturpflanzen zählen giftiger Maniok und Mais. Letzterer wird von den Yaruro grün gegessen. Verallgemeinernd kann man sagen, dass bei den noch existierenden Vertretern dieses wirtschaftlich-kulturellen Typs der Bodenbau heute eine etwas größere Rolle spielt als in der Vergangenheit.

4. Die Jagd auf Landtiere hat keine oder nur eine geringe wirtschaftliche Bedeutung
Vertreter des WKT: Pirahã (siehe I.4.), Mura,[148] Paumari,[149] Guató,[150] Guachí (keine Angaben), Yaruro[151].

Mit Ausnahme von Nagetieren (Agutis, Pacas), die meist von Frauen und Kindern erlegt werden, jagt man Landtiere nur gelegentlich bzw. selten.

5. Hauptwaffen für Fischfang und Jagd sind Bögen, Pfeile (Fischpfeile, Harpunenpfeile u. a.) und Harpunen
Vertreter des WKT: Pirahã (siehe I.6.2), Mura,[152] Paumari,[153] Guató,[154] Guachí,[155] Yaruro[156].

Diese Waffen werden sowohl für den Fischfang als auch für die Jagd auf Wassertiere (Manatees, Schildkröten, Kaimane u. a.) eingesetzt. Die Paumari benutz-

---

143 Nimuendajú 1948a, 258; Steward and Faron 1959, 438; Wallace 2014 [1853], 481; Bates 1924 [1863], 136.
144 Wallis 1886, 263; Ehrenreich 1891, 50f.; Wallace 2014 [1853], 483; Martius 1867, 421; Schröder e Bonilla 2011, 6f.
145 Schmidt 1924, 290; Steward and Faron 1959, 437.
146 Koch 1902, 111; Métraux 1946, 411.
147 Steward and Faron 1959, 440; Salas J. 1969, 16f.; Zerries 1974, 141.
148 Nimuendajú 1948a, 258.
149 Schröder e Bonilla 2011, 7.
150 Schmidt 1924, 290; Steward and Faron 1959, 437.
151 Steward and Faron 1959, 440.
152 Nimuendajú 1948a, 258, 260; Wallace 2014 [1853], 481; Bates 1924 [1863], 134, 136.
153 Wallis 1886, 263; Ehrenreich 1891, 51.
154 Schmidt 1905, 183–199; 1924, 290.
155 Métraux 1946, 301.
156 Petrullo 1969, 69–74.

ten im 19. Jahrhundert noch Wurfbrettchen zum Schleudern von Pfeilen und Harpunen, bevor sie den Bogen übernahmen. Die Guató verwendeten große Holzlanzen zur Jagd auf Kaimane und Jaguare. Die Guachí erhielten von anderen Strämmen des oberen Rio Paraguay Bögen, Pfeile und andere Gegenstände im Tausch gegen Boote.

6. Rindenboote und Einbäume sind die Grundlage für die mobile Lebensweise an und auf den Binnengewässern
Vertreter des WKT: Pirahã (siehe I.6.1), Mura,[157] Paumari,[158] Guató,[159] Guachí,[160] Yaruro[161].

Pirahã und Mura besaßen früher nur Rindenboote, bevor sie Einbäume übernahmen. Im Unterschied zu den kurzen Einbäumen der Paumari und Guachí hatten die Guató und Yaruro große Einbäume.

7. Einfache Windschirme und Unterstände auf den Uferbänken dienen als Unterkünfte während des nomadischen Lebens auf den Flüssen, während saisonal bedingt kleine Siedlungen entlang der Binnengewässer bewohnt werden
Vertreter des WKT: Pirahã (siehe I.5.), Mura,[162] Paumari,[163] Guató,[164] Guachí,[165] Yaruro[166].

Eine Besonderheit der Paumari ist, dass sie während der Regenzeit in schwimmenden Hütten leben, die auf Flößen inmitten der Lagunen errichtet werden.

---

157 NIMUENDAJÚ 1948a, 260; STEWARD and FARON 1959, 439; BATES 1924 [1863], 135.
158 EHRENREICH 1891, 51; WALLACE 2014 [1853], 482; MARTIUS 1867, 421; SCHRÖDER E BONILLA 2011, 11.
159 SCHMIDT 1905, 175.
160 MÉTRAUX 1946, 225, 285.
161 STEWARD and FARON 1959, 440.
162 NIMUENDAJÚ 1948a, 258f.; STEWARD and FARON 1959, 439; WALLACE 2014 [1853], 481; BATES 1924 [1863], 434f.
163 WALLIS 1886, 262f.; EHRENREICH 1891, 51; WALLACE 2014 [1853], 482f.; MARTIUS 1867, 421; SCHRÖDER E BONILLA 2011, 8, 10.
164 SCHMIDT 1912, 43; 1924, 290f.
165 KOCH 1902, 111; MÉTRAUX 1946, 225.
166 PETRULLO 1969, 80f.; STEWARD and FARON 1959, 440.

8. Als Schlafstatt dienen der Erdboden (Ufersand) oder einfache Plattformen
Vertreter des WKT: Pirahã (siehe I.5.), Mura,[167] Paumari,[168] Guató,[169] Guachí (keine Angaben), Yaruro[170].

Häufig legt man geflochtene Schlafmatten auf den Boden, der als Schlafstatt dient. Pirahã und Mura verwenden Plattformen aus parallel angeordneten Stämmchen zum Schlafen. Mura und Yaruro benutzen auch Hängematten, die offensichtlich übernommen wurden.

9. Keramik fehlt oder kommt nur in sehr grober Ausführung vor
Vertreter des WKT: Pirahã (siehe I.6.3.2), Mura,[171] Paumari,[172] Guató,[173] Guachí (keine Angaben), Yaruro[174].

Nach alter Tradition benutzen Pirahã und Mura keine Keramik. Die Paumari töpferten nicht selbst, tauschten aber Tongefäße von den benachbarten Ipurina und Katawishi ein. Guató und Yaruro stellen nur grobe schlecht gebrannte Tontöpfe her.

10. Die Einzelfamilie bzw. die erweiterte Großfamilie ist die wichtigste sozialökonomische Einheit
Vertreter des WKT: Pirahã (siehe I.8.), Mura,[175] Paumari,[176] Guató,[177] Guachí (keine Angaben), Yaruro[178].

Bedingt durch die mobile Lebensweise stellt die Einzelfamilie bzw. die erweiterte Großfamilie die wichtigste sozialökonomische Einheit dar, wobei die Familienoberhäupter für die Entscheidungen in wirtschaftlichen Fragen zuständig sind.

---

167 NIMUENDAJÚ 1948a, 259; STEWARD and FARON 1959, 439.
168 WALLIS 1886, 262; EHRENREICH 1891, 51; WALLACE 2014 [1853], 483; SCHRÖDER E BONILLA 2011, 10.
169 SCHMIDT 1905, 179; 1924, 291.
170 PETRULLO 1969, 75, 80.
171 NIMUENDAJÚ 1948a, 260.
172 EHRENREICH 1891, 51; WALLACE 2014 [1853], 483; MARTIUS 1867, 421; SCHRÖDER E BONILLA 2011, 10.
173 SCHMIDT 1905, 202–204, 207f., 211, 311.
174 PETRULLO 1969, 79, 81f.
175 NIMUENDAJÚ 1948a, 261; BATES 1924 [1863], 135f.; MARTIUS 1867, 412.
176 SCHRÖDER E BONILLA 2011, 8f.
177 SCHMIDT 1924, 290.
178 STEWARD and FARON 1959, 440.

Wirtschaftlich-kulturelle Subtypen lassen sich bei dem wirtschaftlich-kulturellen Typ „halbsesshafte Wildbeuter und Bodenbauer der tropischen Binnengewässer Südamerikas" nicht nachweisen.

1.1.1 Wildbeuterisch geprägte wirtschaftlich-kulturelle Typen an tropischen Binnengewässern Südamerikas

Einen Zusammenhang gibt es zwischen dem hier behandelten wirtschaftlich-kulturellen Typ und dem wirtschaftlich-kulturellen Typ „nomadisierende Fischer und Sammler der tropischen Binnengewässer Südamerikas".

Im 18. Jahrhundert lebte am unteren Orinoco und im Gebiet des Rio Apure, eines Nebenflusses des unteren Orinoco, eine Reihe von Stämmen, die sich hauptsächlich vom Fischfang und vom Sammeln von Mollusken ernährten. Diese nomadisierenden Stämme, deren Sprachen unbekannt sind, betreiben keinen Bodenbau. Zu ihnen gehören die Guamontay, Guaiqueri, Guárico, Maiba, Taparita und Guamo. Ein Teil der Guamo hatte durch den Einfluss der benachbarten Otomac etwas Bodenbau übernommen.[179] Dieses Beispiel zeigt, dass der Übergang vom wirtschaftlich-kulturellen Typ „nomadisierende Fischer und Sammler der tropischen Binnengewässer Südamerikas" zum wirtschaftlich-kulturellen Typ „halbsesshafte Fischer, Jäger, Sammler und Bodenbauer der tropischen Binnengewässer Südamerikas" fließend ist. Zu den Vertretern des erstgenannten wirtschaftlich-kulturellen Typs zählten auch die Caranariou, die im 18. Jahrhundert in Abhängigkeit von den aruakischen Palikur, einem Bodenbauerstamm im südlichen Küstengebiet Guayanas, lebten.[180]

Neben den o. g. nomadisierenden Fischern und Sammlern und den halbsesshaften Fischern, Jägern, Sammlern und Bodenbauern gibt bzw. gab es auch sesshafte Stämme, die sich hauptsächlich vom Fischfang und wildwachsender pflanzlicher Nahrung ernährten. Es handelt sich um die isoliertsprachigen Warrau (Guarauno) des Orinoco-Deltas[181] und die Paraujano (Aruak [Maipure]-Sprachfamilie des Aruak-Sprachstammes) westlich des Maracaibo-Sees (West-Venezuela)[182]. Sie sind Vertreter des wirtschaftlich-kulturellen Typs „sesshafte Fischer und Sammler der tropischen Binnengewässer Südamerikas". Voraussetzung für die Entstehung dieses wirtschaftlich-kulturellen Typs sind sehr reiche wild lebende und wachsende Nahrungsressourcen (Fische, Wildpflanzen), die eine sesshafte Lebensweise ermöglichen.

---

179 Kirchhoff 1948, 463–468; Zerries 1962, 100.
180 Nimuendajú 1926, 13f., 107, 109; Gillin 1948, 806.
181 Wilbert 1959, 82; Steward and Faron 1959, 441–444; Zerries 1974, 142–145.
182 Wilbert 1959, 81–87.

2. Sprachlich-kulturelle Klassifikationsebene

Zu dieser Klassifikationsebene gehören die Klassifikationsordnungen „historisch-ethnolinguistische Familie" und „historisch-ethnolinguistisches Areal". Erstere ist eine Gruppe sprachlich und – zumindest ursprünglich – kulturell verwandter Stämme, deren linguistische Entsprechung die Sprachfamilie und in manchen Fällen der Sprachstamm ist. Kennzeichnend für eine historisch-ethnolinguistische Familie sind (mehr oder weniger zahlreiche) kulturelle Besonderheiten (Leitelemente).

In größeren historisch-ethnolinguistischen Familien lassen sich häufig historisch-ethnolinguistische Areale nachweisen. Letzteres ist in der kleinen historisch-ethnolinguistischen Familie Mura nicht der Fall.

2.1 Historisch-ethnolinguistische Familie Mura

Zu der sprachlich-kulturellen Klassifikationseinheit „historisch-ethnolinguistische Familie Mura" sowie zur linguistischen Klassifikationseinheit „Sprachfamilie Mura" (siehe I.1.) gehören die Mura (Eigenbezeichnung: Bohurá), Pirahã und Yahahí. Letztere sind – wie bereits erwähnt – in den Pirahã aufgegangen. Bei der historisch-ethnolinguistischen Familie Mura lassen sich nur wenige spezifische Kulturelemente erkennen, die kennzeichnend für sie sind. Das liegt zum einen an der einfachen Kultur dieser Stämme und zum anderen an der Tatsache, dass die Mura viel fremdes Kulturgut übernommen haben – durch intertribale Akkulturation sowie auch durch Einflüsse von der nichtindigenen Mischbevölkerung. Einige kulturelle Gemeinsamkeiten sind auf die Zugehörigkeit zum gleichen wirtschaftlich-kulturellen Typ zurückzuführen (siehe II.1.1).

Die kulturellen Leitelemente 3. und 6. der nachstehend aufgeführten spezifischen kulturellen Besonderheiten der historisch-ethnolinguistischen Familie Mura basieren auf Schlussfolgerungen.

> *1. Die Zubereitung von Fischen und Fleisch erfolgt hauptsächlich durch Rösten direkt auf dem Feuer bzw. in der Asche oder am Bratspieß sowie durch Räuchern auf Räuchergestellen.*
>
> Diese einfachen Methoden der Nahrungsbereitung werden von den Mura berichtet[183] und kommen in ähnlicher Form auch bei den Pirahã vor (vgl. I.4.).
>
> *2. Rindenboote sind die traditionellen Wasserfahrzeuge.*
>
> Die Mura benutzten früher Rindenboote.[184] Die Pirahã besaßen traditionell ebenfalls nur Rindenboote. Durch den Kontakt mit der Mischbevölkerung übernahmen sie Kanus, die die Rindenboote weitgehend verdrängten. Dennoch werden heute noch Rindenboote benutzt und auch hergestellt (vgl. I.6.1).

---

183 Nimuendajú 1948a, 258; Bates 1924 [1863], 136.
184 Nimuendajú 1948a, 260; Bates 1924 [1863], 135.

3. Einfache Knüppelkeulen zum Töten von Fischen werden auch als Nahkampfwaffen benutzt.
Die Mura kämpften früher bei Streitigkeiten um Fischgründe mit Keulen, die sie zum Betäuben der Fische verwendeten und immer in ihren Booten mitführten.[185] Von den Pirahã werden nur in einer Quelle Keulen als Kriegswaffen erwähnt, die bei Überraschungsangriffen und beim Töten von Gefangenen zum Einsatz kamen (vgl. I.6.2). In beiden Fällen handelt es sich offenbar um einfache Knüppelkeulen, die die Pirahã auch zum Töten von Fischen verwendeten.

4. Große aus Palmblättern geflochtene Schlafmatten und kleinere Sitzmatten, die auf den Boden oder auf Plattformen gelegt werden, gehören zu den wichtigsten Haushaltgegenständen.
Sowohl die Mura[186] als auch die Pirahã stellen diese Matten her (vgl. I.5. und I.6.4.3).

5. Als Behältnisse dienen vor allem einfache Kürbis- und Kalebassengefäße, die mitunter innen geschwärzt sind.
Auf Grund des Fehlens von Keramikgefäßen sind Kürbis- und Kalebassengefäße der oben beschriebenen Art die wichtigsten Behältnisse bei den Mura[187] und Pirahã (siehe I.6.3.2).

6. Perforation der Mundpartie der Männer zum Einsetzen von Schmuckgegenständen.
In Quellen des 19. Jahrhunderts wird deformierender Gesichtsschmuck der Mura beschrieben. Ohren und Nasenseptum wurden durchbohrt; in den Löchern trug man Rohrstücke. Die Oberlippe wurde über den Mundwinkeln und die Unterlippe in der Mitte perforiert. In die Löcher setzte man Tierzähne und Holzpflöcke ein.[188] Von den Pirahã werden perforierte Unterlippen bei den Männern und perforierte Ohren bei den Frauen nur in einer Quelle erwähnt (vgl. I.6.6). Welche Gegenstände die Pirahã in den Löchern trugen, ist nicht bekannt. Vermutlich handelte es sich um die gleichen Schmuckgegenstände wie bei den Mura. Die Perforierung der Mundpartie bei den Männern war offenbar früher ein gemeinsames Kulturelement der Mura und Pirahã.

7. Schmuckgegenstände (Halsketten, Unterarmschmuck etc.), die aus Pflanzensamen und tierischen Bestandteilen (Krallen, Zähnen etc.) angefertigt werden, haben Amu-

---

185 NIMUENDAJÚ 1948a, 261.
186 NIMUENDAJÚ 1948a, 260.
187 NIMUENDAJÚ 1948a, 260.
188 MARTIUS 1867, 409f.; NIMUENDAJÚ 1948a, 259; WALLACE 2014 [1853], 481; BATES 1924 [1863], 134.

lett-Charakter und dienen vor allem als Schutz vor Krankheiten und bösen Geistern und weniger dem Schmuckbedürfnis.
Dieses kulturelle Leitelement findet man sowohl bei den Mura[189] als auch bei den Pirahá (vgl. I.6.6 und I.7.2).

3. Geographisch-kulturelle Klassifikationsebene

Zu ihr zählen die Klassifikationsordnungen „historisch-ethnographische Provinz" und „historisch-ethnographisches Gebiet". Erstere ist eine große Kulturlandschaft, in der es zwischen zahlreichen Stämmen unterschiedlicher Sprachzugehörigkeit zu einer kulturellen Annäherung bzw. Angleichung (intertribale Akkulturation) kam. Dennoch gibt es in einer historisch-ethnographischen Provinz auch größere kulturelle Unterschiede zwischen den zugehörigen Stämmen. Innerhalb einer historisch-ethnographischen Provinz lassen sich meist mehrere historisch-ethnographische Gebiete (kleinere intertribale Akkulturationsgebiete) nachweisen, die sich durch eine wesentlich größere kulturelle Homogenität auszeichnen.

Die Pirahá können keinem historisch-ethnographischen Gebiet zugeordnet werden, aber der nachstehend genannten historisch-ethnographischen Provinz.

3.1 Historisch-ethnographische Provinz Madeira-Tapajóz

Das Siedlungsgebiet der Stämme der Mura-Sprachfamilie befindet sich vor allem in der Region zwischen den beiden großen südlichen Amazonas-Nebenflüssen Madeira und Tapajós. Hier existierte in früher postkolumbischer Zeit ein großes intertribales Akkulturationsgebiet, die historisch-ethnographische Provinz Madeira-Tapajós, die ansatzweise auch heute noch zu erkennen ist. Hier leben bzw. lebten zahlreiche Stämme unterschiedlicher Sprachzugehörigkeit, von denen einige heute erloschen sind. Zwischen den Stämmen unterschiedlicher Sprachzugehörigkeit kam es durch friedliche und kriegerische Kontakte zu einer gegenseitigen kulturellen Beeinflussung. Geprägt wurde diese Kulturlandschaft vor allem von Stämmen des Tupi-Sprachstammes, d. h. von Stämmen der Tupi-Guarani-Sprachfamilie und einigen kleinen Sprachfamilien dieses Sprachstammes, dessen Ursprung in dem Gebiet zwischen oberem Madeira und Tapajós zu suchen ist. Aus einer alten Bevölkerungsschicht dieser Region gingen einige kleine bzw. mittelgroße Sprachfamilien hervor. Zu diesen zählt die Mura-Sprachfamilie im Flussgebiet des Madeira. In präkolumbischer Zeit überquerten Vertreter der Aruak-Sprachfamilie des Aruak-Sprachstammes und später auch Vertreter der Kariben-Sprachfamilie den Amazonas und ließen sich in der Region zwischen Madeira und Tapajós nieder. Einzelne Vertreter des Macro-Gê-Sprachstammes zogen bei ihrer West-Ausbreitung bis zum Tapajós. Anfang des 17. Jahrhunderts migrierte ein Teil der zur Tupi-Guarani-Sprachfamilie zäh-

---

189 Nimuendajú 1948a, 264.

lenden Tupinamba von der Ostküste Brasiliens den Amazonas aufwärts und ließ sich am Ende seiner Wanderung auf einer Insel im Mündungsgebiet des Madeira nieder. Sie unterwarfen und beeinflussten nachhaltig die Stämme südlich des Amazonas in der Madeira-Tapajós-Region.

Mit Ausnahme der Stämme der Mura-Sprachfamilie und der Nambicuara-Stämme im Süden des Madeira-Tapajós-Gebiets sind alle in dieser historisch-ethnographischen Provinz lebenden Stämme Vertreter des wirtschaftlich-kulturellen Typs „Pflanzstockbodenbauer der tropischen Waldgebiete Südamerikas".[190]

In der Stammeskultur der Pirahã finden sich auf Grund der Abgeschiedenheit ihres Siedlungsgebiets nur wenige Kulturelemente, die auf intertribale Kontakte hindeuten. In der Stammeskultur der Mura, die ebenfalls zur historisch-ethnographischen Provinz Madeira-Tapajóz gehören, lassen sich weitaus mehr solcher Kultureinflüsse feststellen. Aber auch in einigen Bereichen der Kultur und Lebensweise der Pirahã gibt es Kulturzüge, die auf intertribale Akkulturationsprozesse hinweisen bzw. diese vermuten lassen.

1. Verarbeitung von giftigem Maniok zu „Wasser-Farinha".

Zu diesen Kulturanleihen gehört die Herstellung von sogenannter „Wasser-Farinha". Hierbei werden zunächst giftige Maniokknollen in Wasser gelegt, bis sie fermentieren. Nach der ursprünglichen Verarbeitungsmethode presst man anschließend den blausäurehaltigen Saft aus den fermentierten weichen Knollen mit den Händen aus und formt eine Art Klöße, die man in der Sonne trocknen lässt. Danach werden die Kugeln zerstoßen und die zerkleinerte Masse wird zu Maniokflocken (portug. *farinha*) geröstet. Diese sehr alte Methode der Maniok-Verarbeitung wenden auffallend häufig Tupi-Stämme an. Aber sie wird auch von Stämmen anderer Sprachzugehörigkeit praktiziert, was – zumindest zu einem großen Teil – auf Tupi-Einflüsse zurückgeht. Häufig wird dieses ursprüngliche Entgiftungsverfahren kombiniert mit Gerätschaften, die man für die Verarbeitung frischer Knollen des giftigen Maniok verwendet: Maniokreibe aus Holz mit eingesetzten Stacheln, geflochtener Pressschlauch und Röstplatte aus Ton.[191]

Auch die Pirahã legen Körbe mit giftigen Maniokknollen zur Fermentation in den Fluss – vermutlich ein Tupi-Einfluss. Die anschließende Verarbeitung der Knollen mit Reiben aus Metall, geflochtenen Maniokpressschläuchen und Sieben sowie Röstplatten aus Metall sind spätere Kulturanleihen von Nachbarstämmen bzw. von der benachbarten Mischbevölkerung (siehe I.4.).

---

190 Kästner 2009, 96–117; 2012, 169–172.
191 Kästner 2007, 170f.

2. Bögen vom „nordbrasilianischen Bogentyp" und Pfeile mit einer „Fiederung mit Intervallbindung".

Die großen Bögen der Pirahá aus rotbraunem Holz besitzen einen plan-konvexen Querschnitt, wobei die Bogensehne entlang der Planseite verläuft (siehe I.6.2). Das Verbreitungsgebiet dieses „nordbrasilianischen Bogentyps" (nach Meyer[192]) erstreckt sich vor allem nördlich des Amazonas, aber es greift auch auf die sich südlich des Amazonas anschließende Region über. Sein Vorkommen bei den Pirahá befindet sich an der Südgrenze von dessen Verbreitungsgebiet und deutet auf Einflüsse aus dem Norden hin.

Die Jagd- und Kriegspfeile der Pirahá besitzen eine „Fiederung mit Intervallbindung" (siehe I.6.2). Die dabei verwandte längere Variante dieses Fiederungstyps, die sogenannte „Arara-Fiederung" (nach Meyer[193]), hat ihren Ursprung offensichtlich bei den Stämmen der Kariben-Sprachfamilie in der historisch-ethnographischen Provinz Guayana. In dieser Region ist eine kurze Form dieses Fiederungstyps, die sogenannte „Guayana-Fiederung" (nach Meyer[194]), verbreitet. Vermutlich wurde der zum Grundtyp „Radialfiederung" gehörende Fiederungstyp „Fiederung mit Intervallbindung", bei der die längshalbierten Federn mit mehreren separaten Bindungen am Pfeilschaft befestigt sind, von den heute ausgestorbenen Arara im Madeira-Tapajóz-Gebiet verbreitet. Dieser Kariben-Stamm siedelte im 19. Jahrhundert im Gebiet des unteren und mittleren Madeira.[195]

3. Exokannibalismus und Schädeltrophäen.

Nach den Erzählungen der Pirahá oblag der Institution der *euebihiai* (= Jäger von Feinden) die Bekämpfung von Feinden. Sie lieferte jedoch auch der jeweils eigenen Lokalgruppe, die sich hauptsächlich vom Fischfang ernährte, das Fleisch getöteter Feinde und auch Jagdwild (siehe I.7.5). Dieser Brauch war sicherlich eine Reaktion der Pirahá auf die ständige Bedrohung durch die benachbarten Tupi-Stämme der Parintintin und Tenharim. Ritueller Exokannibalismus war ein charakteristisches Kulturelement der historisch-ethnolinguistischen Familie Tupi/Guarani[196] und wurde offenbar von den Pirahá übernommen.

Auf den gleichen Ursprung geht sicherlich auch der Brauch der *euebihiai* zurück, Schädeltrophäen von getöteten Feinden an den Hauspfosten aufzuhängen (siehe I.7.5). Die Erbeutung von menschlichen Schädeltrophäen und anderen

---

192 Meyer 1895, 8, Karte.
193 Meyer 1895, 9, 14, Tafel II–14, Karte.
194 Meyer 1895, 9, Karte.
195 Meyer 1895, 21; Kästner 2006, 116, 118f., 124f., 134 (Karte).
196 Kästner 1992, 72, 127.

menschlichen Knochentrophäen war ebenfalls ein charakteristisches Kulturelement der historisch-ethnolinguistischen Familie Tupi/Guarani.[197]

4. Ameisenmarter.
Einer Ameisenmarter mussten sich bei den Pirahã die *euebihiai* während ihrer Initiation und auch bei späteren Anlässen unterziehen (siehe I.7.5). Dieser Brauch geht wahrscheinlich auf karibische Einflüsse zurück. Die Insekten- oder Ameisenmarter wird von Kariben-Stämmen bei Initiationsriten aber auch zu bestimmten Anlässen von Erwachsenen angewandt. Die Probanden dürfen bei dieser Prozedur, die Stärke verleihen soll, keinen Schmerz zeigen. Dieser Brauch ist ein typisches Kulturelement der historisch-ethnolinguistischen Familie Kariben, deren Stämme vor allem in der historisch-ethnographischen Provinz Guayana, aber offenbar auch südlich des Amazonas für dessen Verbreitung sorgten.[198]

5. Glaube an zwei höchste Geistwesen (Vater und Sohn) mit gleichem Namen, wobei ersterer den Charakter einer Schöpfergottheit hat.
Die Pirahã haben die Vorstellung von zwei höchsten Geistwesen, die beide den Namen *Igagai* tragen und in einem Vater-Sohn-Verhältnis stehen. Der Ältere hat den Charakter einer Schöpfergottheit (siehe I.7.1) und erinnert in dieser Hinsicht an die solare Schöpfergottheit der Stämme der historisch-ethnolinguistischen Familie Tupi/Guarani, die Vater einer weiteren solaren Gottheit ist.[199] Vielleicht ist dieses Kulturelement der geistigen Kultur der Pirahã auf Tupi-Einfluss zurückzuführen.

4. *Kulturelle Einzelerscheinungen von historisch-ethnographischer Relevanz*

„Relikte bestimmter präkolumbischer Kultursubstrate, die früher im Untersuchungsgebiet existierten", lassen sich in der einfachen Stammeskultur der Pirahã nicht nachweisen. Ein sehr altes Kulturelement ist allerdings der in der ersten Hälfte des 19. Jahrhunderts erwähnte Genitalschutz der Männer (siehe I.6.5). Es handelt sich hierbei um eine kurze Penisschnur, mit der das Praeputium über der Glans zugebunden wird, wobei das Glied in seiner natürlichen Lage verbleibt. Dieses Kulturelement kommt vor allem in Stammeskulturen vor, die in einem alten ostbrasilianischen Kultursubstrat wurzeln. Aber auch die einem alten subandinen Kultursubstrat entstammenden panosprachigen Cashibo und Nocomán im Flussgebiet des Ucayali besaßen diesen Genitalschutz.[200] Die

---

197 KÄSTNER 1992, 81f.
198 KÄSTNER 2007, 192f.
199 KÄSTNER 1992, 86f.
200 KÄSTNER 1992, 191f.

Pirahã gehören – wie bereits erwähnt – ebenfalls zu den Nachfahren einer alten Bevölkerungsschicht.

Es ist schwer, „stammesspezifische Kulturelemente" der Pirahã zu erkennen. Es handelt sich hierbei um kulturelle Besonderheiten, die nur dem untersuchten Stamm eigen sind und die sich mitunter nur in subtilen Details erkennen lassen. Vielleicht kann man einige Kulturzüge der geistigen Kultur der Pirahã (siehe I.7.) dazu zählen, sofern diese nicht auch bei den sprachverwandten Mura vorkommen. Die spärliche Quellenlage erschwert die Feststellung stammesspezifischer Kulturelemente der Pirahã.

Anders verhält es sich mit „Fremdeinflüssen" in der Kultur der Pirahã, das heißt mit kulturellen Einflüssen, deren Ursprung außerhalb des Madeira-Tapajóz-Gebiets liegt und die nicht auf die im Untersuchungsgebiet lebenden Ethnien zurückgeführt werden können. So lässt sich in der materiellen Kultur der heutigen Pirahã eine ganze Reihe von europäischen Zivilisationseinflüssen erkennen (z. B. Metallgegenstände, Kleidung – siehe I.6.).

Zusammenfassung

Die Pirahã gehören zusammen mit den Mura und den ausgestorbenen Yahahi zur *Mura*-Sprachfamilie. Die Vertreter dieser kleinen Sprachfamilie im Flussgebiet des Rio Madeira (südlicher Nebenfluss des Amazonas) im brasilianischen Bundesstaat Amazonas entstammen einer alten Bevölkerungsschicht Amazoniens. Sie sind halbsesshafte Flussbewohner und ernähren sich vorwiegend vom Fischfang. Der Bodenbau spielt lediglich eine untergeordnete Rolle. In den temporär angelegten Siedlungen an den Flussufern wohnen sie nur während der Regenzeit.

Die Pirahã leben am unteren Rio Marmelos (Nebenfluss des Madeira) und vor allem an dessen Nebenfluss, dem Rio Maici. Eine der zwei Stammesgruppen siedelt vom unteren Marmelos bis zum mittleren Maici. Die zweite Gruppe lebt am oberen Maici.

Der Autor besuchte im Jahre 1993 Siedlungen beider Pirahã-Gruppen entlang des Rio Maici. Auf der Grundlage seiner Aufzeichnungen und der während der Flussreise angelegten Sammlung der materiellen Kultur dieses Stammes sowie unter Einbeziehung der wenigen einschlägigen Literaturquellen gibt er einen Überblick über die Kultur und Lebensweise der Pirahã einschließlich des stattgefundenen Kulturwandels.

Der zweite Teil des Beitrags befasst sich mit der Kulturgeschichte der Pirahã. Die Ergebnisse einer historisch-ethnographischen Klassifizierung dieser Stammeskultur mit Hilfe des Kulturvergleichs zeigen die Kulturverwandtschaften auf der wirtschaftlich-kulturellen, sprachlich-kulturellen und geographisch-kulturellen Ebene. Die Pirahã sind Vertreter des wirtschaftlich-kulturellen Typs *halbsesshafte Fischer, Jäger, Sammler und Bodenbauer der tropischen Binnengewässer Südamerikas*. Sprachlich-kulturell gehören sie zur historisch-ethnolinguistischen Familie *Mura* und geographisch-kulturell sind sie der historisch-ethnographischen Provinz *Madeira-Tapajóz* zuzuordnen.

Summary

The Pirahã, along with the Mura tribe and the extinct Yahahi, belong to the *Mura* linguistic family. The representatives of this small linguistic family found in the river basin of the Rio Madeira (a southern tributary of the Amazon) in the Brazilian federal state of Amazonas, are descended from an ancient population stratum of the Amazon basin. They are semisedentary riverine people and depend primarily on fishing. Horticulture plays merely a minor role. They only reside in their temporary settlements on the riverbanks during the rainy season.

The Pirahã live on the lower Rio Marmelos (a tributary of the Madeira) and especially on its tributary, the Rio Maici. One of the two tribal groups is located between the lower Marmelos and the middle Maici. The second group lives on the upper Maici.

The author visited settlements of both Pirahã groups along the Rio Maici in 1993. On the basis of his notes and the collection of items from the material culture of this tribe assembled during the river journey, as well as drawing on the few relevant literature sources, he provides an overview of the culture and way of life of the Pirahã, including the cultural change that has taken place.

The second part of the article deals with the cultural history of the Pirahã. The results of a historical-ethnographic classification of this tribal culture by means of cultural comparison show the cultural affinities at the economic-cultural, linguistic-cultural and geographic-cultural levels. The Pirahã are representatives of the economic-cultural type *semisedentary fishermen, hunters, gatherers and horticulturists of the tropical inland waters of South America*. Regarding the linguistic-cultural level they belong to the historical-ethnolinguistic family *Mura*, and with regards to the geographic-cultural level they belong to the historical-ethnographic province *Madeira-Tapajóz*.

Literaturverzeichnis

ALMEIDA, SÍLBENE: A exploração da Madeira e dos Mura-Pirahã pelos regatões. In: *Povos Indígenas no Brasil* 1987/88/89/90. (CEDI), São Paulo 1991, S. 301

BATES, HENRY WALTER: Elf Jahre am Amazonas. Abenteuer und Naturschilderungen, Sitten und Gebräuche der Bewohner unter dem Äquator. Stuttgart 1924 [Englische Ausgabe: The Naturalist on the River Amazonas. A Record of adventures, habits of animals, sketches of Brazilian and Indian life, and aspects of nature under the equator, during eleven years of travel. London 1863]

DENGLER, HERMANN: Der Kriegszug des Arugá. In: *Kleine Beiträge aus dem Staatl. Museum für Völkerkunde Dresden*, 12. Dresden 1991, S. 14–19

EHRENREICH, PAUL: Beiträge zur Völkerkunde Brasiliens. Veröffentlichungen aus dem Königlichen Museum für Völkerkunde, Bd. II, H. 1/2. Berlin 1891

EVERETT, DANIEL: Pirahã. In: Handbook of Amazonian Languages, vol. 1. [Ed. DESMOND C. DERBYSHIRE and GEOFFREY K. PULLUM]. Berlin, New York, Amsterdam 1986, S. 200–325

– : Das glücklichste Volk. Sieben Jahre bei den Pirahã-Indianern am Amazonas. München 2010

GILLIN, JOHN: Tribes of the Guianas. In: Handbook of South American Indians, vol. 3. (Bull. 143, Bur. Amer. Ethnol. Smiths. Inst.). Washington D. C. 1948, S. 799–860

GONÇALVES, MARCO ANTONIO: Mura-Pirahã: castanha por cachaça. In: *Povos Indígenas no Brasil* 1987/88/90. (CEDI), São Paulo 1991, S. 300–301

– : O significado do nome. Cosmologia e Nominação entre os Pirahã. Rio de Janeiro 1993

KÄSTNER, KLAUS-PETER: Barbudos und/oder Mayoruna (Eine ethnohistorische Untersuchung zur ethnischen Identifizierung zweier Stammesbezeichnungen aus dem westlichen Amazonasgebiet). In: *Abhandlungen und Berichte des Staatl. Museums für Völkerkunde Dresden*, 44. Berlin 1990, S. 327–341

– : Historisch-ethnographische Klassifikation der Stämme des Ucayali-Beckens (Ost-Peru). (*Abhandlungen und Berichte des Staatl. Museums für Völkerkunde Dresden,* 46). Frankfurt/Main 1992

– : Zur Typologie und kulturgeschichtlichen Aussage südamerikanischer Pfeilfiederung. In: *Münchner Beiträge zur Völkerkunde*, 10. (Festband H. Schindler). München 2006, S. 111–136

– : Zoé. Materielle Kultur, Brauchtum und kulturgeschichtliche Stellung eines Tupí-Stammes im Norden Brasiliens. (*Abhandlungen und Berichte der Staatl. Ethnographischen Sammlungen Sachsen*, 53). Berlin 2007

– : Amazonien. Indianer der Regenwälder und Savannen. (Ausstellungskatalog des Museums für Völkerkunde Dresden). Dresden 2009

– : Kulturgeschichtliche Einordnung der in der Sammlung Natterer vertretenen Ethnien. In: CLAUDIA AUGUSTAT [Hg.]: Jenseits von Brasilien. Johann Natterer und die ethnographischen Sammlungen der österreichischen Brasilienexpedition 1817 bis 1835, (Ausstellungskatalog des Museums für Völkerkunde Wien). Wien 2012, S. 163–183

KANN, PETER: Die ethnographischen Aufzeichnungen in den wiederentdeckten Wortlisten von Johann Natterer, während seiner Brasilienreise zwischen 1817–1835. In: *Archiv für Völkerkunde Wien*, 43. Wien 1989, S. 101–146

KIRCHHOFF, PAUL: Food-gathering tribes of the Venezuelan Llanos. In: Handbook of South American Indians (Bull. 143, Bur. Amer. Ethnol. Smiths. Inst.), vol. 4. Washington D. C. 1948, S. 445–468.

KOCH, THEODOR: Die Guaikurústämme. In: *Globus*, Bd. 81, Nr. 1. Braunschweig 1902, S. 1–7, 39–46, 69–78, 105–112

LEIVINHO, JOSÉ CARLOS: Pirahã. Porto Velho 1987, (Manuskript)

MARTIUS, CARL FRIEDRICH PHILIPP VON: Beiträge zur Ethnographie und Sprachenkunde Amerika´s zumal Brasiliens. Bd. 1. Zur Ethnographie. Leipzig 1867

MASON, J. ALDEN: The languages of South American Indians. In: Handbook of South American Indians (Bull. 143, Bur. Amer. Ethnol. Smiths. Inst.), vol. 6. Washington D. C. 1950, S. 157–317

MÉTRAUX, ALFRED: Ethnography of the Chaco. In: Handbook of South American Indians (Bull. 143, Bur. Amer. Ethnol. Smiths. Inst.), vol. 1. Washington D. C. 1946, S. 197–370

MÉTRAUX, ALFRED and KIRCHHOFF, PAUL: The Northeastern Extension of Andean Culture. In: Handbook of South American Indians (Bull. 143, Bur. Amer. Ethnol. Smiths. Inst.), vol. 4. Washington D. C. 1948, Map 6

MEYER, HERRMANN: Bogen und Pfeil in Central-Brasilien. Leipzig 1895

NIMUENDAJÚ, CURT: Die Palikur-Indianer und ihre Nachbarn. (Göteborgs Kungl. Vetenskaps- och Vitterhets-Samhälles Handlingar, Fjärde Följden, 31, No. 2). Göteborg 1926

– : Streifzüge in Amazonien. In: *Ethnologischer Anzeiger* [Hg. M. HEYDRICH], Bd. II. Stuttgart 1929–1932, S. 90–97, Taf. VI, VII

– : The Mura and Piraha. In: Handbook of South American Indians (Bull. 143, Bur. Amer. Ethnol. Smiths. Inst.), vol. 3. Washington D. C. 1948a, S. 255–269

– : The Cawahib, Parintintin, and their Neighbors. In: Handbook of South American Indians (Bull. 143, Bur. Amer. Ethnol. Smiths. Inst.), vol. 3. Washington D. C. 1948b, S. 283–297

– : Mapa Etno-histórico do Brasil e Regiões Adjacentes (adaptado do Mapa de Curt Nimuendajú 1944). Rio de Janeiro 1981

– : As tribos do alto Madeira (1925). In: *Textos Indigenistas*. São Paulo 1982, S. 111–122

NOBLE, KINGSLEY G.: Proto-Arawakan and its Descendants. In: *International Journal of American Linguistics*, Part II, 31, 3. Bloomington 1965, S. 1–129, Karte

OLIVEIRA, ADÉLIA ENGRÁCIA DE: A Terminologia de Parentesco Mura-Pirahã. In: *Boletim do Museu Paraense Emílio Goeldi. Antropologia*, No. 66. Belém 1978, S. 1–33

PAYNE, DAVID L.: A Classification of Maipuran (Arawakan) Languages Based on Shared Lexical Retentions. In: Handbook of Amazonian Languages [Hg. DESMOND C. DERBYSHIRE and GEOFFREY K. PULLUM], vol. 3. Berlin 1991, S. 355–499

PETRULLO, VINCENZO: Los Yaruros del rio Capanaparo, Venezuela. Caracas 1969

POVOS INDÍGENAS NO BRASIL 1991/1995. (Instituto Socioambiental). São Paulo 1996

– 1996/2000. (Instituto Socioambiental). São Paulo 2000

– 2001/2005. (Instituto Socioambiental). São Paulo 2006

– 2006/2010. (Instituto Socioambiental). São Paulo 2011

RODRIGUES, ARYON DALL´IGNA: Línguas Brasileiras. São Paulo 1986

RODRIGUES, IVELISE E OLIVEIRA, ADÉLIA ENGRÁCIA DE: Alguns Aspectos da Ergologia Mura-Pirahã. In: *Boletim do Museu Paraense Emílio Goeldi. Antropologia. N. S.*, No. 65. Belém 1977, S. 1–47, estampas 1–6

RONDÔN, CÂNDIDO MARIANO DA SILVA: Indios do Brasil, vol. I. Rio de Janeiro 1946

SALAS JIMENEZ, RAFAEL: Observaciones sobre la cultura de los Yaruros (Vorwort zu: Petrullo, Vincenzo: Los Yaruros del rio Capanaparo, Venezuela). Caracas 1969, S. 13–21

SCHMIDT, MAX: Indianerstudien in Zentralbrasilien. Erlebnisse und ethnologische Ergebnisse einer Reise in den Jahren 1900 bis 1901. Berlin 1905

– : Reisen in Matto Grosso im Jahre 1910. In: *Zeitschrift für Ethnologie* 44. Berlin 1912, S. 130–174

– : Völkerkunde. Berlin 1924

SCHRÖDER, PETER E BONILLA, OIARA: Paumari. Enciclopédia dos Povos Indígenas no Brasil – Instituto Socioambiental, http://pib.socioambiental.org.2011

SEILER-BALDINGER, ANNEMARIE: Systematik der Textilen Techniken. Basel 1991

STEWARD, JULIAN H. and FARON, LOUIS C.: Native Peoples of South America. New York, Toronto, London 1959

WALLACE, ALFRED RUSSEL: Abenteuer am Amazonas und am Rio Negro. Berlin 2014 [Englische Ausgabe: A Narrative of Travels on the Amazon and Rio Negro. London 1853]

WALLIS, G.: Die Paumarys. In: *Das Ausland*, vol. 59. Stuttgart u. München 1886, S. 261–266

WILBERT, JOHANNES: Zur Soziologie der Paraujano. In: *Zeitschrift für Ethnologie* 84 (H. 1). Braunschweig 1959, S. 81–87

ZERRIES, OTTO: Wildbeuter und Jägertum in Südamerika – Ein Überblick. In: *Paideuma* VIII (H. 2). Wiesbaden 1962

– : Die Indianer der Wälder und Savannen. In: DISSELHOFF, H. D. und ZERRIES, OTTO: Die Erben des Inkareiches und die Indianer der Wälder. (Völkerkunde der Gegenwart. Die Naturvölker Südamerikas). Berlin 1974, S. 79–388, 390–404

Die Malereien der Warli   Tafel   I

Abb. 1   Minakshi Manki Pandu, Wirtschafträume und Kultplatz der Warli. Malerei auf brauner Pappe, Indien,
          Maharasthra, Thane Distrikt, Ganjarh, vor 1996, 63,5 x 74,5 cm, Museum für Völkerkunde Dresden,
          Kat. Nr. 73674

Fotos 1–3: Sylvia Pereira, Museum für Völkerkunde Dresden

Tafel II Eva Göttke

Abb. 2 Balu Ladkyadumada, Festvorbereitung und Tanz auf dem Festplatz, Malerei auf Kunststoff, Indien, Maharasthra, Thane Distrikt, Ganjarh, vor 1996, 64,5 x 69,5 cm, Museum für Völkerkunde Dresden, Kat. Nr. 73675

Abb. 3 Nathu Sutar, Brautzug, Hochzeit im Warli-Dorf, Malerei auf Leinen, Indien, Maharashtra, Thane Distrikt, Raitali, vor 2006, 64,7 x 34,5 cm, Museum für Völkerkunde Dresden, Kat. Nr. 81990

Die Sammlung Peter Schienerl im Museum für Völkerkunde Dresden		Tafel III

Abb. 1 'Abd al qadir (Diener des Mächtigen). Daumenring mit fünf kuppelförmigen Lötpunkten, die Fünf ist eine magische Zahl, unter dem Aufsatz befindet sich möglicherweise ein Segens- oder ein Gebetsspruch. Die Form deutet auf Süd-Ägypten und das Rote Meer als Entstehungsort hin, Silber, Kat.-Nr. 86320

Abb. 2 Ya hafiz (Oh Beschützer). Ring mit Gravur und magischen Punkten, Silber, Kat.-Nr. 86316

Abb. 3 *Sultan al jinn al ahmar – Herr der Roten Jinnen*. Typ eines Fayyoum Schmucks, Silber, Kat.-Nr. 86427

Abb. 4 Ring mit Mondscheibe, Silber, Kat.-Nr. 86329

Die Sammlung Peter Schienerl im Museum für Völkerkunde Dresden   Tafel V

Abb. 5   *Hātim murğān.* Silber, Ringssteine aus rotem Glas, Stein oder Koralle. Sie werden am Ringfinger getragen und sind der Schwester des Geists gewidmet. (Kriss & Kriss-Heinrich 1962, Bd. 2, S. 151). Alternativ auch als „Abrahamsring" (*Ābū ḫālī*) für Nubien beschrieben, Kat.-Nr. 86298 a-m

Abb. 6   Perlschmuck für den *Zār*, Glasperlen, Kaurischnecken, Kat.-Nr. 86878

Abb. 7a, b *Zār*-Amulett (Vorder- und Rückseite) mit Anfang des Thronverses und Zeichen der Wassergeister *Safīna*, Silber, Kat.-Nr. 85465

Abb. 8a, b Anhänger: *Im Namen Gotttes des Erhabenen des Barmherzigen – Er ist der Lebendige.* Rückseite Paardarstellung *Sitt* und *Sīd,* vergoldete Metalllegierung, Kat.-Nr. 85466

Fotos 1–12: Sylvia Pereira, Museum für Völkerkunde Dresden

Die Sammlung Peter Schienerl im Museum für Völkerkunde Dresden   Tafel VII

Abb. 9a, b   Anhänger mit Abbild von *Yawry Bey* mit Säbel (Rückseite), Anfang Thronvers (Vorderseite). Silber, Kat.-Nr. 85470

Abb. 10   Anhänger mit Abbild eines unbekannten *Zār*-Geists, möglicherweise „Kindbettdämonin", Silber, Kat.-Nr. 85471

Tafel VIII Tobias Mörike

Abb. 11a, b Anhänger mit Thronvers (Vorderseite), Karawanenkamel mit Stoff für die *K'aaba* in Mekka als Last (Rückseite), Silber, Kat.-Nr. 85472

Abb. 12a, b Kopfamulett (Vorder- und Rückseite) in Form einer Korantafel (*Zār-lauḥa*), angedeuteter Thronvers, Silber, Kat.-Nr. 85696

Über Moa-Jäger und ihre Werkzeuge Tafel IX

Abb. 1   Katalognummer 5086; *Mere*, Nephrit-Beil, H mit Kordel 71 cm, B 11,5 cm, T 3 cm, Canterbury, Südinsel Neuseeland, hergestellt von dem 68jährigen Tamata Tikao Mahia aus Wainui bei Christchurch in achtjähriger Arbeit, von Julius von Haast 1882 nach Dresden geschickt. (Vgl. *Publikationen aus dem Königlichen Ethnographischen Museum zu Dresden 3. Jadeit- und Nephrit-Objecte.* S. 58)

Abb. 2   Katalognummer 5087; *Mere*, Nephrit-Beil, 10,5 x 3,5 x 1,2 cm, Rangiora, Canterbury, Südinsel Neuseeland. „Die kleine Axt ist uns von Hrn. v. Haast im Jahre 1881 eingesandt worden, und stammt von Massacre Pa bei Rangiora auf der Süd Insel." (*Publikationen aus dem Königlichen Ethnographischen Museum zu Dresden 3. Jadeit- und Nephrit-Objecte.* S. 59)

Abb. 3   Katalognummer 5088; *Mere*, Nephrit-Beil, 8,2 x 4,5 x 1,3 cm, Kaikoura, Südinsel Neuseeland. „Aus einem Grabe von der Kaikora Halbinsel im Nordosten der Süd Insel. Durch Hrn. v. Haast, 1881. Es ist bemerkenswerth, dass Nephritäxte jedenfalls als kostbarer Besitz mit ins Grab gelegt wurden." (*Publikationen siehe Abb 2*)

Abb. 4   Katalognummer 5096; *Tiki,* Anhänger, Nephrit, 6,5 x 4,5 x 1 cm, Südinsel Neuseeland, durch Julius von Haast 1881 nach Dresden geschickt.

Tafel XI

Abb. 5 Katalognummer 12222; Steingerät (Messer?) der „Moa-Jäger", Quarzit?, 7,3 x 5,5 x 2,6 cm, Shag Point, Otago, Südinsel Neuseeland, durch Julius von Haast 1882 nach Dresden geschickt.

Abb. 6 Katalognummer 12223; Steingerät (Messer?) der „Moa-Jäger", Quarzit?, 10,8 x 5 x 2,2 cm, Shag Point, Otago, Südinsel Neuseeland, durch Julius von Haast 1882 nach Dresden geschickt.

Tafel XII   CHRISTINE SCHLOTT

Abb. 7 Katalognummer 12243; Steingerät (Messer?) der „Moa-Jäger", Quarzit?, 8,5 x 4,5 x 0,7 cm, Shag Point, Otago, Südinsel Neuseeland, durch Julius von Haast 1882 nach Dresden geschickt.

Fotos 1–7: Elke Estel, Hans-Peter Klut, Staatliche Kunstsammlungen Dresden

Vom Sammeln und vom Ideal der Vollständigkeit in der Forschung Tafel XIII

Abb. 1 Historische Aufnahmen einer Gruppe von "Seelenfiguren" von den Bissagos-Inseln, Guinea-Bissau (ehemalig Portugiesisch-Guinea) nach Ankunft der Sammlung im Museum für Völkerkunde Dresden, 1931

Tafel XIV Silvia Dolz

Abb. 2 Historische Aufnahme der ersten Aufstellung der Sammlung von Struck und Bernatzik aus Portugiesisch-Guinea in einem Sonderausstellungsraum im Nebengebäude des Dresdner Völkerkundemuseums, Orangerie an der Herzogin Garten, 1931, Struck-Nachlass MVD, Ordner Expedition 1930/31 nach Portugiesisch-Guinea, F, G. B.

Abb. 3 Innenraum eines Heiligtums mit sakraler Figur, Opfergaben, Opfergefäßen und Hockern. Dorf Eguba, Illha de Unhocomo, Bissagos-Archipel. Fotografie von Hugo Bernatzik, 1931. (MVD dd_ses_str_207)

Vom Sammeln und vom Ideal der Vollständigkeit in der Forschung　　　　　Tafel XV

Abb. 4　Abstrakte sakrale Figur in ihrer liegenden Verwendung auf einem Holzgestell in einem Heiligtum. Dorf Ankadak, Insel Galinhas (Formosa), Bissagos-Archipel. Fotografie von Hugo Bernatzik, 1931. (MVD dd_ses_str_272)

Tafel XVI   Silvia Dolz

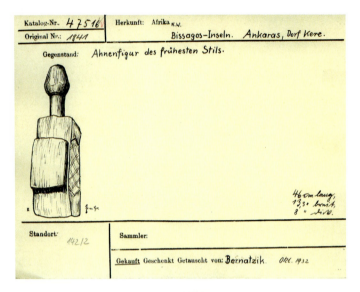

Abb. 5a/5b   a. Karteikarte mit „Ahnenfigur des frühesten Stils", Kat. Nr. 47516, MVD
b. Sakrale Figur *orebok* oder *iran*, Bidyogo, Insel Carache (Ankaras), Dorf Quere (Kére), Bissagos-
Archipel, Guinea Bissau (ehemals Portugiesisch-Guinea), Holz, H 46 cm, Sammlung Struck und
Bernatzik 1930/31, Kat. Nr. 47516, MVD

Vom Sammeln und vom Ideal der Vollständigkeit in der Forschung Tafel XVII

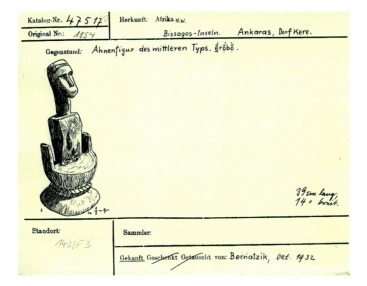

Abb. 6a/6b a. Karteikarte mit „Ahnenfigur des mittleren Typs *erobo*", Kat. Nr. 47517, MVD
b. Sakrale Figur *orebok* oder *iran*, Bidyogo, Insel Carache, Dorf Quere, Bissagos-Archipel, Guinea Bissau, Holz, H 39 cm, Sammlung Struck und Bernatzik 1930/31, Kat. Nr. 47517, MVD

Tafel XVIII   Silvia Dolz

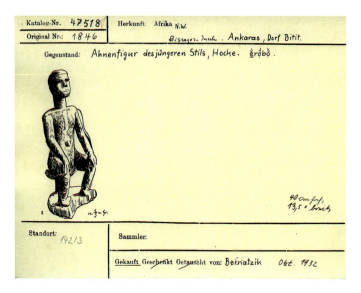

Abb. 7a/7b   a. Karteikarte mit „Ahnenfigur des jüngeren Stils, Hocke, *erobo*", Kat. Nr. 47518, MVD
b. Sakrale Figur *orebok* oder *iran*, Bidyogo, Insel Carache, Dorf Binte (Bitit), Bissagos-Archipel,
Guinea Bissau, Holz, H 40 cm, Sammlung Struck und Bernatzik 1930/31, Kat. Nr. 47518, MVD

Vom Sammeln und vom Ideal der Vollständigkeit in der Forschung　　　　Tafel XIX

Abb. 8a/8b　a. Karteikarte mit „Ahnenfigur Ältester Typ = frühester Stils, *erobo*", Kat. Nr. 59061, MVD
b. Sakrale Figur *orebok* oder *iran*, Bidyogo, Insel Carache, Dorf Quere (Kére), Bissagos-Archipel, Guinea Bissau, Holz, H 41,5 cm, Sammlung Struck 1931, Kat. Nr. 59061, MVD

Abb. 9a/9b   a. Karteikarte mit „Ahnenfigur Früher Typ II = mittlerer Stil, *erobo*", Kat. Nr. 59062, MVD
b. Sakrale Figur *orebok* oder *iran*, Bidyogo, Insel Carache, Dorf Binte (Bitit), Bissagos-Archipel, Guinea Bissau, Holz, H 49 cm, Sammlung Struck 1931, Kat. Nr. 59062, MVD

Vom Sammeln und vom Ideal der Vollständigkeit in der Forschung   Tafel XXI

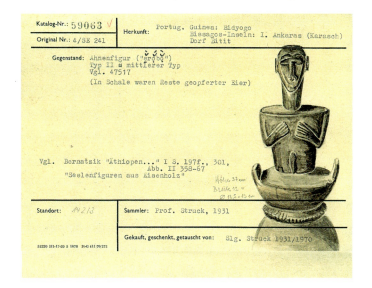

Abb. 10a/10b   a. Karteikarte mit „Ahnenfigur Typ II = mittlerer Stil, *erobo*", Kat. Nr. 59063, MVD
b. Sakrale Figur *orebok* oder *iran*, Bidyogo, Insel Carache, Dorf Binte (Bitit), Bissagos-Archipel,
Guinea Bissau, Holz, H 37 cm, Sammlung Struck 1931, Kat. Nr. 59063, MVD

Tafel XXII   Silvia Dolz

Abb. 11a/11b   a. Karteikarte mit „Ahnenfigur Typ II = mittlerer Stil, *erobo*", Kat. Nr. 59064, MVD
b. Sakrale Figur *orebok* oder *iran*, Bidyogo, Insel Carache, Dorf Quere (Kére), Bissagos-Archipel, Guinea Bissau, Holz, H 25 cm, Sammlung Struck 1931, Kat. Nr. 59064, MVD

Vom Sammeln und vom Ideal der Vollständigkeit in der Forschung   Tafel   XXIII

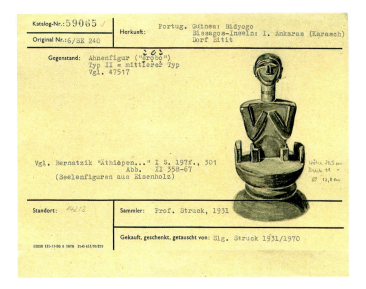

Abb. 12a/12b   a. Karteikarte mit „Ahnenfigur Typ II = mittlerer Stil, *erobo*", Kat. Nr. 59065, MVD
b. Sakrale Figur *orebok* oder *iran*, Bidyogo, Insel Carache, Dorf Binte (Bitit), Bissagos-Archipel, Guinea Bissau, Holz, H 31,5 cm, Sammlung Struck 1931, Kat. Nr. 59065, MVD

Tafel XXIV   Silvia Dolz

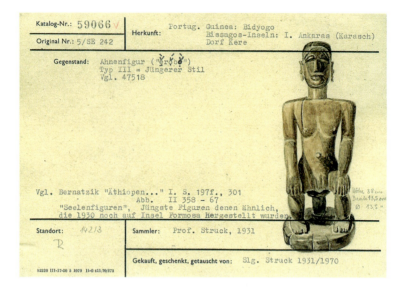

Abb. 13a/13b a. Karteikarte mit „Ahnenfigur Typ III = jüngerer Stil, *erobo*", Kat. Nr. 59066, MVD
b. Sakrale Figur *orebok* oder *iran*, Bidyogo, Insel Carache, Dorf Quere (Kére), Bissagos-Archipel, Guinea Bissau, Holz, H 38 cm, Sammlung Struck 1931, Kat. Nr. 59066, MVD

Bernhard Struck (1888–1971): „Afrika erkennen" Tafel XXV

Abb. 1 Bernhard Struck (1888–1971)

Tafel XXVI Silvia Dolz

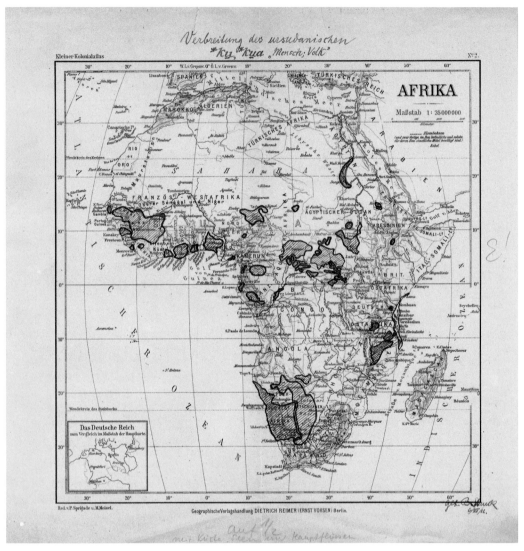

Abb. 2   Kartenskizze „Verbreitung des ursudanischen *ku, *kua (Mensch, Volk)", Struck-Nachlass MVD, K 102

Bernhard Struck (1888–1971): „Afrika erkennen" Tafel XXVII

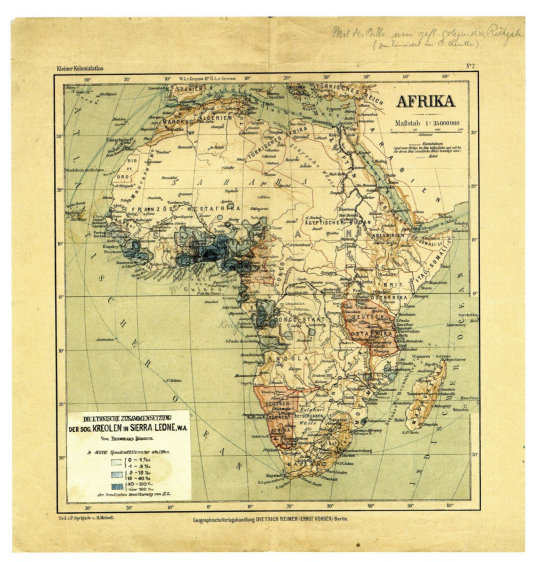

Abb. 3 Kartenskizze „Die ethnische Zusammensetzung der sog. Kreolen in Sierra Leone, W. A.", STRUCK-Nachlass MVD, K 098

Tafel XXVIII   Silvia Dolz

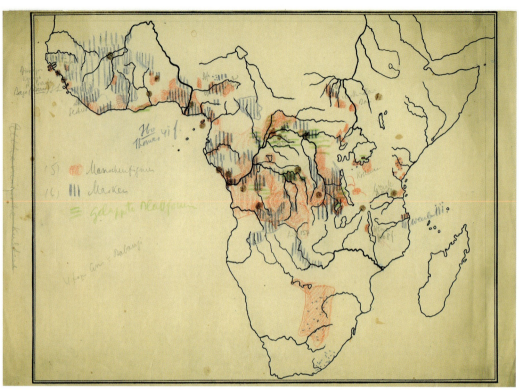

Abb. 4   Kartenskizze zur räumlichen Verteilung von materiellen Kulturelementen „Masken, Menschenfiguren und gelappte Blattformen", Struck-Nachlass MVD, Ordner „Verschiedene Karten", G 114

Bernhard Struck (1888–1971): „Afrika erkennen" Tafel XXIX

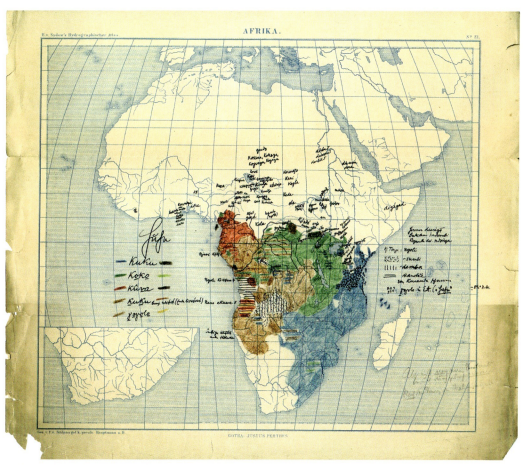

Abb. 5 Kartenskizze zum Vorkommen von Hauptwörtern von Bantu- und Sudansprachen mit Überlagerung und Vermischung, hier „Huhn", STRUCK-Nachlass MVD, Ordner „IV Urbantu", G 103

Tafel XXX SILVIA DOLZ

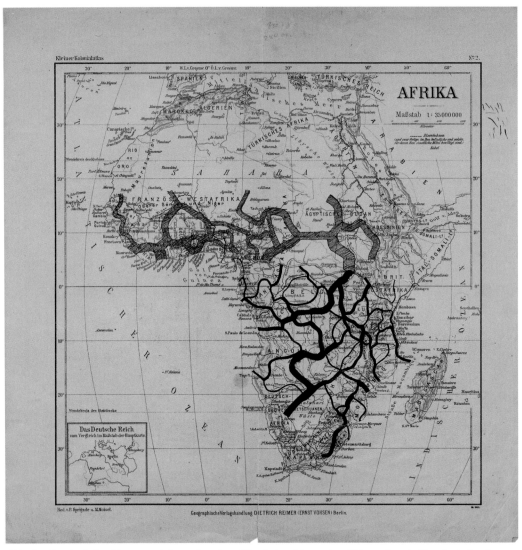

Abb. 6 Synthetisches Kartenmodell von Struck zu Wanderkorridoren des „Urbantu" und „Ursudanischen",
STRUCK-Nachlass MVD, K 100

Bernhard Struck (1888–1971): „Afrika erkennen" Tafel   XXXI

Abb. 7   Bernhard Struck bei phonographischen Aufnahmen mit Kindern von den Kassanga an der Nordgrenze von Portugiesich-Guinea (Guinea Bissau), 1930/31, Foto Hugo Bernatzik. Struck-Nachlass MVD, Ordner „Expedition 1930/31 nach Portugiesisch Guinea", F, G. B., 26

Klaus-Peter Kästner

Tafelteil I

Legenden zu den Feldaufnahmen

Die Fotos wurden 1993 vom Autor aufgenommen – mit Ausnahme der Fotos 7 und 18, die Rolf Krusche aufnahm.

Abb. 1   Pirahã-Familie und ihre Hütte in der Siedlung Sta. Cruz.
Abb. 2   Einfache Hütte und davor eine Plattform aus parallel angeordneten Stämmchen, auf der Frauen mit ihren Kindern sitzen, Siedlung Sta. Cruz.
Abb. 3   Frauen und Kinder aus der Siedlung Sta. Cruz.
Abb. 4   Bau eines Gerüsts zur Gewinnung eines großen Stücks Baumrinde für den Bau eines Rindenboots.
Abb. 5   Lösen des Rindenstücks vom Baum.
Abb. 6   Bernardo, der Häuptling der Siedlung Sta. Cruz, mit einem Kopfring aus Embira-Baststreifen zum Tragen des Rindenstücks auf dem Kopf.
Abb. 7   Bau eines Rindenboots (Foto: R. Krusche).
Abb. 8   Pirahã-Familie fährt mit ihren zwei Hunden auf dem Rio Maici zur Siedlung Sete.
Abb. 9   Hütte am Steilufer des Rio Maici. Ein Stück Blech dient zum Rösten von Maniokmehl, Siedlung Poção.
Abb. 10 Mann beim Sieben von Maniokmehl. Das Sieb liegt auf einem Behältnis aus einem Stück Baumrinde, Siedlung Poção.
Abb. 11 Hütten der Siedlung Poção.
Abb. 12 Hütte mit *tipiti* und anderem Hausrat sowie Bewohner der Siedlung Pereira. Einer der Männer hat starken Bartwuchs.
Abb. 13 Hütte mit Plattform und Bewohnern, Siedlung Pereira.
Abb. 14 Mann mit Lendenschurz, Siedlung Pereira.
Abb. 15 Hütten der Siedlung Mona-Mona.
Abb. 16 Innenansicht einer Hütte mit Plattformen, Siedlung Mona-Mona.
Abb. 17 Korb mit Maniokknollen, der ins Wasser gesetzt wurde, damit die Knollen fermentieren, Siedlung Mona-Mona.
Abb. 18 Mann im Rindenboot legt an der Siedlung Mona-Mona an. (Foto: R. Krusche)
Abb. 19 Rindenboot mit Paddel, Pfeilen und Bogen, Siedlung Mona-Mona.
Abb. 20 Mann mit Lendenschurz, Siedlung Mona-Mona.
Abb. 21 Windschirm auf einer Sandbank des Rio Maici (oberhalb der Einmündung des Rio Maici-mirim).
Abb. 22 Knabe mit Eiern der Wasserschildkröte im Blechtopf, auf einer Sandbank des Rio Maici.
Abb. 23 Pirahã-Frau mit Halskette aus Samenkernen und großen Schneckengehäusen und mit ihrem Enkel. Beide nutzten die Gelegenheit, um mit uns zur Siedlung Totó zu gelangen.
Abb. 24 Junger Mann mit ad hoc hergestellter Panpfeife, Siedlung Totó.
Abb. 25 Junger Pirahã mit Pfeil und Bogen, Siedlung Totó.
Abb. 26 Frau mit Säugling, dessen Kopf mit Urucú bemalt wurde, Siedlung Totó.
Abb. 27 Säugling mit Urucú-Bemalung am Kopf, Siedlung Totó.
Abb. 28 Ein älterer Pirahã demonstriert seine Methode der Handhabung des Maniokpressschlauchs, Siedlung Totó.
Abb. 29 Mann im Einbaum mit Bogen und Pfeilen aus der Siedlung Petí.

Die Pirahá des Rio Maici in Zentralbrasilien   Tafel   XXXIII

1
2

Tafel XXXIV Klaus-Peter Kästner

Die Pirahá des Rio Maici in Zentralbrasilien   Tafel XXXV

7
8

Tafel XXXVI KLAUS-PETER KÄSTNER

Die Pirahá des Rio Maici in Zentralbrasilien　　　　　　　　　　Tafel　XXXVII

Tafel XXXVIII KLAUS-PETER KÄSTNER

Die Pirahã des Rio Maici in Zentralbrasilien   Tafel   XXXIX

Tafel XL   Klaus-Peter Kästner

Die Pirahá des Rio Maici in Zentralbrasilien Tafel XLI

Die Pirahá des Rio Maici in Zentralbrasilien Tafel XLIII

Tafel XLIV KLAUS-PETER KÄSTNER

Die Pirahã des Rio Maici in Zentralbrasilien

Tafelteil II

Legenden zu den Objektfotos

Objektfotos: Die abgebildeten Objekte wurden 1993 vom Autor während seines Besuchs bei den Pirahã gesammelt und befinden sich in den Sammlungen des Museums für Völkerkunde Dresden (MVD) der Staatlichen Ethnographischen Sammlungen Sachsen (SKD).
Die Fotos für die Abbildungen 1–14 und 16–22 wurden von Eva Winkler (MVD), das Objektfoto für die Abbildung 15 wurde von Hans-Peter Klut (SKD) angefertigt.

Abb. 1 Bögen (von oben nach unten):
Bogen aus hellem Holz und Sehne aus Embira-Rindenbast; Siedlung Sta. Cruz, L 189 cm (Kat.-Nr. 71442),
Bogen aus Pau d´arco und Sehne aus Embira-Rindenbast; Siedlung Pereira, L 241 cm (Kat.-Nr. 71493),
Bogen aus Pau d´arco und Sehne aus Embira-Rindenbast; Siedlung Poção, L 232,5 cm (Kat.-Nr. 71486).

Abb. 2 Pfeile (von oben nach unten):
Fischpfeil mit einfacher Widerhakenspitze aus Eisen, Pfeilschaft aus Uba-Rohr (wurde am unteren Ende verlängert), unbefiedert; Siedlung Sta. Cruz, L 239 cm (Kat.-Nr. 71457),
Fischpfeil mit doppelter Spitze aus Holz, Pfeilschaft aus dünnem Pfeilrohr, unbefiedert; Siedlung Sta. Cruz, L 228 cm (Kat.-Nr. 71444),
Fischpfeil mit doppelter Widerhakenspitze aus Eisen, Pfeilschaft aus dünnem Pfeilrohr, unbefiedert; Siedlung Sta. Cruz , L 180 cm (Kat.-Nr. 71443),
Jagdpfeil mit einfacher Holzspitze, Pfeilschaft aus dünnem Pfeilrohr, Fiederung mit Intervallbindung, Siedlung Sta. Cruz ,L 163 cm (Kat.-Nr. 71454).

Abb. 3 Pfeile (von links nach rechts):
Pfeil mit Bambusspitze, Pfeilschaft aus dünnem Pfeilrohr, Fiederung mit Intervallbindung; Siedlung Poção, L 225 cm (Kat.-Nr. 71487),
Pfeil mit Bambusspitze, Pfeilschaft aus dünnem Pfeilrohr, Fiederung mit Intervallbindung, Siedlung Pereira, L 173 cm (Kat.-Nr. 71494),
Pfeil mit Bambusspitze, Pfeilschaft aus dünnem Pfeilrohr, Fiederung mit Intervallbindung, Siedlung Totó, L 215 cm (Kat.-Nr. 71501),
Pfeil mit Bambusspitze, Pfeilschaft aus Uba-Pfeilrohr, Fiederung mit Intervallbindung, Siedlung Totó, L 181 cm (Kat.-Nr. 71502).

Abb. 4 Maniokpressschlauch, dreidimensionales Schlauchflechten, Siedlung Pereira, L 187 cm (Kat.-Nr. 71492).

Abb. 5 Körbe (von links nach rechts):
Kleiner Korb, diagonales Geflecht mit Köperbindung (überwiegend) und Leinwandbindung (geringer Anteil); Siedlung Sta. Cruz , H 38 cm, B 23 cm (Kat.-Nr. 71482),
Kleiner Korb, Dreirichtungsgeflecht aus Lianenstreifen; Siedlung Sta. Cruz, H 14 cm, D 14 cm (Kat.-Nr. 71477)
Kleiner Korb, diagonales Geflecht mit Leinwandbindung und Köperbindung, Siedlung Sta. Cruz, H 22 cm, B 14 cm (Kat.-Nr. 71541).

Abb. 6: Körbe (von links nach rechts):
Tragkorb, diagonales Geflecht mit Köperbindung, mit Stirntragband aus Rindenbast, Siedlung Totó, H 47 cm, B 45 cm (Kat.-Nr. 71495),
Korb, diagonales Geflecht mit Köperbindung; Siedlung Sta. Cruz, H 38 cm, B 38 cm (Kat.-Nr. 71466).

Abb. 7 Sitzmatte, diagonales Geflecht mit Köperbindung (größere Matten der gleichen Art werden als Schlafmatten benutzt), Siedlung Pereira, L 86 cm, B 56 cm (Kat-Nr. 71491).

Abb. 8 (von oben nach unten):
Feuerfächer, diagonales Geflecht mit Köperbindung, Siedlung Sta. Cruz, L 30 cm, B 27 cm (Kat.-Nr. 71453),
Feuerfächer, diagonales Geflecht mit Leinwandbindung, Siedlung Totó, L 50 cm, B 22 cm (Kat.-Nr. 71496).

Abb. 9: Kopfring aus Rindenbast (Embira) zum Tragen schwerer Lasten auf dem Kopf (z. B. Baumrinde für Bootsbau), Siedlung Sta. Cruz, D 21 cm (Kat.-Nr. 71467).

Abb. 10 Großes Kürbisgefäß, Siedlung Totó, H 26 cm, D (Öffnung): 11 cm (Kat.-Nr. 71497).

Abb. 11 Kürbis-Trinkschale, Siedlung Sta. Cruz, L 12,4 cm, B 8,5 cm, H 4,5 cm (Kat.-Nr. 71452),
Kürbis-Schale (innen geschwärzt), Siedlung Sta. Cruz, L 15,5 cm, B 8,8 cm, H 8,5 cm (Kat.-Nr. 71476),
Kürbis-Trinkschale (innen geschwärzt), Siedlung Sta. Cruz, L 16,2 cm, B 7,7 cm, H 4,5 cm (Kat.-Nr. 71451),
Kürbis-Schale, Siedlung Sta. Cruz, L 18,5 cm, B 9,4 cm, H 5,3 cm (Kat.-Nr. 71475).

Abb. 12 Spindel mit Wirtel aus Schildkrot, Spindelstab am oberen Ende an einer Seite eingekerbt, Siedlung Sta. Cruz, L 37 cm (Kat.-Nr. 71463),
Werkzeuge aus geschäfteten Aguti-Zähnen (Griffe aus hellem, leichtem Holz), Siedlung Sta. Cruz, (von oben nach unten), L 16,5 cm (Kat.-Nr. 71464), L 14,5 cm (Kat.-Nr. 71478), L 14 cm (Kat.-Nr. 71479).

Abb. 13 (von links nach rechts):
Kreisel aus Tucum-Palmnuss, in der ein Stab befestigt wurde, mit Schnur und Abziehbrett, Siedlung Sta. Cruz, L (Kreisel) 10,5 cm, L (Brettchen) 13 cm (Kat.-Nr. 71485a ,b),
Kreisel aus Tucum-Palmnuss, in der ein Stab befestigt wurde, mit Schnur und Abziehbrett; Siedlung Sta. Cruz, L (Kreisel): 11 cm, L (Brettchen): 17 cm (Kat.-Nr. 71462).

Abb. 14 Kinderbogen, Siedlung Sta. Cruz, L 72 cm (Kat.-Nr. 71465),
Kinderpfeil für Jagd auf kleine Vögel, Fiederung mit Intervallbindung, Siedlung Sta. Cruz, L 123 cm (Kat.-Nr. 71471).

Abb. 15 Panpfeife aus drei Röhren (ad hoc angefertigt); Siedlung Totó, L 14 cm, B 3,7 cm (Kat.-Nr. 71483),
einfache Rohrflöte (mit Urucú) bemalt; Siedlung Sta. Cruz, L 33,5 cm, D 2 cm (Kat.-Nr. 71498).

Abb. 16 (von links nach rechts):
Halskette aus Samenkernen, Federkielsegmenten, Nussschalenteil, Palmblattflechtereien, Tukanfederchen und einem Schneckengehäuse, Siedlung Poção, L 37,5 cm (Kat.-Nr. 71489),
Halskette aus zwei Strängen Samenperlen und einem Schneckengehäuse als Anhänger, Siedlung Sta. Cruz, L 36,5 cm (Kat.-Nr. 71480),
Halskette aus Samenkernen, Federkielsegmenten, Ringen aus Nussschalen, Palmblattflechterei, Affenzähnen, einem kleinen Tierschädel, einer Nusshälfte und zwei Schneckengehäusen, Siedlung Poção, L 39 cm (Kat.-Nr. 71488).

Abb. 17 (von links nach rechts):
Diademartiger Kopfschmuck aus gebogenen Palmblattrippen und miteinander verflochtenen Fiederblättern, mit Rückenbehang aus dünnen Palmblattstreifen, Siedlung Sta. Cruz, L 31 cm, B 20,5 cm, Gesamtlänge 100 cm (Kat.-Nr. 71474),
Kopfband, diagonales Geflecht mit Leinwandbindung (Schmuck und Schutz gegen bösen Geist, wenn man in den Wald geht), Siedlung Sta. Cruz, B 3,5 cm, D 19,5 cm (Kat.-Nr. 71470),
Schmales Kopfband, diagonales Geflecht mit Leinwandbindung, Sta. Cruz, L 98 cm (Kat.-Nr. 71472).

Abb. 18 (von links nach rechts):
Halskette aus Samenkernen, Nussschalen und Fruchtkernen, Sta. Cruz, L 37 cm (Kat.-Nr. 71459),
Halskette aus Samenkörnern, Nussschalen und einem kleinen Stück Pfeilrohr (Schmuck für Frauen und Männer), Siedlung Sta. Cruz, L 34 cm (Kat.-Nr. 71441),

Die Pirahã des Rio Maici in Zentralbrasilien Tafel XLVII

Halskette aus Samenkernen und Nussschalen, Siedlung Sta. Cruz, L 31,5 cm (Kat.-Nr. 71456),
Halskette aus Samenkernen und Nussschalen, Siedlung Sta. Cruz, L 32,4 cm (Kat.-Nr. 71460).

Abb. 19 (von links nach rechts):
Halskette aus kleinen Samenkernen, Affen-, Coati- und Pekari-Zähnen, Siedlung Sta. Cruz, L 34,5 cm (Kat.-Nr. 71481)
Halskette aus Samenkernen, Pfeilrohrstücken und Zähnen von Affen sowie einer Harpyienkralle, Siedlung Sta. Cruz, L 42,5 cm (Kat.-Nr. 71458),
Halskette aus Pfeilrohrstücken, schwarzen und braunen Samenkernen und vier Pekari-Zähnen, Siedlung Totó, L 34 cm (Kat.-Nr. 71500),
Halskette aus Samenkernen, Pfeilrohrstücken, Federkielsegmenten, vier Tapirzähnen und drei Gavião-Krallen, Siedlung Poção, L 36 cm (Kat.-Nr. 71490).

Abb. 20 (von links nach rechts):
Halskette aus Pfeilrohrstücken, schwarzen Samenkernen, Ringen aus Nussschalen sowie Zähnen von Affen und vom Coati (Nasenbär), Totó, L 35 cm (Kat.-Nr. 71499),
Halskette aus Samenkernen, Pfeilrohrstücken, einem geschnitzten Holzanhänger, einem Zahn vom Maracajá (kleine Raubkatze), einem Federbüschel vom Japu (Vogel aus Familie der Stärlinge), (Amulett gegen Husten), Siedlung Sta. Cruz, L 30 cm (Kat.-Nr. 71461),
Halskette aus Samenkernen, Pfeilrohrstücken, Nussschale und hölzernem Anhänger (Amulettschmuck gegen Erkrankung der Atemwege), Sta. Cruz, L 37 cm (Kat.-Nr. 71469).

Abb. 21 (von links nach rechts):
Halskette aus kleinen Samenkernen, dreifach (Schmuck für Frauen und Männer), Siedlung Sta. Cruz, L 32,5 cm (Kat.-Nr. 71446),
Halskette aus großen Samenkörnern (Schmuck für Frauen und Männer), Siedlung Sta. Cruz, L 35 cm (Kat.-Nr. 71445),
Halskette aus kleinen Samenkernen, Siedlung Sta. Cruz, L 33 cm (Kat.-Nr. 71455).

Abb. 22 (von links nach rechts):
Oberarmschmuck (Paar) aus Palmstroh (Schmuck für junge Burschen), Siedlung Sta. Cruz, D 7,5 cm und 7 cm (Kat.-Nr. 71447a, b),
Handgelenkschmuck aus verschiedenen Samenkernen und einem Fischzahn (Schmuck für kleine Mädchen), Siedlung Sta. Cruz, L 10 cm (Kat.-Nr. 71448),
Halsschmuck aus Samenkernen, Fruchtschalen und einem Plastestück (die Kette stammt von dem gleichen Mädchen wie Kat.-Nr. 71448), Sta. Cruz, L 15,5 cm (Kat.-Nr. 71449),
Halsschmuck aus Samenkernen und Affenzähnen (macaco preto) für kleine Mädchen, Siedlung Sta. Cruz, L 13,5 cm (Kat.-Nr. 71450).

Tafel XLVIII　　　　　　　　　　　　　　　　　　　　KLAUS-PETER KÄSTNER

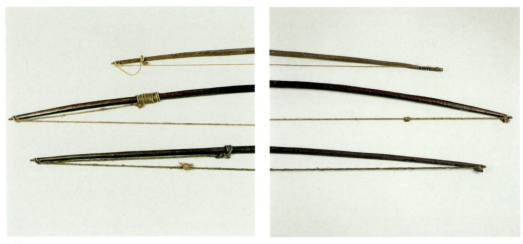

Abb. 1

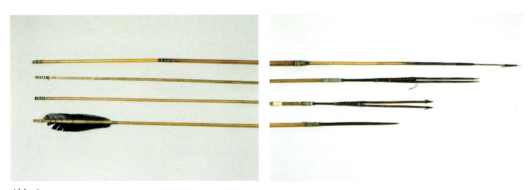

Abb. 2

Die Pirahá des Rio Maici in Zentralbrasilien Tafel XLIX

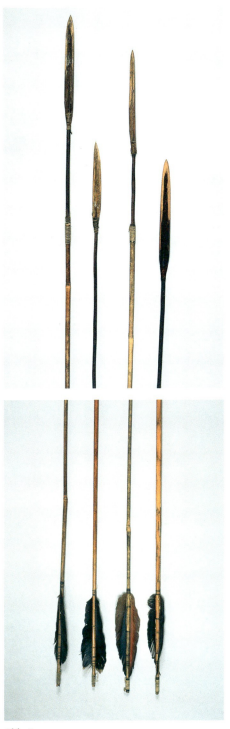

Abb. 3

Abb. 4

Tafel L KLAUS-PETER KÄSTNER

Abb. 5

Abb. 6

Abb. 7

Abb. 8

Abb. 9

Die Pirahá des Rio Maici in Zentralbrasilien Tafel LI

Abb. 10

Abb. 11

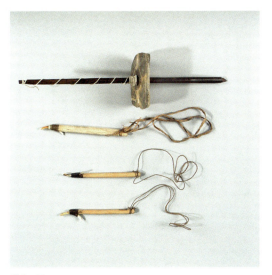

Abb. 12

Abb. 13

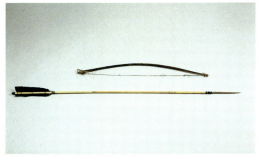

Abb. 14

Abb. 15

Abb. 16

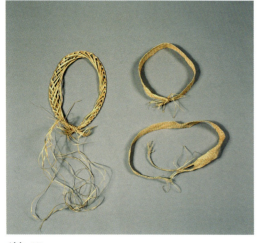

Abb. 17

Abb. 18

Die Pirahá des Rio Maici in Zentralbrasilien   Tafel LIII

Abb. 19

Abb. 20   Abb. 21

Tafel LIV Klaus-Peter Kästner

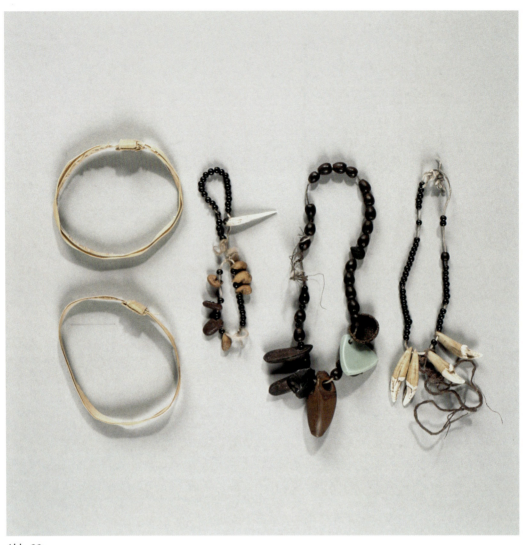

Abb. 22

Tafelteil III: Karten

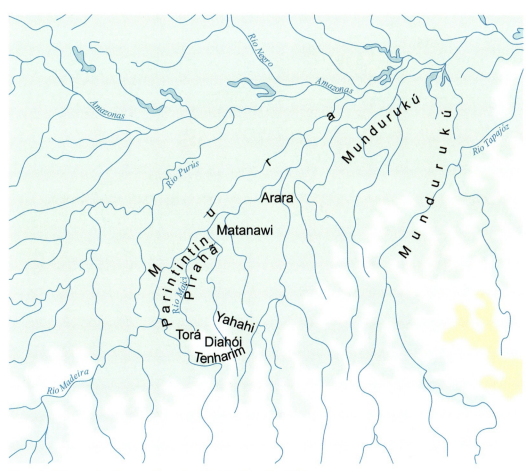

Karte 1 Stämme (im Text erwähnt) des Madeira-Tapajóz-Gebiets

Nach kartographischen Angaben in C. Nimuendajú 1981 und Povos Indígenas no Brasil 2001/2005
Mura
Pirahã
Yahahi (†)
Parintintin
Tenharim
Diahói
Torá
Matanawi (†)
Arara (†)
Mundurukú